Die Fujifilm X100F

Rico Pfirstinger

Die Fujifilm X100F

101 Profitipps

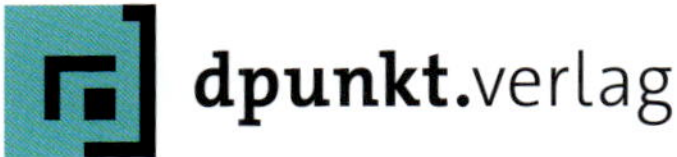

Rico Pfirstinger
www.fuji-x-secrets.de

Lektorat: Gerhard Rossbach, Miriam Metsch
Copy-Editing: Sandra Gottmann, Münster-Nienberge
Satz: just in print, Bonn
Herstellung: Susanne Bröckelmann
Umschlaggestaltung: Anna Diechtierow, Heidelberg
Druck und Bindung: M.P. Media-Print Informationstechnologie GmbH, 33100 Paderborn

Bibliografische Information der Deutschen Nationalbibliothek
Die Deutsche Nationalbibliothek verzeichnet diese Publikation in der Deutschen Nationalbibliografie; detaillierte bibliografische Daten sind im Internet über http://dnb.d-nb.de abrufbar.

ISBN:
Print 978-3-86490-476-9
PDF 978-3-96088-525-2
ePub 978-3-96088-526-9
mobi 978-3-96088-527-6

1. Auflage 2018

Wieblinger Weg 17
69123 Heidelberg

5 4 3 2 1 0

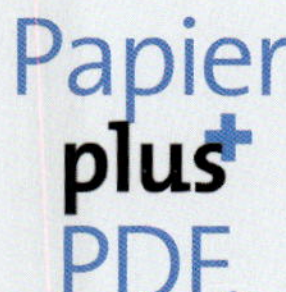

Inhaltsverzeichnis

1. IHR X100F-SYSTEM 1

TIPP 1 Lesen Sie die der Kamera beiliegende **Bedienungsanleitung**! Sie haben die Wahl zwischen der gedruckten Version und elektronischen Versionen in mehreren Sprachen. 3

TIPP 2 **Batterien, Ladegeräte, Reiseadapter und Speicherkarten** 3

TIPP 3 Überprüfen Sie die **Firmware** und installieren Sie stets die neueste Version! 6

TIPP 4 Ihre Kamera nummeriert Aufnahmen automatisch durch – mit einem kleinen Trick können Sie die **Bildnummern zurückstellen** oder selbst festlegen. 7

TIPP 5 Verwenden Sie den **Hochleistungsmodus**! 8

TIPP 6 Was Sie über **digitale Objektivkorrekturen** wissen sollten! 9

TIPP 7 **Weitwinkel- und Telekonverter-Vorsatzlinsen** 10

TIPP 8 Verwenden Sie die mitgelieferten **Streulichtblenden**! 14

TIPP 9 **Objektivschutzfilter** – ja oder nein? 15

TIPP 10 **Entfesselter TTL-Blitz** mithilfe eines Canon-OC-E3-TTL-Verlängerungskabels 16

TIPP 11 **Fernauslöser** – für die X100F gibt's drei Varianten.. 17

2. FOTOGRAFIEREN MIT DER X100F 20

2.1 AUF DIE PLÄTZE, FERTIG, LOS! 20

TIPP 12 **Empfehlenswerte Grundeinstellungen** für Ihre X100F 21

TIPP 13 **Praktische Shortcuts** für die X100F – den Umweg übers Kameramenü vermeiden! 26

TIPP 14 **Empfohlene Belegung der Fn-Tasten** 30

TIPP 15 **Empfohlene Konfiguration für MEIN MENÜ und Quick-Menü** 32

TIPP 16 Verwenden Sie stets **FINE+RAW**! 34

TIPP 17 **Komprimierte oder unkomprimierte RAW-Dateien?** 39

TIPP 18 Wählen Sie das passende **Bildformat**! 40

TIPP 19 **Machen Sie ruhig halbe Sachen!** 41

2.2 BILDSCHIRM UND SUCHER 42

TIPP 20 Verwenden Sie den **Augensensor**! 42

TIPP 21 Die schnelle **Bildvorschau** 42

TIPP 22 Die Tücken der **DISP/BACK-Taste** 43

TIPP 23 **WYSIWYG** – What You See Is What You Get! 44

TIPP 24 Der **Natural Live View** 46

TIPP 25 **Fotografieren mit dem OVF** 47

TIPP 26 **Fotografieren mit dem ERF** 49

2.3 RICHTIG BELICHTEN 51

TIPP 27 **Belichtung messen** mit Methode 52

TIPP 28 Verknüpfen von **Spotmessung und Autofokusfeldern** 56

TIPP 29 Belichten mit **Live-View und Live-Histogramm** 56

TIPP 30 **Automatisch belichten** in den Modi P, A und S 58

TIPP 31 **Manuell belichten** im Modus M 60

TIPP 32 Fotografieren mit der **Zeitautomatik** A 61

TIPP 33 Fotografieren mit der **Blendenautomatik** S 62

TIPP 34 Fotografieren mit der **Programmautomatik P und Programm-Shift** 64

TIPP 35 Mit **Belichtungsreihen** auf Nummer sicher gehen 65

TIPP 36 **Langzeitbelichtungen** 66

TIPP 37 **Langzeitbelichtungen bei Tageslicht**. 67

TIPP 38 **ISO-Einstellungen** – was steckt dahinter? 68

TIPP 39 **Erweiterte ISO-Einstellungen** und ihre Besonderheiten. 72

TIPP 40 **Auto-ISO** und die Mindestverschlusszeit. 74

TIPP 41 **Auto-ISO im manuellen Belichtungsmodus M**: die »Misomatik« . . . 75

TIPP 42 **ISO-Bracketing** – mehr Gimmick als Feature. 77

TIPP 43 **Erweitern des Dynamikumfangs:** mehr Kontrastumfang dank Tonwertkorrektur. 77

TIPP 44 **Dynamikerweiterung für RAW-Shooter:** DR-Funktion ausschalten und auf die Lichter belichten! 80

TIPP 45 **JPEG-Einstellungen für RAW-Shooter** 82

TIPP 46 **Dynamikerweiterung für JPEG-Shooter:** Verwenden Sie die DR-Funktion und belichten Sie auf die Schatten! 82

TIPP 47 **High-Key- und Porträt-Fotografie mit der DR-Funktion** 87

TIPP 48 **HDR-Aufnahmen** mit der X100F 92

TIPP 49 **HDR für Ungeduldige** 94

TIPP 50 **Der elektronische Verschluss** 97

TIPP 51 **Der Zentralverschluss – Pro und Kontra** 99

2.4 FOKUSSIEREN MIT DER X100F. 101

TIPP 52 Merkmale von **CDAF und PDAF** 101

TIPP 53 **AF-S oder AF-C?**. 102

TIPP 54 AF-Modi: **EINZELPUNKT, ZONE oder WEIT/VERFOLGUNG?**. 104

TIPP 55 **Auswahl eines Autofokusfelds oder einer AF-Zone** 106

TIPP 56 Auswahl der passenden **AF-Feldgröße und AF-Zonengröße** 107

TIPP 57 **Manueller Fokus** und Schärfentiefe-Zonenfokussierung 109

TIPP 58 **Fokusassistenten:** Focus Peaking und digitales Schnittbild 111

TIPP 59 Verwenden Sie die **Sucherlupe**! 112

TIPP 60 **Instant-AF** (Sofort-AF) 112

TIPP 61 Arbeiten mit **AF+MF** 113

TIPP 62 **Pre-AF** – ein Relikt aus der Vergangenheit 115

TIPP 63 Fokussieren und Belichten mit der automatischen **Gesichts- und Augenerkennung** 115

TIPP 64 Fotografieren mit **AF-Lock** 118

TIPP 65 **Fokussieren bei schwachem Licht** 119

TIPP 66 **Makroaufnahmen:** Fokussieren im Nahbereich 120

TIPP 67 Fokussieren auf sich bewegende Objekte (1): **der »Autofokus-Trick«** 122

TIPP 68 Fokussieren auf sich bewegende Objekte (2): **die Fokusfalle** 125

TIPP 69 Fokussieren auf sich bewegende Objekte (3): **AF-Tracking mit EINZELPUNKT, ZONE und WEIT/VERFOLGUNG** 128

TIPP 70 **Fokuspriorität vs. Auslösepriorität** 132

2.5 WEISSABGLEICH UND JPEG-EINSTELLUNGEN 133

TIPP 71 **Manueller Weißabgleich** – kleine Mühe, große Wirkung 137

TIPP 72 **Infrarotfotografie** 138

TIPP 73 Farbstiche bearbeiten mit **WA VERSCHIEBEN** 139

TIPP 74 **Filmsimulationen** – It's All About the Look 141

TIPP 75 Der **Körnungseffekt** 146

TIPP 76 **Kontrasteinstellungen:** Schatten und Glanzlichter getrennt bearbeiten . . . 147

TIPP 77 **Hauttöne** – glatt oder mit Textur? . . . 149

TIPP 78 **Farbsättigung** – bunt oder mit mehr Details? . . . 149

TIPP 79 Der passende **Farbraum: sRGB oder Adobe RGB?** . . . 150

TIPP 80 Die richtigen **Benutzerprofile** . . . 152

TIPP 81 **Arbeiten mit dem eingebauten RAW-Konverter** . . . 154

TIPP 82 **Externe RAW-Konverter im Vergleich** . . . 157

TIPP 83 **EXIF-Metadaten anzeigen** . . . 163

2.6 SERIENAUFNAHMEN, MOVIES UND SELBSTAUSLÖSER . . . 164

TIPP 84 Arbeiten mit der **Serienbildfunktion** . . . 165

TIPP 85 **Aufnahme von Schwenkpanoramen** . . . 166

TIPP 86 **Filmaufnahmen** mit der X100F . . . 171

TIPP 87 Arbeiten mit dem **Selbstauslöser** . . . 173

2.7 FOTOGRAFIEREN MIT BLITZLICHT . . . 174

TIPP 88 **Blitzen in den Belichtungsmodi P und A**: Limits für die längstmögliche Belichtungszeit . . . 177

TIPP 89 **Steuerung des Umgebungslichts** bei Blitzaufnahmen . . . 177

TIPP 90 **Steuerung der Blitzlichtkomponente** . . . 182

TIPP 91 **Der zweite Verschlussvorhang** – was steckt dahinter? . . . 184

TIPP 92 **Blitzsynchronzeiten** – wo liegt die Grenze? . . . 186

TIPP 93 **Rote-Augen-Korrektur** – zwei Stufen führen zum Erfolg. . . . 188

TIPP 94 Arbeiten mit **TTL-Lock** . . . 189

TIPP 95 **Kleiner Zwerg: der EF-X20** . . . 190

TIPP 96 **Großer Meister: der EF-X500** . . . 191

TIPP 97 **Interessante Alternative: der Metz M400** 193

TIPP 98 **Arbeiten mit »fremden« Blitzgeräten** 194

2.8 DRAHTLOSE FERNSTEUERUNG 195

TIPP 99 Arbeiten mit der **Camera Remote-App** 195

TIPP 100 **Live-View-Streaming über HDMI** 200

2.9 SONST NOCH WAS? 202

TIPP 101 **Foren, Blogs und Workshops** – machen Sie mit! 202

3. WEBSITEN ZUR FUJIFILM X100F 204

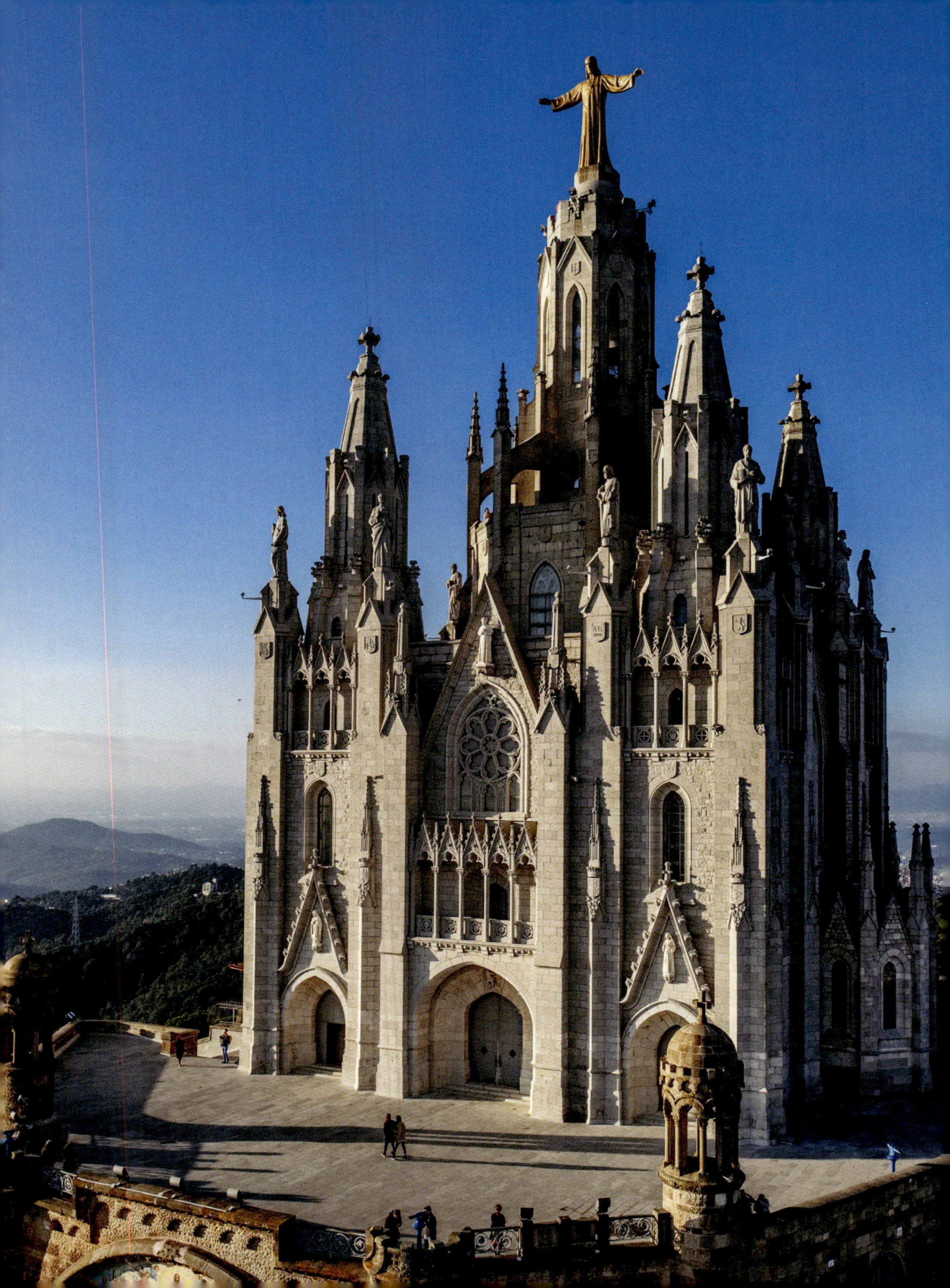

1. IHR X100F-SYSTEM

Damit wir eine Sprache sprechen, gebe ich Ihnen als Erstes einen knappen Überblick über die verschiedenen Tasten und Bedienelemente Ihrer Fujifilm X100F:

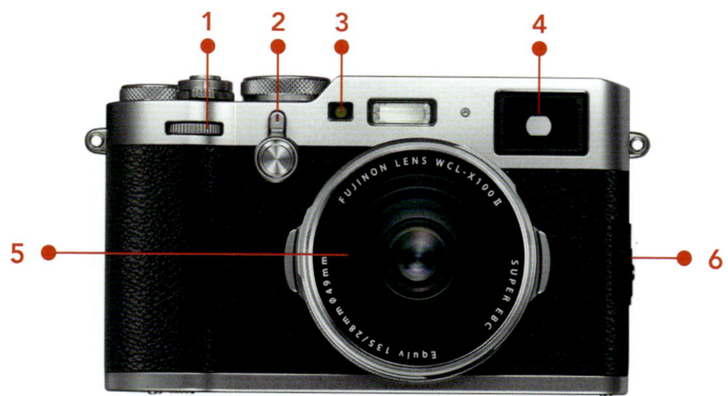

Abbildung 1: Frontalansicht der X100F: vorderes Einstellrad mit integrierter Taste (1), Sucher-Wahlschalter mit integrierter Fn-Taste (2), AF-Hilfsleuchte/Selbstauslöser-Kontrollleuchte (3), Hybridsucher (4), 23-mm-F2-Objektiv (5), Fokuswahlschalter seitlich am Gehäuse (6)

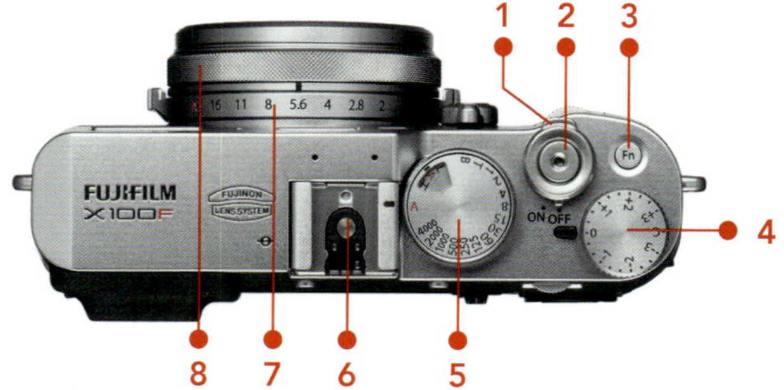

Abbildung 2: X100F Draufsicht: Ein-/Aus-Schalter (1), Auslöser (2), Fn-Taste (3), Belichtungskorrektur-Einstellrad (4), Verschlusszeiten-Einstellrad mit integriertem ISO-Einstellrad (5), Blitzschuh (6), Blendenring (7), Fokusring (8)

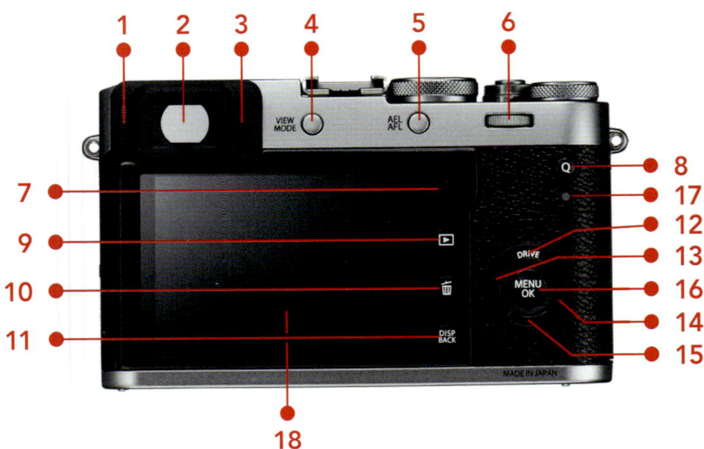

Abbildung 3: **Rückansicht der X100F:** Dioptrien-Einstellrad (1), Hybridsucher (2), Augensensor (3), VIEW MODE-Taste (4), AE-L/AF-L-Taste (5), hinteres Einstellrad mit integrierter Taste (6), Fokus-Stick mit integrierter Taste (7), Q-Taste für Quick-Menü (8), Wiedergabetaste (9), Löschen (»Papierkorb«)-Taste (10), DISP/BACK-Taste (11), obere Auswahltaste/DRIVE-Taste (12), linke Auswahltaste/Fn-Taste (13), rechte Auswahltaste/Fn-Taste (14), untere Auswahltaste/Fn-Taste (15), MENU/OK-Taste (16), Statusanzeigeleuchte (17), LCD-Monitor (18)

Lesen Sie die der Kamera beiliegende **Bedienungsanleitung**! Sie haben die Wahl zwischen der gedruckten Version und elektronischen Versionen in mehreren Sprachen.

TIPP 1

Wenn Sie die Bedienungsanleitung zu Ihrer X100F nicht greifbar haben, können Sie sich im Internet eine PDF-Version des Handbuchs [1] herunterladen. Dort finden Sie ggf. auch neuere Versionen des Benutzerhandbuchs oder Handbuchergänzungen, die neue Funktionen aus Firmware-Updates beschreiben.

Bitte tun Sie sich selbst einen Gefallen und lesen Sie sich das Handbuch zu Ihrer Kamera aufmerksam durch, um alle Funktionen kennenzulernen. Dieses Buch baut auf der Bedienungsanleitung auf und will sie *nicht* ersetzen. Stattdessen erhalten Sie hier *weiterführende* Tipps, Hinweise und Erläuterungen, um mehr aus Ihrer X100F zu machen.

Batterien, Ladegeräte, Reiseadapter und Speicherkarten

TIPP 2

Die X100F ist eine gemessen an ihrer Leistungsfähigkeit ziemlich kompakte Kamera. Dementsprechend klein ist ihre Batterie. Je nach Art der Nutzung reicht eine voll aufgeladene Batterie für ca. 250 bis 400 Aufnahmen.

Ich empfehle, die X100F grundsätzlich im Hochleistungsmodus (EINRICHTUNG > POWER MANAGEMENT > LEISTUNG > H-LEIST) zu betreiben, da die maximale Leistung etwa des Autofokus sonst nicht zur Verfügung steht.

Bitte beachten:

- Im Gegensatz zu früheren Modellen verfügt die X100F über eine genaue Batterieanzeige mit fünf Balken und einer Prozentangabe.
- Die Prozentangabe steht nur zur Verfügung, wenn Sie im Aufnahmemodus mit (ggf. wiederholtem) Drücken der DISP/BACK-Taste die INFO-Anzeige einschalten. Im Wiedergabemodus erhalten Sie die prozentgenaue Anzeige, indem Sie entweder mit der DISP/BACK-Taste die INFO-Anzeige aufrufen oder sich mit der oberen Richtungstaste (DRIVE-Taste) durch die beiden erweiterten INFO-Anzeigeseiten klicken.

- Fällt die Batterieanzeige auf einen Balken und wird dabei rot, ist es höchste Zeit, den nun fast leeren Akku gegen einen vollen auszutauschen.

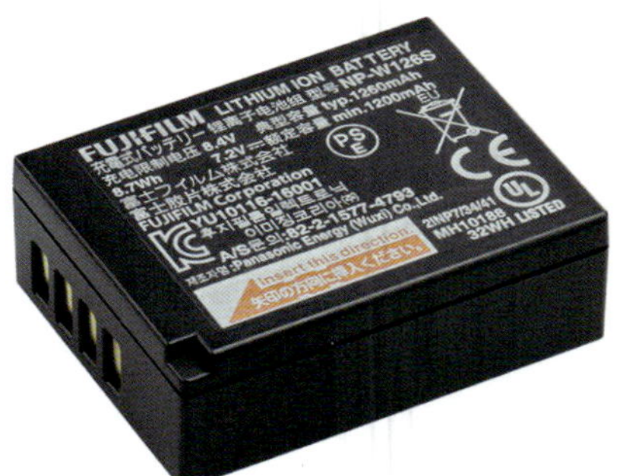

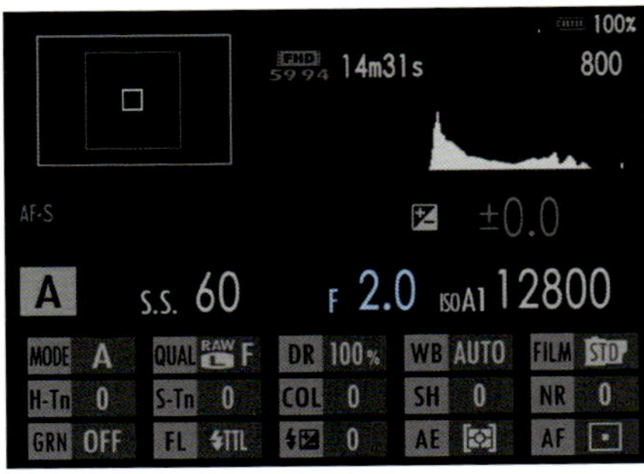

Abbildung 4: In Verbindung mit den originalen Fujifilm NP-W126S- oder NP-W126-Batterien verfügt das **INFO-Display** Ihrer X100F über eine präzise Restbatterieanzeige. Der Zugriff erfolgt durch wiederholtes Drücken der DISP/BACK-Taste.

Ihre X100F verwendet wiederaufladbare Batterien vom Typ NP-W126S. Dieser Typ wird auch in der X-Pro1, X-Pro2, X-E1, X-E2, X-E2S, X-E3, X-T1, X-T2, X-T10, X-T20, X-H1, X-M1, X-A1, X-A2, X-A3, X-A5, X-A10 und X-A20 eingesetzt, die Akkus der genannten Kameras sind also untereinander austauschbar.

Sie können auch ältere Batterien des Typs NP-W126 (ohne »S«) verwenden. Der Unterschied zwischen den normalen und den S-Batterien besteht in ihrer Fähigkeit, Betriebswärme zu managen. Für Hochleistungsanwendungen, wie z. B. lange 4K-Videoaufnahmen in einer heißen Umgebung, ist der neuere Typ NP-W126S vorzuziehen. Da die X100F nicht einmal 4K-Video bietet, gibt es keinen Grund, Ihre älteren NP-W126-Akkus nicht zu verwenden.

Bitte beachten Sie, dass sich der NP-W126(S) von den Batterien der X100, X100S und X100T unterscheidet. Wenn Sie also ein Upgrade von einem der drei älteren X100-Modelle durchführen, können Sie die Batterien nicht in Ihrer neuen Kamera verwenden.

Sie können NP-W126S-Batterien von Fujifilm beziehen oder kompatible Produkte von verschiedenen Drittanbietern verwenden. Leider bieten praktisch alle Aftermarket-Batterien nicht die gleiche Qualität, Sicherheit und Kapazität wie die teureren Fujifilm-Batterien. Bei Angeboten von Drittanbietern kann es zu ungenauen Anzeigen der Akkulaufzeit kommen, und die Kamera kann sich bei leerem Akku unerwartet ausschalten, obwohl die Anzeige suggeriert, dass noch Strom vorhanden war. Um solche Probleme zu vermeiden, verwenden Sie originale Fujifilm NP-W126- oder NP-W126S-Batterien.

Wenn Sie Ihre Kamera über einen Zeitraum von Tagen oder länger ohne eine eingelegte und geladene Batterie lagern, kann es passieren, dass der fest eingebauten Notstromversorgung der Saft ausgeht und alle Kameraeinstellungen zurückgesetzt werden.

Neben Ersatzbatterien gibt es von Drittanbietern auch Ladegeräte, darunter solche, die Sie nicht nur an einer Steckdose, sondern auch an einem Zigarettenanzünder oder USB-Anschluss betreiben können. Damit können Sie die Batterien Ihrer Kamera nicht nur am normalen Stromnetz, sondern auch im Auto, im Flugzeug oder an Ihrem Computer aufladen.

Denken Sie bei Reisen bitte auch daran, dass in anderen Ländern häufig andere Steckdosenformate als zu Hause üblich sind. In diesem Fall helfen passende Reiseadapter. Eine besonders platzsparende Lösung ist das »Apple Reise-Adapter-Kit« mit Adaptern für Nordamerika, Japan, China, Großbritannien, Kontinentaleuropa, Korea, Australien und Hongkong, die direkt (also ohne Kabel) an das mit Ihrer X100F gelieferte BC-W126-Ladegerät angesteckt werden können und natürlich auch mit Ihren Apple-Geräten kompatibel sind.

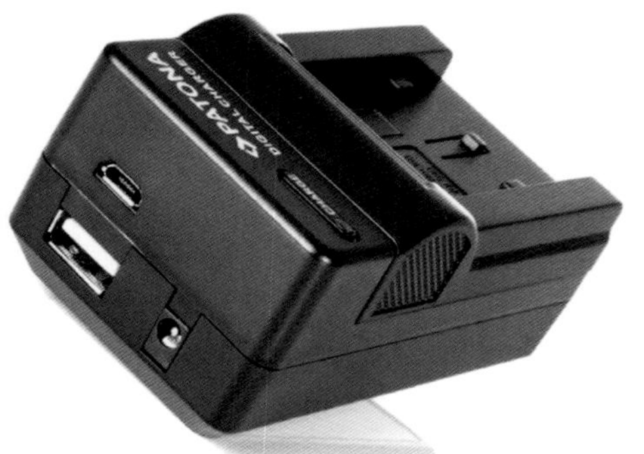

Abbildung 5:
Einige **Ladegeräte von Fremdanbietern** können nicht nur über das Stromnetz, sondern auch über USB- oder Autoladekabel mit Energie versorgt werden.

Um Ihrer Kamera Beine und den eingebauten Bilderpufferspeicher möglichst schnell für neue Aufnahmen nutzbar zu machen, sollten Sie stets besonders schnelle **UHS-I-Speicherkarten** mit einer nominellen Schreibgeschwindigkeit von mindestens 90 MB/s einsetzen.

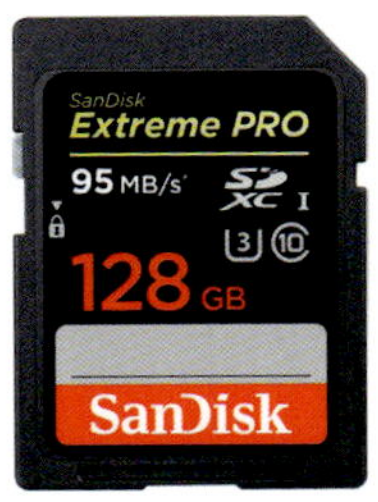

Abbildung 6:
Schnelle SD-Karten der Marke **SanDisk Extreme Pro** mit 95 MB/s Lese- und Schreibgeschwindigkeit sind die Arbeitspferde vieler ernsthafter X-Serie-Benutzer. Diese UHS-I-Karte ist eine hervorragende Wahl für Ihre X100F.

Wichtig: *Die X100F unterstützt nicht den schnelleren UHS-II-SD-Karten-Standard, sodass die Verwendung solcher Karten nicht nur eine Geldverschwendung ist, sondern auch zu einer schlechteren Performance führen kann. Eine sehr schnelle UHS-II-Karte kann im UHS-I-Fallback-Modus nämlich eher durchschnittlich abschneiden.*

TIPP 3 — Überprüfen Sie die **Firmware** und installieren Sie stets die neueste Version!

- Um zu überprüfen, welche Firmware-Version in Ihrer Kamera installiert ist, schalten Sie die Kamera ein, während Sie die DISP/BACK-Taste gedrückt halten.
- Sie können die neuesten Firmware-Versionen für Ihre Kamera online finden und herunterladen [2]. Dort finden Sie auch aktuelle Versionen der Fuji-Anwendungssoftware, wie z. B. RAW File Converter EX [3].
- Eine Schritt-für-Schritt-Anleitung zur Veranschaulichung des Firmware-Upgrades ist online verfügbar [4]. Auf dieser Support-Website von Fujifilm finden Benutzer von MacOS [5] und Windows [6] auch detaillierte Anleitungen zum Herunterladen von Firmware für ihre Betriebssysteme.
- Wenn Sie auf Fujis Firmware-Update-Seite keine neue Firmware-Version finden können, besteht eine gute Chance, dass Ihr Webbrowser noch eine ältere Version dieser Seite zwischenspeichert. In diesem Fall löschen Sie

entweder Ihren Browser-Cache oder zwingen Sie Ihren Browser, die Webseite vom Server neu zu laden.

- Stellen Sie sicher, dass Ihr Computer den Namen der heruntergeladenen Firmware-Dateien nicht ändert, da es sonst zu Namenskonflikten kommt, die durch frühere Firmware-Versionen verursacht werden, die sich noch immer in Ihrem Download-Ordner befinden. Der korrekte Dateiname der Kamera-Firmware für Ihre X100F ist immer FPUPDATE.DAT.
- Vergewissern Sie sich, dass der Akku vollständig aufgeladen ist, wenn Sie Ihre Firmware aktualisieren.
- Kopieren Sie neue Firmware-Dateien für Ihre Kamera immer in das oberste Verzeichnis Ihrer SD-Speicherkarte und verwenden Sie stets Karten, die in Ihrer Kamera frisch formatiert wurden. Nachdem Sie die Firmware auf die Karte kopiert haben, vergewissern Sie sich, dass Sie die Karte ordnungsgemäß vom Computer abgemeldet haben, bevor Sie sie entfernen.
- Um den Update-Vorgang für Ihre Kamera zu starten, schalten Sie sie ein, während Sie die DISP/BACK-Taste gedrückt halten, und folgen Sie den Anweisungen auf dem Bildschirm.
- Schalten Sie die Kamera während des Update-Vorgangs niemals aus. Die Kamera wird Ihnen mitteilen, wann das Update abgeschlossen ist. Nur dann können Sie sie sicher ausschalten.

Ihre Kamera nummeriert Aufnahmen automatisch durch – mit einem kleinen Trick können Sie die **Bildnummern zurückstellen** oder selbst festlegen. **TIPP 4**

Um den Bildzähler der Kamera zurückzusetzen, gehen Sie wie folgt vor:

- Wählen Sie EINRICHTUNG > DATENSPEICH SETUP > BILDNUMMER > NEU, formatieren die Karte in der Kamera anschließend mit EINRICHTUNG > BENUTZER-EINSTELLUNG > FORMATIEREN und machen eine Aufnahme. Der Bildzähler beginnt nun wieder von vorn.

- Damit der Bildzähler bei der nächsten Formatierung nicht erneut automatisch zurückgesetzt wird, sollten Sie die Kamera anschließend wieder mit EINRICHTUNG > DATENSPEICH SETUP > BILDNUMMER > KONT. auf die herkömmliche kontinuierliche Zählweise zurückstellen.

Wenn Sie selbst festlegen möchten, welche Bildnummer Ihre nächste Aufnahme erhalten soll, können Sie analog vorgehen, müssen jedoch einen zusätzlichen Arbeitsschritt mit Ihrem Computer einfügen:

- Wählen Sie EINRICHTUNG > DATENSPEICH SETUP > BILDNUMMER > NEU, formatieren die Karte in der Kamera anschließend mit EINRICHTUNG > BENUTZER-EINSTELLUNG > FORMATIEREN und machen eine Aufnahme. Der Bildzähler beginnt nun wieder von vorn.
- Nehmen Sie die Speicherkarte aus der Kamera und legen Sie die Karte in Ihren Rechner oder Kartenleser ein. Lokalisieren Sie dort die Aufnahme (DSCF0001.JPG oder DSCF0001.RAF) im DCIM-Ordner und ändern Sie die Bildnummer 0001 in die von Ihnen gewünschte Nummer um, zum Beispiel DSCF2000.JPG.
- Melden Sie die Speicherkarte von Ihrem Rechner ab und stecken Sie die Karte wieder in die Kamera. Machen Sie nun eine weitere Aufnahme. Die Kamera zählt jetzt ab der von Ihnen geänderten Bildnummer weiter, in unserem Beispiel also mit DSCF2001.
- Damit der Bildzähler bei der nächsten Formatierung nicht zurückgesetzt wird, sollten Sie die Kamera wieder mit EINRICHTUNG > DATENSPEICH SETUP > BILDNUMMER > KONT. auf die herkömmliche kontinuierliche Zählweise umstellen.

TIPP 5 Verwenden Sie den **Hochleistungsmodus**!

Standardmäßig arbeitet Ihre X100F (um Energie zu sparen) nicht mit voller Kraft. Um in den Genuss der maximalen Kameraleistung zu kommen, wählen Sie EINRICHTUNG > POWER MANAGEMENT > LEISTUNG > H-LEIST.

Die Kamera verbraucht im Hochleistungsmodus etwas mehr Energie als im werksseitig vorgegebenen Normalmodus. Wenn Sie die vorgenannten

Tipps beherzigt und sich eine oder mehrere Ersatzbatterien zugelegt haben, tangiert Sie dieser kleine Nachteil in der Praxis jedoch kaum.

Im Hochleistungsmodus liefert die Kamera die höchste AF-Performance und maximiert die Bildwiederholrate im elektronischen Live-View.

Was Sie über **digitale Objektivkorrekturen** wissen sollten! TIPP 6

Die meisten modernen Objektive für Digitalkameras erzielen ihre optimale Bildqualität mit einer Kombination aus optischen und digitalen Korrekturen. Dabei handelt es sich vorwiegend um die drei folgenden Problembereiche:

- **Vignettierung:** Hierunter versteht man den Helligkeitsabfall eines jeden Objektivs zum Rand hin. Die Vignettierung [7] tritt umso stärker auf, je weiter die Blende bei der Aufnahme geöffnet ist.
- **Verzeichnung:** Hierbei handelt es sich um eine kissen- oder tonnenförmige Bildverzerrung, in deren Folge eigentlich gerade Linien krumm erscheinen. Die Verzeichnung [8] wird beim Objektiv in Ihrer X100F bereits optisch korrigiert. Lightroom und Adobe Camera RAW bieten jedoch ein Objektivprofil für die X100F mit einer zusätzlichen, darüber hinausgehenden Verzeichnungskorrektur.
- **Chromatische Aberrationen:** Diese sogenannten Farbquerfehler und Farblängsfehler [9] führen zu unschönen Farbsäumen. Man kann sie entweder optisch mithilfe apochromatischer Objektive korrigieren oder aber bei der RAW-Konvertierung digital ausmerzen.

Während Kameras anderer Hersteller oft auf eigenständige Korrekturprofile für externe RAW-Konverter setzen, legt die X100F die Korrekturdaten des verwendeten Objektivs in den sogenannten *Metadaten* der RAW-Datei ab.

Auf diese Metadaten kann nicht nur der eingebaute RAW-Konverter zugreifen. Auch externe Programme wie Lightroom, Silkypix, Iridient Developer oder Capture One können die Daten nutzen, um Vignettierung, Verzeichnung und chromatische Aberrationen digital zu kompensieren.

Der größte Vorteil dieser Methode ist, dass Sie sich bei den genannten RAW-Konvertern nicht um aktuelle Objektivprofile kümmern müssen. Alle Korrekturdaten werden von Fujifilm selbst geliefert und in den Metadaten der RAW-Datei gespeichert.

Wie bereits erwähnt, bieten Adobe Lightroom und Adobe Camera RAW ein zusätzliches Objektivkorrekturprofil für die X100F an, das (wenn Sie es aktivieren) zusätzlich zu der Korrektur eingesetzt wird, die bereits auf der Grundlage der RAW-Metadaten angewendet wird.

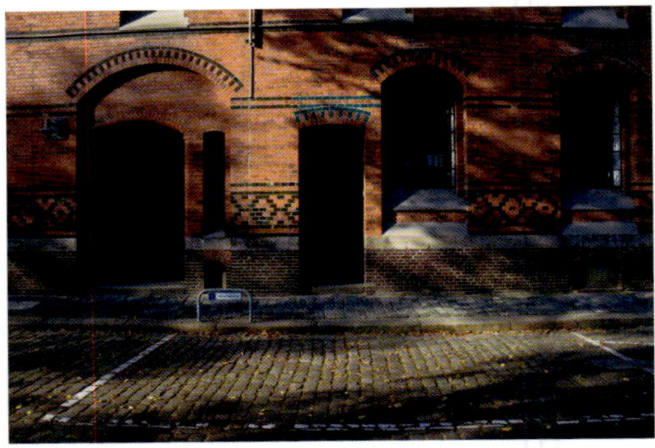
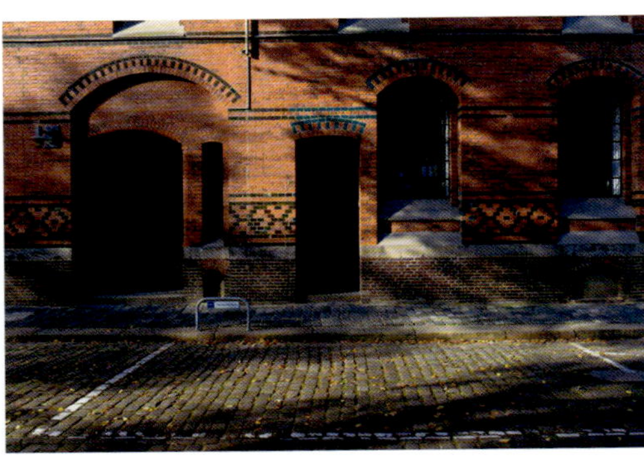

Abbildung 7: Dieses Beispiel wurde mit einer X100F und dem Weitwinkelkonverter WCL-X100 aufgenommen. Im linken Bild wurden die **Metadaten der digitalen Objektivkorrektur** ignoriert. Dadurch kommt es zu einer sichtbaren tonnenförmigen Verzerrung, die durch den WCL verursacht wird. Das Bild rechts zeigt die gleiche Aufnahme, diesmal jedoch mit digitaler Objektivkorrektur-Metadaten, die von kompatiblen RAW-Konvertern wie Adobe Lightroom automatisch übernommen werden.

TIPP 7 Weitwinkel- und Telekonverter-Vorsatzlinsen

Die X100-Serie ist für ihr eingebautes 23-mm-F2-Objektiv berühmt. Vieles hat sich auf dem Weg von der X100 Classic zur X100F verändert und verbessert, aber das Objektiv (das im Kleinbildformat einem 35-mm-Objektiv entspricht) ist weitgehend gleich geblieben.

Für einen Hauch mehr Flexibilität können Sie an Ihrer X100F einen Weitwinkel- (WCL-X100 & WCL-X100II) oder Telekonverter-Vorsatz (TCL-X100 & TCL-X100II) anschrauben. Die WCLs konvertieren die Brennweite Ihrer X100F auf 19 mm, die TCLs verwandeln sie in ein 33-mm-Objektiv. In der

Kleinbild-Äquivalenz entspricht dies 28-mm- und 50-mm-Objektiven. Das Hinzufügen eines WCL oder TCL hat keinen Einfluss auf die Lichtstärke des resultierenden Objektivs, sodass die Blendenzahlen gültig bleiben.

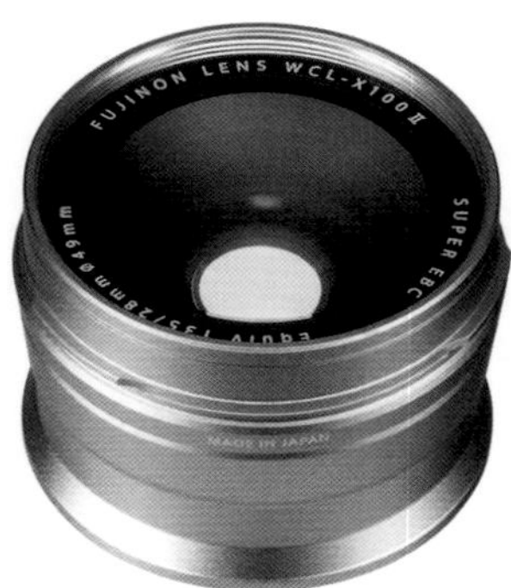

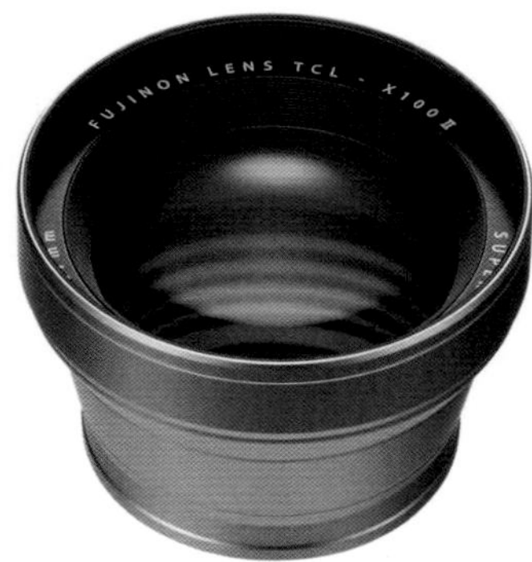

Abbildung 8: Bei den Konverter-Vorsatzlinsen **WCL-X100(II) und TCL-X100(II)** handelt es sich um Schraubadapter, die direkt an das eingebaute 23-mm-F2-Objektiv Ihrer X100F angeschlossen werden.

Optisch gibt es keinen Unterschied zwischen den älteren und neueren »Typ II«-Versionen der Weitwinkel- und Tele-Adapter. Es ist nur eine Frage der Bequemlichkeit – die neueren Versionen werden automatisch von der X100F erkannt, wenn Sie sie anschrauben, die älteren nicht. Stattdessen müssen Sie im Menü AUFNAHME-EINSTELLUNG > KONVERTERLINSE die Kamera darüber informieren, wenn Sie ein älteres Konvertierungsobjektiv (WEIT, TELE oder AUS) anschrauben oder wieder abnehmen.

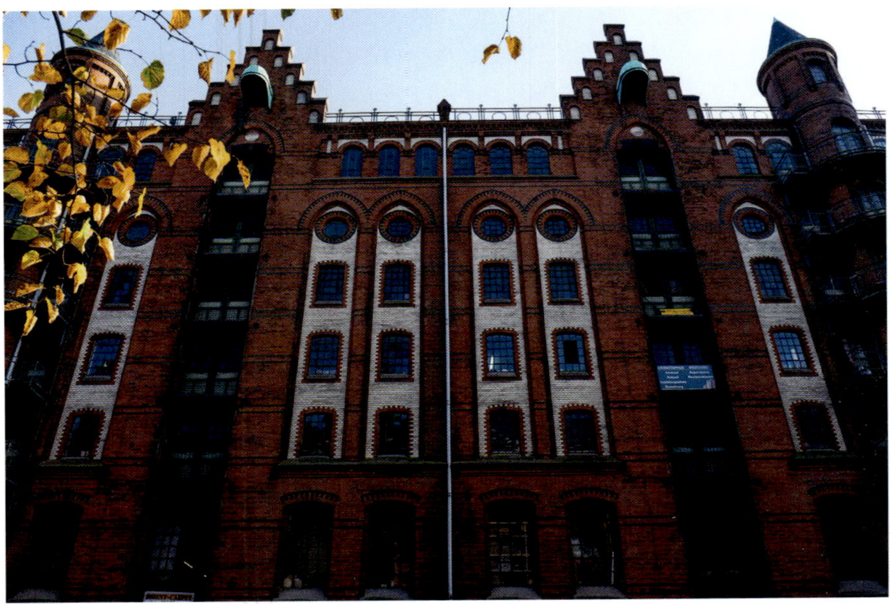

Abbildung 9: Der **WCL-X100(II)** verwandelt das 23-mm-F2-Objektiv Ihrer X100F in ein 19-mm-F2-Weitwinkelobjektiv mit erweitertem Bildfeld.

Wenn Sie bereits einen älteren WCL-X100- oder TCL-X100-Konverter von einer früheren X100-, X100S- oder X100T-Kamera besitzen, können Sie ihn weiterhin verwenden. Vergessen Sie nur nicht, der Kamera mitzuteilen, wenn ein Konvertierungsobjektiv angeschlossen oder entfernt wurde. Und zwar aus folgenden Gründen:

- Die WCL- und TCL-Konvertierungsobjektive benötigen individuelle digitale Objektivkorrekturen für Verzeichnung, Vignettierung und chromatische Aberration. Diese Korrekturen können nur dann korrekt angewendet (oder in den RAW-Metadaten gespeichert) werden, wenn die Kamera weiß, dass ein WCL oder TCL angeschlossen ist.
- Wenn Sie einen WCL oder TCL der ersten Generation anschließen und vergessen, dies der Kamera mitzuteilen, verwendet die X100F die falschen Korrekturdaten, was die Bildqualität beeinträchtigt.

- Das Gleiche passiert, wenn Sie einen WCL und TCL der ersten Generation entfernen und vergessen, dies der Kamera mitzuteilen. Die X100F glaubt dann nach wie vor, dass ein Konverter angeschlossen ist, und verhält sich dementsprechend; es werden die falschen Objektivkorrekturdaten verwendet, und die Bildqualität leidet darunter.
- Indem Sie die Kamera über einen WCL oder TCL informieren, passen Sie auch die Größe und Position des Leuchtrahmens und der AF-Felder im optischen Sucher (OVF) an. Und auch die elektronische Entfernungs- und Schärfentiefe-Skala im Sucher oder LCD-Monitor wird dadurch angepasst.

Wenn Sie ein häufiger Benutzer eines WCL oder TCL der ersten Generation sind, empfehle ich Ihnen, die Menüoption KONVERTERLINSE in das MEIN MENÜ der Kamera aufzunehmen, um einen schnellen und direkten Zugriff darauf zu ermöglichen. Sie können das MEIN MENÜ mit EINRICHTUNG > BENUTZER.EINSTELLUNG > MEINE MENÜ-EINSTELLUNG bearbeiten.

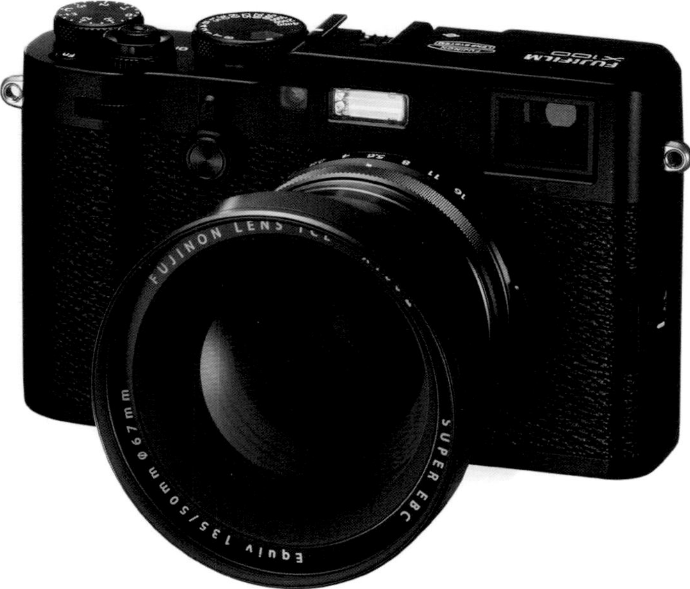

Abbildung 10: Eine schwarze X100F mit dazu passendem Telekonverter **TCL-X100II**

TIPP 8 Verwenden Sie die mitgelieferten **Streulichtblenden**!

Leider ist die X100F nicht mit einer im Lieferumfang enthaltenen Gegenlichtblende ausgestattet, es gibt jedoch passende Angebote von Fujifilm und Drittanbietern. Neben den optischen Vorteilen (insbesondere der Reduzierung von Streulicht in Gegenlichtsituationen) schützt die Streulichtblende das Objektiv und das vordere Glaselement vor Beschädigungen.

Streulichtblenden haben allerdings auch Nachteile: Sie machen das Objektiv größer, als es eigentlich ist, sie können das AF-Hilfslicht und das Blitzlicht abschatten und sie verbrauchen zusätzlichen Platz in Ihrer Fototasche.

Meine persönliche Wahl der Gegenlichtblende ist die Fujifilm LH-X100. Sie wird mit einem AR-X100-Adapterring geliefert und ist mit den Weitwinkelkonvertern WCL-X100 und WCL-X100II kompatibel.

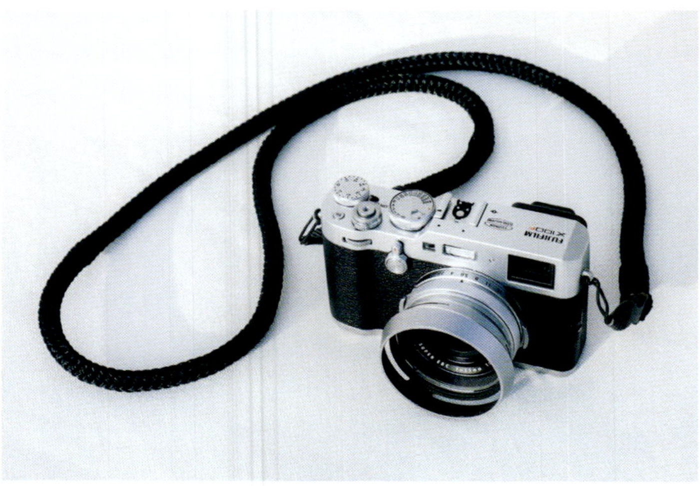

Abbildung 11: Meine X100F mit angeschraubter Gegenlichtblende **LH-X100**

Das 23-mm-F2-Objektiv in Ihrer X100F ist anfällig für Streulicht, besonders wenn Sie gegen eine helle Lichtquelle wie die Sonne fotografieren. Dies kann zu einer Verringerung des Kontrasts führen, was einer Szene einen »verträumten Look« verleihen kann. Wenn Ihnen das nicht gefällt, versuchen Sie, das Objektiv mit der Hand von der Lichtquelle abzuschirmen oder während der Nachbearbeitung Kontrast hinzuzufügen.

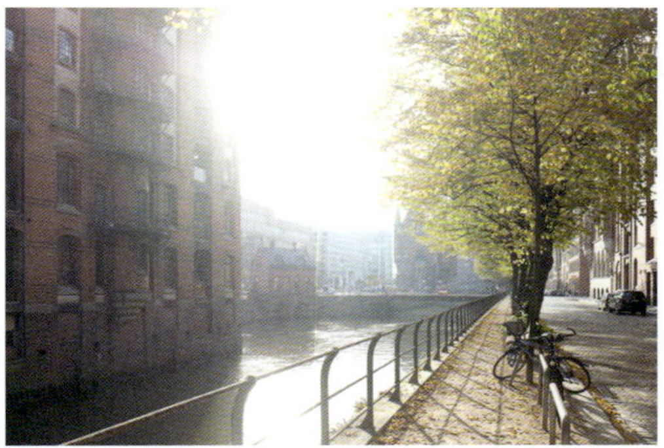

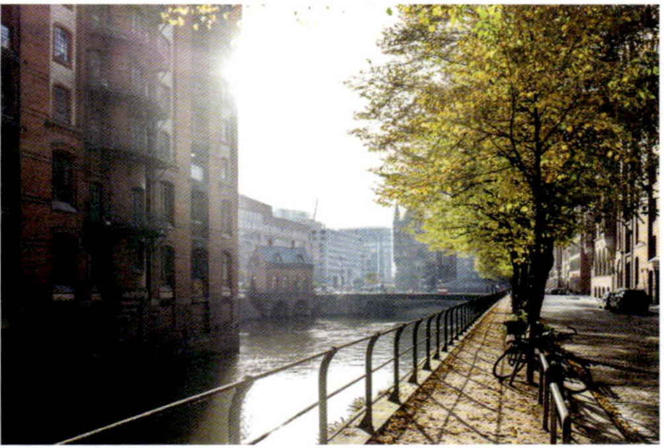

Abbildung 12: Wenn Sie mit einem WCL-X100 gegen die Sonne fotografieren, kann das resultierende Bild kontrastarm sein, wie in diesem Beispiel (links). Zur Kompensation können Sie in der RAW-Nachbearbeitung Kontrast hinzufügen und Schattentöne abdunkeln (rechts).

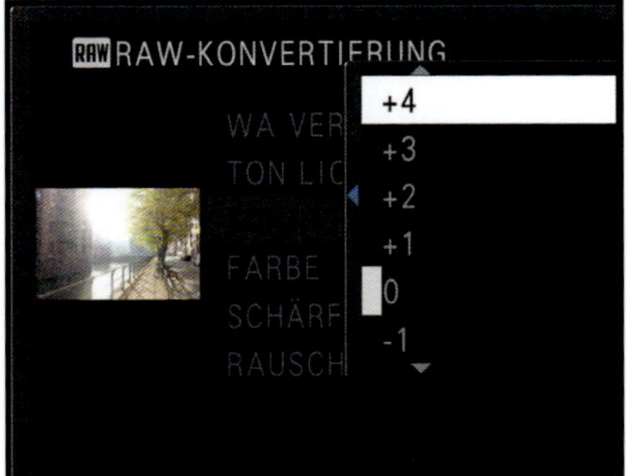

Abbildung 13: Sie können auch **Schattenkontrast in der Kamera selbst hinzufügen**, indem Sie die Einstellung SCHATTIER. TON im Menü BILDQUALITÄTS-EINSTELLUNG vor der Aufnahme oder später während der Wiedergabe im Menü RAW-KONVERTIERUNG erhöhen.

Objektivschutzfilter – ja oder nein? TIPP 9

Die in der Analogfotografie weit verbreiteten UV- oder Skylight-Filter sind bei digitalen Kameras wie der X100F *nicht* notwendig. Ein dauerhaft vor dem Objektiv angebrachter Filter besitzt somit in erster Linie eine Schutzfunktion, kann jedoch gleichzeitig die optische Leistung *negativ* beeinflussen. Gerade nachts oder in Gegenlichtsituationen erhöhen Filter die Wahrscheinlichkeit für unerwünschte Geisterbilder, Spiegelungen oder flaue Kontraste.

Schutzfilter sollte man deshalb grundsätzlich nur dann verwenden, wenn man sie tatsächlich braucht. In den meisten Fällen sollte eine Gegenlichtblende aus Metall wie die LH-X100 einen ausreichenden Schutz bieten. Wenn Sie dennoch für den Einsatz eines Filters plädieren, sollten Sie sich für ein qualitativ hochwertiges Produkt entscheiden. Fujifilm bietet geeignete Schutzfilter für Ihre X100F und die Objektivadapter WCL-X100 und TCL-X100 an, die mit der gleichen Super-EBC-Beschichtung ausgestattet sind, die auch auf den Objektiven verwendet wird. Das Ganze hat allerdings seinen Preis.

Wichtig: *Die X100F verwendet Einschraubfilter mit einem Durchmesser von 49 mm, wie z. B. den Fujifilm PRF-49S. Um jedoch einen 49-mm-Filter auf dem 23-mm-F2-Objektiv der Kamera zu installieren, müssen Sie einen AR-X100-Adapterring verwenden, der nicht im Lieferumfang der X100F enthalten ist. Er ist jedoch Teil der LH-X100 Streulichtblende. Wenn Sie einen WCL-X100(II)- oder TCL-X100(II)-Konverter verwenden, können Sie Filter mit einem Durchmesser von entweder 49 mm oder 67 mm direkt anschrauben – ein Adapterring ist nicht erforderlich.*

TIPP 10 **Entfesselter TTL-Blitz** mithilfe eines Canon-OC-E3-TTL-Verlängerungskabels

Grundsätzlich kann die X100F mit nahezu jedem Blitzgerät im manuellen Modus eingesetzt werden. Die TTL-Blitzautomatik der Kamera – von Fujifilm etwas hochtrabend »Super Intelligent Flash« genannt – funktioniert bisher jedoch nur mit Fuji-kompatiblen TTL-Blitzgeräten wie dem **EF-X20** oder dem **Metz M400**. Fujifilm brachte Ende 2016 außerdem ein neues Profiblitzgerät namens **EF-X500** mit drahtloser TTL-Funktion und High-Speed-Synchronisation (HSS) heraus.

TTL bedeutet übrigens »Through The Lens«: Die automatische Blitzbelichtungsmessung erfolgt hier über das von der Kamera empfangene Licht eines schwachen Messvorblitzes. Die Blitzgeräte werden direkt auf den Blitzanschluss der X100F gesteckt. Unverständlicherweise hat Fujifilm auch sieben Jahre nach Einführung der X-Serie noch keine Zubehörkabel im Programm, um die eigenen TTL-Blitzgeräte entfesselt an den Kameras zu betreiben.

Eine Lösung dieses Dilemmas kommt von Canon in Form eines **OC-E3**-Blitzkabels, das mit dem TTL-Blitzanschluss von Fuji Pin-kompatibel ist. Mit einem solchen Canon-Blitzkabel können Sie die Blitzgeräte EF-20,

EF-X20, EF-42, EF-X500 sowie weitere mit Fuji TTL-kompatible Blitzgeräte entfesselt im TTL-Modus betreiben.

Bitte beachten Sie, dass Canons OC-E3-Kabel zwar mit dem TTL-*Blitzanschluss* von Fuji kompatibel ist, nicht jedoch mit dem TTL-*Blitzprotokoll*. Es ist also *nicht* möglich, Blitzgeräte von Canon an der X100F im TTL-Modus zu betreiben.

Fujifilms kleiner (und vom Design her speziell auf die X-Pro und X100-Reihe abgestimmter) EF-X20-Blitz verfügt über einen optischen »Slave«-Modus, kann also mithilfe eines (beispielsweise von der Kamera kommenden) Signalblitzes drahtlos ausgelöst werden. Die Blitzleistung des EF-X20 können Sie in diesem Modus allerdings nur manuell steuern, es handelt sich beim Slave-Modus um *keine* TTL-Blitzautomatik.

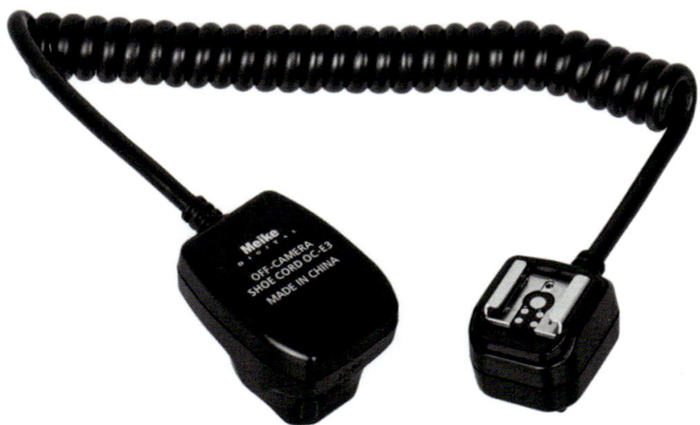

Abbildung 14: Ein **Canon-kompatibles TTL-Blitzverlängerungskabel** funktioniert auch an der X100F.

Fernauslöser – für die X100F gibt's drei Varianten.	TIPP 11

Es gibt immer wieder Situationen, in denen Sie Ihre Kamera erschütterungsfrei auslösen möchten. Neben dem eingebauten Selbstauslöser mit einem Vorlauf von zehn oder zwei Sekunden bietet sich hierfür ein Fernauslöser an, den Sie als Zubehör im Fachhandel kaufen können.

Die X100F besitzt drei verschiedene Anschlüsse für Fernauslöser:

- das **Gewinde im Auslöseknopf** für den Anschluss traditioneller mechanischer Drahtauslöser,
- den **RR-90-Anschluss** (Micro-USB-Port) für den Anschluss von entsprechenden elektronischen Fernauslösern und
- den **Mikrofonanschluss** (2,5-mm-Klinkenbuchse) für den Anschluss von elektronischen Fernauslösern.

Bei elektronischen Fernauslösern haben Sie die Wahl zwischen kabelgebundenen und drahtlosen Lösungen. Drahtlose Fernauslöser bestehen aus einer Sender- und Empfangseinheit. Mit dem Sender lösen Sie die Kamera aus, während der Empfänger mit der Kamera entweder über den RR-90- oder den Mikrofonanschluss verbunden ist.

Fujifilm selbst bietet einen einfachen RR-90-Fernauslöser mit Kabelanschluss an, darüber hinaus gibt es von Drittherstellern eine Reihe von kabelgebundenen und kabellosen Lösungen.

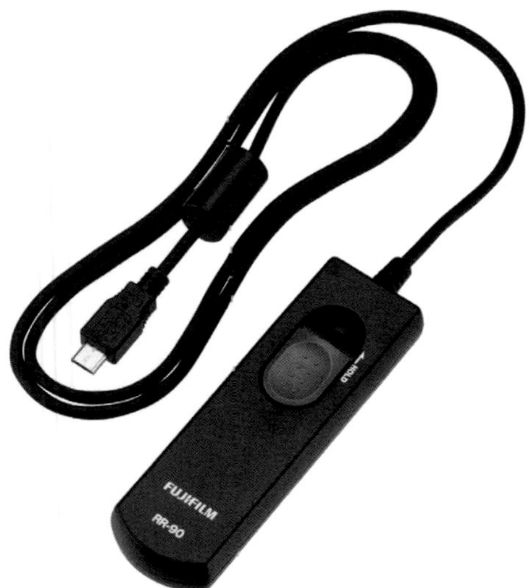

Abbildung 15: Der **RR-90-Fernauslöser** von Fujifilm ist eine simple und zuverlässige Fernsteuerung für Ihre X100F.

Im Fachhandel gibt es außerdem Adapter, mit deren Hilfe man RR-80-kompatible Fernauslöser (etwa für die X-E1) an den neueren RR-90-Standard anpassen kann. Bitte beachten Sie, dass ein simpler USB-Adapter hier nicht funktioniert, Sie benötigen einen dedizierten RR-80-auf-RR-90-Adapter.

Der Mikrofonanschluss der X100F entspricht einem weit verbreiteten Canon-Fernauslöser-Standard und ist unter anderem mit folgenden Kameras kompatibel: Canon EOS Digital Rebel, Canon EOS 1000D, Canon EOS 100D, Canon EOS 1100D, Canon EOS 300D, Canon EOS 350D, Canon EOS 400D, Canon EOS 450D, Canon EOS 500D, Canon EOS 550D, Canon EOS 600D, Canon EOS 60D, Canon EOS 60Da, Canon EOS 650D, Canon EOS 700D, Canon EOS Kiss Digital, Canon EOS Kiss F, Canon EOS Kiss Digital N, Canon EOS Kiss X2, Canon EOS Kiss X3, Canon EOS Kiss X4, Canon EOS Kiss X5, Canon EOS Kiss X50, Canon EOS Kiss X6i, Canon PowerShot G1 X, Canon PowerShot G10, Canon PowerShot G11, Canon PowerShot G12, Canon PowerShot G15, Canon PowerShot SX50 HS, Canon EOS Rebel SL1, Canon EOS Rebel T1i, Canon EOS Rebel 70 T2i, Canon EOS Rebel T3, Canon EOS Rebel T3i, Canon EOS Rebel T4i, Canon EOS Rebel XS, Canon EOS Rebel XSi, Canon EOS Rebel XT, Canon EOS Rebel XTi, Canon EOS Rebel T5i, Contax 645, Contax N, Contax N Digital, Contax N1, Contax NX, Hasselblad H1, Hasselblad H3D, Hasselblad H4D-200MS, Hasselblad H4D-31, Hasselblad H4D-40, Hasselblad H4D-50, Hasselblad H4D-50MS, Hasselblad H4D-60, Pentax 645D, Pentax *ist D, Pentax *ist DL, Pentax *ist DL2, Pentax *ist DS, Pentax *ist DS2, Pentax K-30, Pentax K-5, Pentax K-7, Pentax K-m, Pentax K-10 Grand Prix, Pentax K100D, Pentax K100D Super, Pentax K10D, Pentax K110D, Pentax K200D, Pentax K20D, Pentax MZ-6, Pentax MZ-L, Pentax ZX-L, Samsung GX-1L, Samsung GX-1S, Samsung GX-20, Samsung NX10, Samsung NX100, Samsung NX11, Samsung NX5, Sigma SD1, Sigma SD1 Merrill und Sigma SD15.

Diese Liste ist keineswegs vollständig, aber ein recht guter Anhaltspunkt. Fernauslöser, die mit einer der oben genannten Kameras funktionieren, sollten auch mit Ihrer X100F zusammenarbeiten.

Selbstverständlich können Sie die Kamera auch einfach über Wi-Fi mit der kostenlosen Fujifilm Camera Remote-App [10] für iOS und Android fernsteuern.

2. FOTOGRAFIEREN MIT DER X100F

2.1 AUF DIE PLÄTZE, FERTIG, LOS!

Eine der am häufigsten gestellten Fragen frischgebackener Benutzer ist die nach den »optimalen Einstellungen« für ihre neue Kamera.

Die kurze Antwort: Es gibt keine. Gäbe es sie, hätte sich Fujifilm in der X100F viele Menüoptionen sparen und die Kamera stattdessen fest mit diesen »optimalen Einstellungen« ausliefern können.

Natürlich ist diese kurze Antwort für Sie nicht befriedigend. Deshalb gibt es auch eine längere Version:

- Ich kann Ihnen aus meiner praktischen Erfahrung mit Fuji X-Kameras und speziell der X100F sinnvolle Empfehlungen für Grundeinstellungen geben, die größtmögliche Performance und Flexibilität versprechen. Mit diesen Einstellungsempfehlungen möchte ich dieses Kapitel beginnen.
- Zahlreiche weitere Einstellungen (wie Filmsimulation, Farbsättigung, Kontrast, Schärfung, Rauschunterdrückung, künstliches Filmkorn etc.) gehören zur Kategorie der »JPEG-Parameter«, betreffen also nur das Erscheinungsbild der JPEG-Ergebnisse, die in der Kamera aus den RAW-Daten gewonnen werden. Diese Einstellungen sind nicht kamera-, sondern bildspezifisch und sollten deshalb für jede Aufnahme individuell angepasst und optimiert werden.
- Neben den empfehlenswerten Grundeinstellungen gibt es eine ganze Reihe von Abkürzungen und Tastenkombinationen, um schneller und direkter auf häufig verwendete Features und Funktionen zugreifen zu können. Ich werde Ihnen diese »Shortcuts« in einem eigenen Beitrag vorstellen.

Empfehlenswerte Grundeinstellungen für Ihre X100F TIPP 12

Eine einzige perfekte Kameragrundeinstellung für alle Benutzer und Situationen gibt es nicht. Es gibt jedoch Erfahrungswerte und Zielvorstellungen. Die folgenden Einstellungen dienen nach meinem Dafürhalten dem Ziel, mit der X100F möglichst flexibel und mit maximaler Leistung arbeiten zu können:

- Verwenden Sie **Auto-ISO**, indem Sie das ISO-Einstellrad auf »A« stellen und eine der drei verfügbaren Auto-ISO-Voreinstellungen (AUTO1–3) mit AUFNAHME-EINSTELLUNG > AUTM. ISO-EINST. auswählen, um Ihnen und Ihrer X100F mehr Spielraum für eine korrekte Belichtung und Signalverstärkung zu geben. Die jeweilige Auto-ISO-Feineinstellung können Sie anpassen, indem Sie die rechte Pfeiltaste drücken und anschließend passende Werte für STANDARDEMPFINDLICHKEIT (ich empfehle 200), MAX.EMPFINDLICHKEIT (ich empfehle 12800) und die MIN. VERSCHL. ZEIT eingeben. Keine Angst: Selbst an der Obergrenze von ISO 12800 können sich die Bildergebnisse des X-Trans-Sensors sehen lassen! Wenn Sie Auto-ISO verwenden, sollten Sie unter MIN. VERSCHL.ZEIT stets eine zum Motiv und zur gewählten Brennweite passende Mindestverschlusszeit einstellen. Eine beliebte Standardeinstellung der Kamera für die Auto-ISO-Mindestverschlusszeit ist 1/60 s, Sie können diesen Wert jedoch zwischen 1/4 s und 1/500 s beliebig ändern. Bei bewegten Motiven wiederum bietet es sich an, die Mindestverschlusszeit zu verkürzen, um Bewegungsunschärfe zu vermeiden. Meine persönlichen Einstellungen für die MIN. VERSCHL.ZEIT von AUTO1, AUTO2 und AUTO3 sind 1/60 s (weitgehend unbewegte Motive), 1/200 s (Street & Porträts) und 1/400 s (Action).
- Wählen Sie im Quick-Menü bzw. unter BILDQUALITÄTS-EINSTELLUNG > BILDQUALITÄT die Option **FINE+RAW**, um hochauflösende JPEGs aus der Kamera (»digitale Bildabzüge«) und gleichzeitig flexible RAW-Dateien (»digitale Negative«) zu erhalten. Die RAW-Datei gibt Ihnen die Möglichkeit, in der Kamera mithilfe des eingebauten RAW-Konverters (WIEDERGABEMENÜ > RAW-KONVERTIERUNG) verschiedene JPEGs mit jeweils

unterschiedlichen bzw. optimierten Einstellungen zu erzeugen. Dabei handelt es sich um sogenannte JPEG-Parameter wie Weißabgleich, Filmsimulation, Rauschunterdrückung oder Farbsättigung. Auf diese Weise können Sie von einer Aufnahme zum Beispiel eine farbige und eine schwarz-weiße Version mit jeweils unterschiedlichen Kontrasteinstellungen erzeugen. Und: Sie brauchen sich bei der Aufnahme selbst keine Gedanken über die »perfekten« JPEG-Einstellungen zu machen, da Sie diese später mit dem eingebauten RAW-Konverter jederzeit verändern und optimieren können.

- Die typische Grundeinstellung der Kamera ist **Einzelbild-Autofokus** (AF-S, wählen Sie hierzu »S« seitlich am Fokuswahlschalter) sowie EINZELBILD im DRIVE-Menü (DRIVE-Taste).
- Die flexibelste Einstellung für den AF-S-Autofokus ist **Einzelpunkt-AF** (AF/MF-EINSTELLUNG > AF MODUS > EINZELPUNKT). Dieser Modus gestattet es Ihnen, den Bereich selbst festzulegen, auf den die Kamera scharfstellen soll. Hierzu verwenden Sie am besten den Fokus-Stick oder wählen AF/MF-EINSTELLUNG > FOKUSSIERBEREICH und selektieren mit den vier Richtungstasten (Pfeiltasten) anschließend eins von 91 oder 325 AF-Feldern. Die Größe eines AF-Felds können Sie durch Drehen eines der beiden Einstellräder verändern. Durch *Drücken* (nicht Drehen) des hinteren Einstellrads gelangen Sie dabei direkt zur Standardfeldgröße zurück und durch Drücken der DISP/BACK-Taste springen Sie direkt zum mittleren AF-Feld. Drücken Sie OK oder tippen Sie den Auslöser kurz an, um Ihre AF-Feldauswahl zu bestätigen. Die Kamera stellt dann in den Modi AF-S und AF-C auf den von Ihnen ausgewählten Bereich scharf, sobald Sie den Auslöser halb durchdrücken.
- Im Gegensatz zu den meisten Spiegelreflexkameras arbeitet die X100F mit einem **hybriden Autofokussystem** – einer Mischung aus Kontrastdetektionsautofokus (CDAF) und Phasendetektionsautofokus (PDAF). Die Hauptlast trägt dabei der CDAF, der über die gesamte Sensorfläche zur Verfügung steht. Der schnellere PDAF deckt hingegen bloß die mittleren AF-Felder (etwa 40 % der Sensorfläche) ab und funktioniert nur unter hinreichend guten Lichtbedingungen. Beide AF-Methoden arbeiten am

genauesten mit einem möglichst kleinen AF-Feld, kommen mit einem größeren AF-Feld jedoch schneller ans Ziel. Daraus leitet sich die Grundregel ab, das AF-Feld beim Einzelpunkt-AF so klein wie nötig und so groß wie möglich einzustellen.

- Stellen Sie die X100F auf maximale Leistung ein und wählen Sie EINRICHTUNG > POWER MANAGEMENT > LEISTUNG > H-LEIST. Nur in diesem werksseitig ausgeschalteten Modus erreicht die X100F die von Fujifilm beworbenen Leistungsdaten, etwa die maximal mögliche Bildwiederholrate im EVF und die damit zusammenhängende größtmögliche AF-Performance. Die Kamera verbraucht im **Hochleistungsmodus** etwas mehr Energie, sodass Sie den Ratschlag, stets einen oder mehrere voll aufgeladene Ersatzakkus mitzuführen, beherzigen sollten.
- Eine weitere Verbesserung der AF-Leistung ist mit der Einstellung AF/MF-EINSTELLUNG > PRE-AF > AN möglich. **Pre-AF** sorgt dafür, dass die Kamera auch dann fortwährend auf das Motiv unter dem gerade ausgewählten AF-Feld oder der ausgewählten Zone vorfokussiert, wenn Sie den Auslöser nicht halb durchdrücken. Dies kann im Moment des eigentlichen Fokussierens – wenn Sie den Auslöser schließlich halb durchdrücken – wertvolle Sekundenbruchteile sparen, führt jedoch zu einem erhöhten Energieverbrauch sowie zu permanenten Objektivgeräuschen. Deshalb verwende ich diese Einstellung nur in Ausnahmefällen.
- Stellen Sie AF/MF-EINSTELLUNG > PRIO. AUSLÖSEN/FOKUS sowohl für AF-S als auch AF-C auf FOKUS. **Fokuspriorität** stellt sicher, dass die Kamera nur dann ein Bild aufnimmt, wenn der Autofokus glaubt, ein Ziel gefunden zu haben. In der Einstellung AUSLÖSEN macht die X100F auch dann eine Aufnahme, wenn der Autofokus kein Ziel findet. Bitte beachten Sie, dass AF-S im Modus AF+MF stets mit Auslösepriorität operiert. Apropos: Meine empfohlene Grundeinstellung für AF/MF-EINSTELLUNG > AF+MF ist AN.
- Wenn Sie mehrere Aufnahmen hintereinander in schneller Folge machen möchten, bietet es sich an, EINRICHTUNG > DISPLAY-EINSTELLUNG > BILDVORSCHAU auf AUS zu stellen, um Ihren Arbeitsfluss nicht zu unterbrechen. Normalerweise verwende ich für die **Bildvorschau** jedoch

die Einstellung 0,5 SEK, um nach jedem gemachten Bild eine kurze Einblendung des Bildergebnisses im Sucher oder auf dem Display zu sehen. Sie können die eingeblendete Bildvorschau jederzeit abbrechen und weiterfotografieren, indem Sie kurz den Auslöser antippen.

- Wählen Sie für den Sucher und den LCD-Bildschirm auf der Kamerarückseite mithilfe der DISP/BACK-Taste jeweils einen Anzeigemodus mit **Informationseinblendungen**. Nur dann stehen Ihnen wichtige Hilfsmittel wie die elektronische Wasserwaage, das Live-Histogramm und die elektronische Distanz- und Schärfentiefe-Anzeige zur Verfügung. Welche Elemente in der Anzeige genau erscheinen (oder nicht erscheinen) sollen, können Sie unter EINRICHTUNG > DISPLAY-EINSTELLUNG > DISPLAY EINSTELL. selbst festlegen, und zwar getrennt für den optischen Sucher (OVF) und den elektronischen Live-View (EVF/LCD). Auf jeden Fall sollten Sie hier unbedingt das Live-Histogramm auswählen. Ich persönlich kreuze hier sogar *alle* verfügbaren Optionen an. Bitte beachten Sie, dass Sie den Anzeigemodus für den Sucher und den LCD-Bildschirm jeweils getrennt auswählen müssen. Die DISP/BACK-Taste ändert nämlich immer nur den Anzeigemodus des *gerade aktiven* Bildschirms. Wenn Sie den Anzeigemodus des Suchers (EVF oder OVF) ändern möchten, muss also der Sucher aktiv sein, wenn Sie DISP/BACK drücken – etwa indem Sie bei aktiviertem Augensensor durch den Sucher schauen, wenn Sie die DISP/BACK-Taste drücken.
- Benutzen Sie die VIEW MODE-Taste, um den **Augensensor** und damit die automatische Umschaltung zwischen Sucher (EVF/OVF) und LCD-Bildschirm zu aktivieren. Der alternative Modus NUR BILDSUCHER + AUGENSENSOR ist ein guter Energiesparmodus für Sucher-Fans, der die Handhabung der Kamera allerdings insofern erschwert, als der LCD-Bildschirm dann im Aufnahmemodus für Menüeinstellungen nicht mehr zur Verfügung steht.
- Ich empfehle Ihnen MEHRFELD als Grundeinstellung für die **Belichtungsmessung**, da die »intelligente« Matrixmessung in der Praxis meist für gute Ergebnisse ohne dramatischen Korrekturbedarf sorgt. Die anderen Modi SPOT, MITTEN-BETONT und INTEGRAL werden dadurch jedoch

nicht überflüssig. Sie können den Modus für die Belichtungsmessung im Menü AUFNAHMEEINSTELLUNG unter AE-MESSUNG auswählen. Alternativ können Sie die Funktion auch einer Fn-Taste zuweisen oder im Quick-Menü einstellen.

- Stellen Sie BILDQUALITÄTS-EINSTELLUNG > WEISSABGLEICH auf AUTO ein, um der Kamera die Ermittlung der passenden **Farbtemperatur** für Ihr Motiv zu überlassen. Da Sie mit FINE+RAW fotografieren, können Sie den Weißabgleich später jederzeit selbst anpassen – entweder in der Kamera mithilfe des eingebauten RAW-Konverters oder mit einem externen RAW-Konverter wie Adobe Lightroom. Oft liegt die Kamera mit AUTO aber schon goldrichtig – oder liefert zumindest einen guten Ausgangspunkt für weitere Anpassungen.
- Wenn Sie es sich (zu) einfach machen wollen, wählen Sie BILDQUALITÄTS-EINSTELLUNG > DYNAMIKBEREICH > AUTO, um der X100F die Möglichkeit zu geben, den **Dynamikumfang** des Bildergebnisses bei Bedarf um eine Blendenstufe zu erhöhen. Die Kamera entscheidet in dieser Einstellung selbst, ob das Motiv normal mit DR100 % oder mit einer Blendenstufe zusätzlicher Lichterdynamik (DR200 %) aufgenommen wird. Bitte beachten Sie, dass DR400 % (für zwei zusätzliche Blendenstufen Lichterdynamik) bei der X100F im automatischen Dynamikmodus nicht mehr zur Verfügung steht und stets manuell ausgewählt werden muss. Die erweiterte Lichterdynamik sorgt dafür, dass helle Bereiche Ihres Motivs (zum Beispiel Wolken an einem Sonnentag) nicht ausfressen, sondern ihre Struktur bewahren. Wenn Sie allerdings die Kontrolle über den Dynamikumfang Ihrer Bilder nicht an eine dumme Automatik abgeben möchten, die Ihre Gedanken bezüglich der angestrebten Bildwirkung naturgemäß nicht lesen kann, sollten Sie den Dynamikumfang (DR100 %, DR200 % oder DR400 %) immer selbst einstellen. Als Grundeinstellung dient dann DR100 %, was deshalb auch meine empfohlene Einstellung ist.
- Machen Sie hin und wieder Aufnahmen mit langen Belichtungszeiten von mehreren Sekunden? In diesem Fall sollten Sie BILDQUALITÄTS-EINSTELLUNG > NR LANGZ. BELICHT. > AN einstellen, um die Qualität entsprechender Bildergebnisse zu verbessern. Die Kamera nimmt dann

einen sogenannten **Schwarzbildabzug** [11] vor, um Bildfehler wie Hot Pixel auszugleichen. Dadurch verdoppelt sich allerdings auch die Belichtungszeit, da die Kamera das Bild zweimal – einmal normal und einmal mit geschlossenem Verschluss – aufzeichnet und die beiden Ergebnisse verrechnet, ehe die RAW- und JPEG-Dateien erzeugt werden.

- Es mag verlockend sein, die **Helligkeit des elektronischen Suchers** auf AUTO zu stellen, ich rate Ihnen jedoch davon ab. Die automatische Helligkeitsanpassung zeigt an sonnigen Tagen nämlich gerne ein unrealistisch helles und bei schwachem Licht ein unrealistisch dunkles Sucherbild. Deshalb stelle ich die EVF-Helligkeit lieber mit EINRICHTUNG > DISPLAY-EINSTELLUNG > EVF HELLIGKEIT > MANUELL auf den neutralen Wert 0 ein. Diesen Wert verwende ich auch für den rückwertigen LCD-Bildschirm.

TIPP 13 **Praktische Shortcuts** für die X100F – den Umweg übers Kameramenü vermeiden!

Der Weg über verschachtelte Menüs ist in der Fotopraxis meist recht umständlich. Deshalb verfügt die X100F über das Quick-Menü (Q-Taste) sowie konfigurierbare Fn-Tasten, die Ihnen einen direkteren Zugriff auf wichtige und häufig benutzte Kamerafunktionen und -einstellungen erlauben.

Darüber hinaus besitzt die X100F konfigurierbare Speicherplätze für sieben Sets mit häufig verwendeten Einstellungen (C1 bis C7), die Sie über das Quick-Menü oder eine entsprechend konfigurierte Fn-Taste bequem auswählen können. Dabei werden die aktuellen Kameraeinstellungen mit den Einstellungen des jeweils ausgewählten Sets überschrieben. Es handelt sich bei C1 bis C7 also *nicht* um Kameramodi, sondern lediglich um Speicherplätze für Einstellungen, die Sie direkt abrufen und dann als Ihre neuen aktuellen Einstellungen verwenden können.

Schließlich besitzt die Kamera auch noch ein sogenanntes MEIN MENÜ, in dem Sie bis zu 16 häufig verwendete Menübefehle auf zwei übersichtlichen Menüseiten selbst zusammenstellen können.

Damit nicht genug: Die X100F verfügt auch über eine Reihe von Abkürzungen (Shortcuts) – und zwar buchstäblich auf Tastendruck:

- Halten Sie im bereits aufgerufenen (!) Quick-Menü die Q-Taste einige Sekunden lang gedrückt, um direkt ins Konfigurationsmenü für die benutzerdefinierbaren Einstellungen C1 bis C7 zu gelangen.
- Drücken Sie im *nicht* aufgerufenen (!) Quick-Menü die Q-Taste einige Sekunden lang, um direkt zur Konfiguration des Quick-Menüs zu gelangen. In diesem Modus können Sie selbst festlegen, welche der zur Auswahl stehenden Einstellungen Sie auf jeden der 16 Shortcuts im Quick-Menü legen möchten. Dabei steht auch die Option KEINE zur Auswahl, mit der Sie das Quick-Menü verkleinern und übersichtlicher gestalten können.
- Drücken und halten Sie im Aufnahmemodus die MENU/OK-Taste, um die Richtungstasten und die Q-Taste zu blockieren und vor einem versehentlichen Zugriff zu schützen. Drücken und halten Sie die MENU/OK-Taste erneut, um den Tastenschutz wieder aufzuheben. Ist der Tastenschutz aktiv, erscheint ein kleines Vorhängeschloss-Symbol in der Anzeige.
- Drücken und halten Sie eine Funktionstaste, um direkt ins Konfigurationsmenü der entsprechenden Taste zu gelangen.
- Um zu sehen, wo sich die Funktionstasten befinden und wie sie belegt sind, drücken und halten Sie im Aufnahmemodus die DISP/BACK-Taste. In diesem Menü können Sie dann auch gleich die Belegung sämtlicher Fn-Tasten ändern.
- Um im Aufnahmemodus eine in einem Menü ausgewählte Funktion zu bestätigen, können Sie anstelle der MENU/OK-Taste auch einfach den Auslöser halb durchdrücken.
- Drücken Sie den Auslöser halb durch, um vom Wiedergabemodus direkt in den Aufnahmemodus zu wechseln.
- Drücken Sie den Auslöser halb durch, um eine laufende Bildvorschau (siehe EINRICHTUNG > DISPLAY-EINSTELLUNG > BILDVORSCHAU) abzubrechen und sofort weitere Aufnahmen machen zu können.

- Halten Sie den Auslöser einige Sekunden lang halb durchgedrückt, um die schlafende Kamera aus dem Energiesparmodus aufzuwecken.
- Drücken Sie im AF-S-Einzelpunkt-Modus oder MF-Modus das hintere Einstellrad, um den gewählten Bildausschnitt im Live-View zu vergrößern. Drehen Sie anschließend das Einstellrad, um zwischen zwei verfügbaren Vergrößerungsstufen zu wechseln. Bitte beachten Sie, dass dies nur für die Standardkonfiguration dieser Fn-Taste mit der Funktion FOKUSKONTROLLE gilt. Wenn Sie dem gedrückten hinteren Einstellrad stattdessen eine andere Funktion zuweisen, steht die Zoom-Abkürzung naturgemäß nicht zur Verfügung.
- Drücken und halten Sie im MF-Modus das hintere Einstellrad, um zwischen den verfügbaren manuellen Fokushilfen zu wechseln. Zur Auswahl stehen digitales Schnittbild, Focus Peaking und ein Standardbild ohne MF-Assistenz.
- Drücken Sie bei der Auswahl eines Autofokusfelds das hintere Einstellrad, um die Größe des Autofokusfelds bzw. einer AF-Zone zurückzusetzen. Drehen Sie an einem der beiden Einstellräder, um die Größe des AF-Felds oder einer AF-Zone zu ändern. Drücken Sie die DISP/BACK-Taste, um die Position des AF-Felds bzw. der Zone auf die Bildmitte zurückzusetzen. Mit den vier Richtungstasten oder dem Fokus-Stick können Sie ein AF-Feld oder eine AF-Zone manuell verschieben.
- Drücken und halten Sie im Aufnahmemodus den Fokus-Stick, um direkt zu den Stick-Einstellungen zu gelangen. Sie haben hier die Wahl, den Fokus-Stick ganz abzuschalten, ihn nur auf Druck zu aktivieren oder ihn stets funktionsbereit zu halten. In diesem Buch gehen wir stets von der zuletzt genannten Option ON aus, das heißt, der Fokus-Stick ist immer direkt funktionsbereit.
- Drücken Sie im Aufnahmemodus den Fokus-Stick, um zur Fokusfeld- bzw. Fokuszonenauswahl zu gelangen. Hier können Sie das aktuelle Fokusfeld verschieben und auch die Größe der Fokusfelder bzw. Fokuszonen mit einem der beiden Einstellräder verändern. Drücken Sie den Fokus-Stick in diesem Modus erneut, um das Fokusfeld bzw. die Fokuszone zu zentrieren.

- Wenn Sie den Fokus-Stick im Aufnahmemodus direkt in eine der acht möglichen Richtungen bewegen, können Sie das aktive Fokusfeld bzw. die aktive Fokuszone unmittelbar verschieben, jedoch nicht ihre Größe ändern. Zum Ändern der Feldgröße müssen Sie den Fokus-Stick kurz drücken, um zur eigentlichen Auswahl des Fokussierbereichs zu gelangen.
- Drehen Sie im Wiedergabemodus das hintere Einstellrad, um in ein Bild hineinzuzoomen. Mit DISP/BACK gelangen Sie dabei jederzeit zurück zur Vollansicht. Benutzen Sie das vordere Einstellrad, um rasch durch die aufgenommenen Bilder zu blättern.
- Drücken Sie im Wiedergabemodus das hintere Einstellrad, um direkt zu einer auf 100 % vergrößerten Ansicht der gerade betrachteten Aufnahme zu gelangen. Befinden Sie sich bereits in einer vergrößerten oder verkleinerten Bildansicht bzw. -übersicht, kehren Sie mit einem weiteren Druck des hinteren Einstellrads direkt zur regulären Vollansicht der ausgewählten Aufnahme zurück.
- Drücken Sie im Wiedergabemodus die Q-Taste, um den eingebauten RAW-Konverter direkt aufzurufen. Dort können Sie weitere JPEG-Abzüge Ihrer RAW-Datei erstellen und zahlreiche Aufnahmeparameter nachträglich ändern. Diese Funktion steht selbstverständlich nur dann zur Verfügung, wenn die ausgewählte Aufnahme auch im RAW-Format gespeichert wurde.
- Drücken Sie im Wiedergabemodus die obere Richtungstaste (DRIVE-Taste), um die erste von zwei Bildschirmseiten mit erweiterten Bildinformationen und dem bei der Aufnahme aktiven Fokuspunkt (grünes Kreuz) anzuzeigen. Diese Funktion steht in allen Wiedergabeansichten mit Ausnahme der Favoritenansicht zur Verfügung.
- Der Fokus-Stick kann im Wiedergabemodus alternativ zum Steuerkreuz und der MENU/OK-Taste verwendet werden. Das ist aufgrund der acht verfügbaren Richtungen vor allem beim Navigieren durch vergrößerte Bildansichten ausgesprochen praktisch.

- Drücken und halten Sie die LÖSCHTASTE (Papierkorb-Symbol) für etwa drei Sekunden und drücken Sie dann das hintere Einstellrad, während Sie die LÖSCHTASTE weiterhin gedrückt halten, um direkt zum Menü für die Kartenformatierung zu gelangen.
- Ziehen Sie den Sucherwahlhebel kurz nach rechts, um im Sucher zwischen dem optischen Sucher (OVF) und dem elektronischen Sucher (EVF) umzuschalten.
- Ziehen Sie den Sucherwahlhebel kurz nach links, um im OVF-Modus den elektronischen Messsucher (ERF) ein- bzw. auszuschalten.
- Drücken Sie im ERF-Modus (Electronic Range Finder = elektronischer Messsucher) das hintere Einstellrad, um die Vergrößerungsstufe des im optischen Sucher rechts unten eingeblendeten kleinen Live-View-Ausschnitts zu verändern. Dabei stehen neben einer Gesamtansicht des Bildes zwei Vergrößerungsstufen zur Verfügung.

TIPP 14 Empfohlene Belegung der Fn-Tasten

Eine sinnvolle Belegung der Fn-Tasten Ihrer X100F erspart Ihnen unnötige und umständliche Aufrufe des Kameramenüs. Ich habe meine X100F so konfiguriert, dass ich beim Fotografieren möglichst nicht ins Kameramenü abtauchen muss – alle für mich wichtigen Einstellungen sind über Fn-Tasten, das Quick-Menü und notfalls MEIN MENÜ erreichbar.

Um die Belegung der Fn-Tasten der Kamera in einem Aufwasch anzuzeigen und zu verändern, drücken und halten Sie die DISP/BACK-Taste im Aufnahmemodus so lange gedrückt, bis das Konfigurationsmenü FUNKTIONEN (Fn) erscheint.

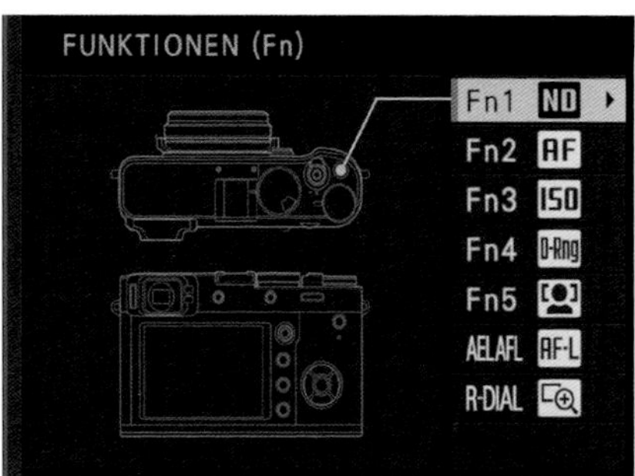

Abbildung 16: Wenn Sie die DISP/BACK-Taste einige Sekunden lang gedrückt halten, gelangen Sie direkt auf die Seite FUNKTIONEN (Fn), auf der Sie die Belegung der Funktionstasten Ihrer X100F einstellen können.

Hier lesen Sie meine empfohlene Fn-Tastenbelegung:

- **Fn1: ND-FILTER.** Der eingebaute ND-Filter der X100F verdunkelt das Objektiv um 3 EV (oder Blendenstufen) und dient dazu, die Verschlusszeit bei hellem Licht und während der Blitzfotografie zu verlängern – insbesondere wenn Sie mit einer weit geöffneten Blende fotografieren. Um den eingebauten ND-Filter schnell zu aktivieren oder zu deaktivieren, weise ich ihn einer Fn-Taste zu, wo ich ihn sofort ein- und ausschalten kann.
- **Fn2: AF MODUS.** Fujifilms Autofokussystem verfügt neben AF-S und AF-C (für die es einen Umschalter an der Kameraseite gibt) über drei weitere AF-Modi, die mit AF-S oder AF-C kombiniert werden können: EINZELPUNKT, ZONE und WEIT/VERFOLGUNG. Um auch zwischen diesen drei Einstellungen schnell umschalten zu können, ist es sinnvoll, die entsprechende Auswahl auf eine Funktionstaste zu legen. Ich persönlich bevorzuge hierfür die an der Kameravorderseite liegende Fn2-Taste.
- **Fn3: Auto-ISO.** Die Auto-ISO-Einstellung ist eine wichtige Funktion, deshalb sollte sie auf einer Fn-Taste liegen, um schnell zwischen den drei verfügbaren Auto-ISO-Einstellungen wechseln zu können.
- **Fn 4: DYNAMIKBEREICH.** Die DR-Funktion ist bei Kameras von Fujifilm besonders leistungsfähig, deshalb habe ich sie gern in Griffweite. Mit dem transparenten Menü kann man die Wirkung der unterschiedlichen Einstellungen (DR100%, DR200%, DR400%) zudem sofort im Live-View sehen.

- **Fn5: GESICHTSERKENNUNG.** Die Gesichtserkennung ist eine weitere Funktion, die Sie jederzeit zur Hand haben sollten, wenn sie benötigt wird.
- **AE-L/AF-L: NUR AF SPERRE.** Die kombinierte AE-L/AF-L-Taste kann als Fn-Taste verwendet werden, sodass Sie sie bei Bedarf umfunktionieren können. Ich persönlich stelle diese Taste auf NUR AF SPERRE.
- **R-DIAL: FOKUSKONTROLLE.** Das Drücken des hinteren Einstellrads dient gleichzeitig als Fn-Taste. Die Werkseinstellung ist FOKUSKONTROLLE, mit der Sie das Livebild auf dem elektronischen Sucher oder LCD-Monitor vergrößern können. Da es sich hierbei um eine wichtige und sehr komfortable Funktion handelt, empfehle ich nicht, diese Zuordnung zu ändern. Bitte beachten Sie, dass alle in diesem Buch enthaltenen Hinweise davon ausgehen, dass FOKUSKONTROLLE dem hinteren Einstellrad zugeordnet ist.

TIPP 15 Empfohlene Konfiguration für MEIN MENÜ und Quick-Menü

Um den Aufnahmevorgang mühelos und unterbrechungsfrei zu gestalten, ist es sinnvoll, häufig benutzte Funktionen den Fn-Tasten zuzuordnen, damit sie direkt zugänglich sind. Leider ist die Anzahl der Fn-Tasten bei der X100F aber recht begrenzt.

Hier kommen MEIN MENÜ und Quick-Menü (Q-Taste) ins Spiel, um schnell auf häufig verwendete Funktionen und Menüs zugreifen zu können, die bei den Fn-Tasten zu kurz gekommen sind.

- Um das MEIN MENÜ zu konfigurieren, wählen Sie EINRICHTUNG > BENUTZER-EINSTELLUNG > MEINE MENÜ-EINSTELLUNG, wo Sie neue Elemente hinzufügen, vorhandene Elemente neu anordnen oder Elemente aus dem Menü entfernen können.
- Um das Quick-Menü zu konfigurieren, halten Sie die Taste Q gedrückt, bis die Konfigurationsseite des Quick-Menüs erscheint, auf der Sie jeden der 16 Punkte ändern und ihnen entweder eine neue Funktion oder gar keine Funktion zuweisen können (KEINE).

Die folgenden Abbildungen veranschaulichen meine persönlichen Einstellungen für MEIN MENÜ und Quick-Menü. Beide sind jedoch nicht in Stein gemeißelt, sondern lediglich Empfehlungen.

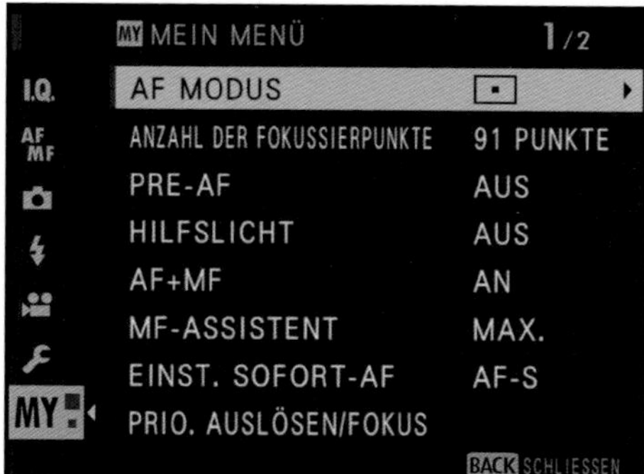

Abbildung 17: MEIN MENÜ besteht aus zwei Menüseiten mit insgesamt 16 Eingabemöglichkeiten. Ich benutze die erste Seite, um die Autofokus-Konfiguration schnell zu ändern oder zu überprüfen.

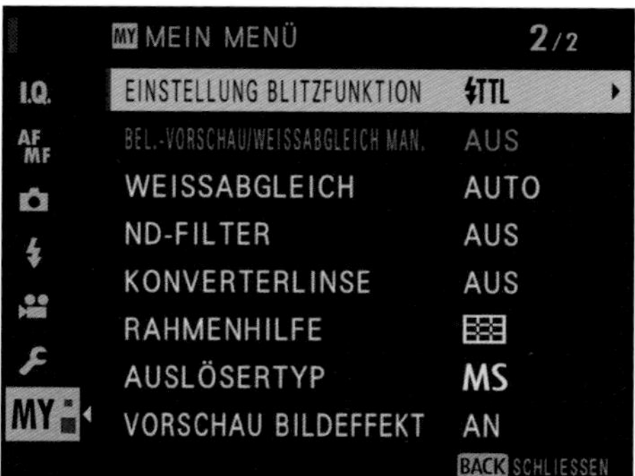

Abbildung 18: Die zweite Seite meines persönlichen Menüs ist für Belichtungseinstellungen sowie allgemeine Einstellungen wie ND-Filter- und Konverter-Einstellungen, Verschlusstyp, Blitzkonfiguration und Belichtungsoptionen reserviert.

Bitte beachten Sie, dass der manuelle Belichtungsmodus M aktiviert sein muss, um auf die Einstellung BEL.-VORSCHAU/WEISSABGLEICH MAN. zugreifen zu können.

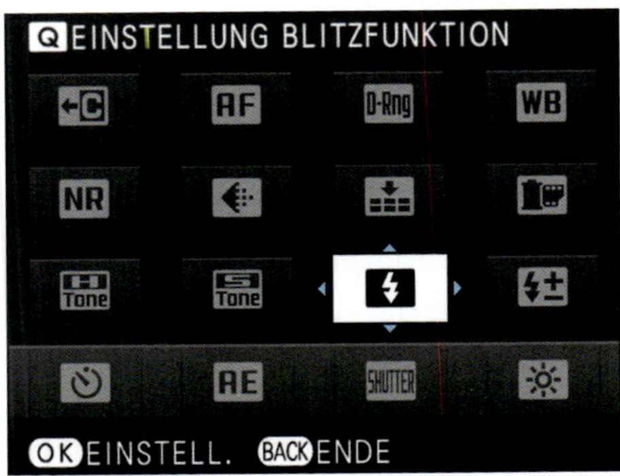

Abbildung 19: Mein Quick-Menü unterscheidet sich nicht wesentlich von der werksseitigen Vorgabe. Ich stelle immer sicher, dass ich direkt von diesem Menü aus auf den Blitzmodus und die Blitzbelichtungskorrektur zugreifen kann, und ich möchte einen direkten Zugriff auf die Verschlusstypeneinstellung und die Auswahl des Belichtungsmessungsmodus haben. Da ich keinen schnellen Zugriff auf die Elemente FARBE und SCHÄRFE benötige, habe ich sie durch die Blitz-Einstellungen ersetzt.

TIPP 16 | Verwenden Sie stets **FINE+RAW**!

Die Frage »RAW oder JPEG?« [12] stellt sich bei der X100F und anderen X-Serie-Kameras nicht wirklich: Am sinnvollsten ist es, stets *beide* Formate gleichzeitig aufzunehmen und zu speichern, also BILDQUALITÄTS-EINSTELLUNG > BILDQUALITÄT > FINE+RAW einzustellen. Dies gilt unabhängig davon, ob Sie sich selbst als eingefleischten RAW- oder JPEG-Shooter betrachten.

Eingefleischte RAW-Shooter erhalten mit FINE+RAW folgende Vorteile:

- Das JPEG kann bei einer externen RAW-Entwicklung als Referenz dienen, die es zu schlagen gilt.
- Eine Fokuskontrolle in der 100 %-Ansicht ist nur mit einem hochauflösenden JPEG möglich. Das in der RAW-Datei eingebettete JPEG ist dafür leider zu klein. Sie benötigen also ein zusätzliches hochauflösendes JPEG, um kritische Schärfe im Wiedergabemodus sicher beurteilen zu können. Achten Sie darauf, dass bei BILDQUALITÄTS-EINSTELLUNG > BILDGRÖSSE eine Option ausgewählt ist, die mit einem L wie »Large« beginnt.

- Das BILDGRÖSSE-Menü steht im reinen RAW-Modus *nicht* zur Verfügung. Die Aufnahmeformate 1:1 und 16:9 können folglich nur in den JPEG-Modi oder in FINE+RAW ausgewählt werden. Wenn Sie als RAW-Shooter eines dieser beiden alternativen Bildformate verwenden möchten, sollten Sie deshalb immer FINE+RAW auswählen. Autofokus und Belichtungsmessung der Kamera richten sich nach dem eingestellten Bildformat und liefern damit bessere und zuverlässigere Resultate. Keine Angst: Die RAW-Datei wird dennoch in voller Auflösung und im nativen 3:2-Format aufgezeichnet, sodass Sie den Beschnitt später jederzeit ändern können. Es gehen also keine Bilddaten verloren. Auch eine im eingebauten RAW-Konverter der Kamera erzeugte JPEG-Kopie hat stets die maximale Auflösung und das volle 3:2-Format.

Eingefleischte JPEG-Shooter erhalten mit FINE+RAW folgende Vorteile:

- Niemand ist in der Lage, die Belichtung, den Weißabgleich sowie alle JPEG-Parameter (Farbe, Filmsimulation, Schärfe, Rauschunterdrückung, Schatten- und Lichterkontraste, Korneffekt) und den Dynamikbereich für jede Aufnahme im Vorfeld exakt zu bestimmen und optimal einzustellen. FINE+RAW löst dieses Problem, da Sie die genannten Einstellungen auch *im Nachhinein* jederzeit korrigieren oder ändern können – entweder mithilfe des in der Kamera eingebauten oder eines externen RAW-Konverters. Sie können sich beim Fotografieren also auf die wesentlichen Dinge konzentrieren und müssen sich weniger Gedanken um die JPEG-Einstellungen machen.

- Selbst wenn Sie die optimalen Einstellungen bereits im Vorfeld kennen, könnte es sein, dass Sie von einer Aufnahme mehr als nur eine einzige Version haben möchten – etwa eine Farb- *und* eine Schwarz-Weiß-Version oder eine weitere Version mit weniger Rauschunterdrückung oder mit einer anderen Filmsimulation. Auch hier hilft FINE+RAW, da Sie mit dem eingebauten RAW-Konverter jederzeit weitere Varianten einer Aufnahme erzeugen oder miteinander vergleichen können.

- Der Fortschritt macht keine Pause: Was heute noch unmöglich erscheint, kann in einigen Jahren Wirklichkeit sein. Es ist durchaus möglich, dass dann einfach zu bedienende RAW-Konverter zur Verfügung stehen, die aus Ihren RAW-Dateien deutlich mehr herausholen können, als es Ihre Kamera oder ein externer Konverter heute vermögen. Allein für diese Eventualität ist es sinnvoll, die digitalen Negative (RAW-Dateien) Ihrer Aufnahmen zu behalten und zu archivieren. Speicherplatz ist schließlich ausgesprochen günstig.

- Nicht nur die Technik, auch Ihre Fähigkeiten als Fotograf entwickeln sich. Selbst wenn Sie heute der Meinung sind, dass eine externe RAW-Entwicklung mit einem Programm wie Lightroom für Sie nicht infrage kommt, muss das nicht für alle Zeiten gelten. In einem Jahr sieht vielleicht schon alles anders aus. Wäre es nicht schade, wenn Sie dann keinen Zugriff mehr auf die digitalen Negative Ihrer früheren Aufnahmen hätten, sondern mit komprimierten JPEGs und deren begrenztem Bearbeitungsspielraum vorliebnehmen müssten? Bedenken Sie: Nur RAW-Dateien enthalten alle vom Sensor aufgezeichneten Bildinformationen – sie sind das digitale Negativ. JPEGs sind nur digitale Abzüge, sie bilden lediglich einen Ausschnitt der RAW-Daten ab und sind dabei nicht verlustfrei komprimiert. RAW-Dateien verfügen deshalb auch über einen deutlich größeren Dynamik- und Tonwertumfang als die JPEG-Resultate. Der eingebaute RAW-Konverter ist übrigens nicht komplizierter oder schwieriger zu bedienen als die JPEG-Einstellungen im Menü BILDQUALITÄTS-EINSTELLUNG, die Sie als eingefleischter JPEG-Shooter ohnehin beherrschen sollten, da Ihre Aufnahmen sonst nicht über das Niveau der Kameragrundeinstellungen hinauswachsen.

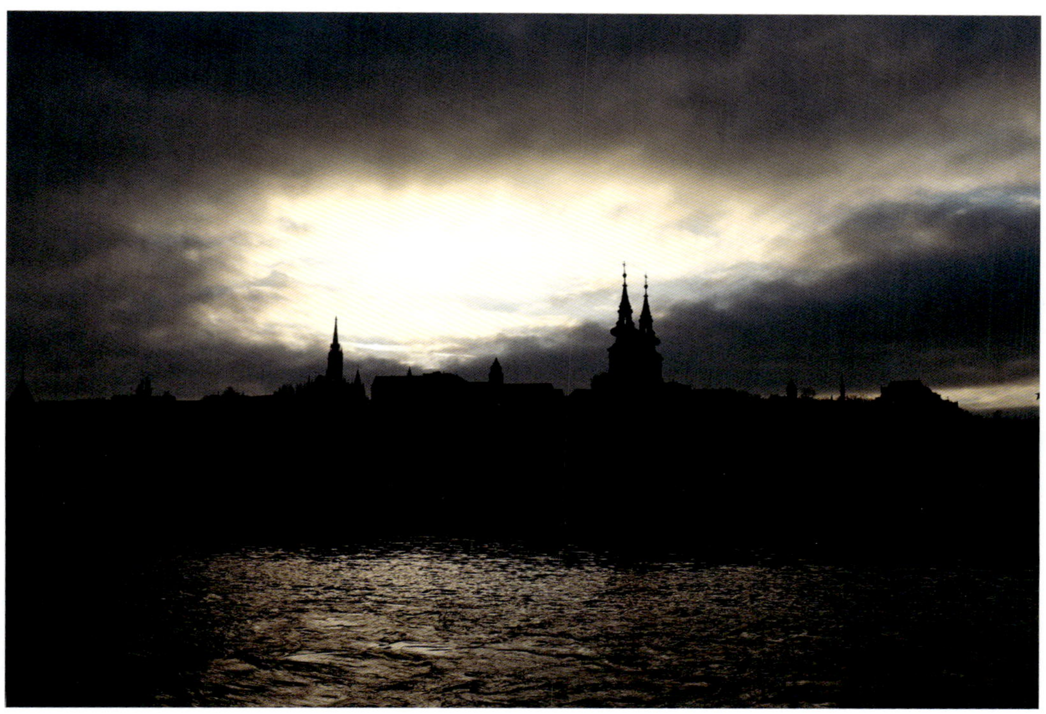

Abbildung 20: Die X100F verfügt über eine kompetente JPEG-Engine mit fantastischen Filmsimulationen, was aber nicht bedeutet, dass **JPEG-Aufnahmen** ausschließlich der richtige Weg sind. Beispiel: Dieses JPEG wurde mit der Filmsimulation Classic Chrome bearbeitet und auf die Lichter belichtet. Es veranschaulicht den begrenzten Dynamikumfang von ausdrucksstarken JPEGs, die kontrastreiche Motive oft mit ausgefressenen Lichtern und abgesoffenen Schatten (oder beides) wiedergeben. Es ist nicht möglich, das wiederherzustellen, was bei der Herstellung des JPEG verloren gegangen ist.

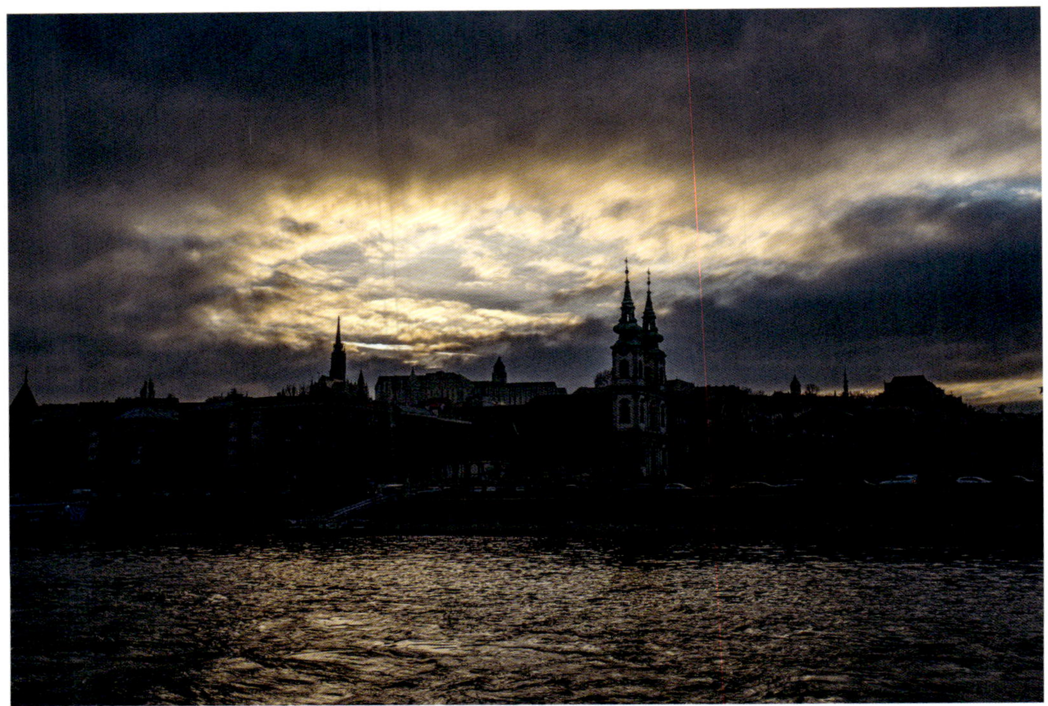

Abbildung 21: Bei diesem Beispiel handelt es sich um **eine mit Lightroom bearbeitete Version** der RAW-Datei aus Abbildung 20, die den überlegenen Dynamikumfang der originalen Sensordaten aus der X100F zeigt. Trotz ihrer geringen Größe und des erschwinglichen Preises bietet die X100F einen Dynamikumfang, der mit dem einiger aktueller Kleinbildkameras mithalten kann. Sie benötigen jedoch die RAW-Datei, um dieses Potenzial tatsächlich freizusetzen.

Sie sehen: Ganz gleich, ob Sie ein RAW-Shooter oder ein JPEG-Shooter sind – mit FINE+RAW liegen Sie bei der X100F immer richtig.

Natürlich hat FINE+RAW zumindest theoretisch auch einen Nachteil: Es fallen größere Datenmengen an. In der Praxis fällt dies jedoch kaum ins Gewicht, da die X100F über einen schnellen Prozessor verfügt, der auch große Datenmengen flink auf die Speicherkarte überträgt. Sie müssen Ihrer Kamera lediglich eine schnelle Speicherkarte gönnen. Sparen Sie hier bitte nicht am falschen Ende!

An dieser Stelle noch ein Hinweis, um ein weit verbreitetes Missverständnis auszuräumen: RAW-Dateien sind keine Bilder, die man sich direkt ansehen kann. Es handelt sich vielmehr um Daten, die von der Kamera oder einer externen Software erst in ein Bild *übersetzt* oder *entwickelt* werden müssen. Jedes digitale Bild – von der Echtzeitvorschau im Live-View über das 8-Bit-JPEG aus der Kamera bis hin zur 16-Bit-TIFF-Datei aus Adobe Lightroom – ist solch eine Übersetzung bzw. Interpretation.

Als reiner JPEG-Shooter, der die RAW-Datei *nicht* aufzeichnet, legen Sie sich bereits im Vorfeld auf eine einzige Interpretation fest, ohne dass Sie vorher wirklich wissen können, ob es sich dabei um die beste aller Möglichkeiten handelt. Ohne RAW-Datei mutiert Ihre X100F somit zu einer digitalen Sofortbildkamera, die von einer gemachten Aufnahme nur ein einziges fertiges Ergebnis ausspuckt, mit dem Sie fortan leben müssen.

Bitte beachten Sie, dass im Kontext dieses Buchs die empfohlene FINE+RAW-Einstellung meine bevorzugte Alternative zur NORMAL+RAW-Einstellung ist. NORMAL JPEGs sind kleiner als FINE JPEGs und enthalten mehr Artefakte und weniger Informationen. Wenn Speicherplatz ein Problem ist und Sie nicht vorhaben, die JPEGs der Kamera für mehr als zur Überprüfung der Schärfe zu verwenden, können Sie Ihre Kamera genauso gut auf NORMAL+RAW anstatt auf FINE+RAW einstellen.

Komprimierte oder unkomprimierte RAW-Dateien? TIPP 17

Die X100F kann RAW-Dateien komprimiert oder unkomprimiert aufzeichnen (BILDQUALITÄTS-EINSTELLUNG > RAW-AUFNAHME). Die Komprimierung reduziert die Größe der RAW-Dateien um etwa die Hälfte, sodass mehr Bilder auf der Speicherkarte oder Festplatte Platz finden. Die Komprimierung beschleunigt außerdem die Kamera: Es dauert länger, bis ihr Pufferspeicher voll ist, und die kleineren Dateien werden schneller auf die Speicherkarte übertragen.

Bitte beachten Sie, dass Fujifilms RAW-Komprimierung verlustfrei erfolgt, sodass komprimierte und unkomprimierte RAW-Dateien dieselbe Bildqualität aufweisen. Allerdings unterstützen nicht alle RAW-Konverter Fujis proprietäres Kompressionsformat. RAW-Konverter-Hersteller haben jedoch die Möglichkeit, das Format über die Einbindung eines kostenlosen SDK zu unterstützen.

TIPP 18 Wählen Sie das passende **Bildformat**!

Die volle Sensorauflösung der X100F (ca. 24 Megapixel) steht ausschließlich im Bildformat 3:2 zur Verfügung. Dennoch kann es sich anbieten, in einem anderen Bildformat (16:9 oder 1:1) zu fotografieren, etwa um Ergebnisse auf einem hochauflösenden 16:9-Fernseher darzustellen. Und auch das von Mittelformatkameras bekannte quadratische 1:1-Format hat viele Anhänger.

Ganz gleich, welches Bildformat und welche Auflösung Sie mit BILDQUALITÄTS-EINSTELLUNG > BILDGRÖSSE einstellen – die Einstellung gilt immer nur für das bei der Aufnahme erzeugte JPEG, die Kamera zeichnet die zum JPEG gehörende RAW-Datei also stets mit voller Auflösung im 3:2-Format auf. Sie verlieren folglich nichts und können jederzeit mithilfe des eingebauten (oder eines externen) RAW-Konverters weitere JPEGs Ihrer Aufnahmen in voller Auflösung und im 3:2-Format erstellen. Dies gilt freilich nur dann, wenn Sie die RAW-Aufzeichnung bei BILDQUALITÄTS-EINSTELLUNG > BILDQUALITÄT *nicht* ausgeschaltet haben.

Wenn Sie Aufnahmen im Format 16:9 oder 1:1 komponieren möchten, sollten Sie das entsprechende Bildformat im Kameramenü einstellen. Dies bringt Ihnen die folgenden Vorteile:

- Der Bildausschnitt im Sucher wird an das gewählte Format angepasst und erleichtert Ihnen die Bildkomposition.
- Die Autofokusfelder passen sich an das gewählte Bildformat an.
- Die Belichtungsmessung der Kamera basiert auf dem angezeigten Live-View-Bild. Eine auf 16:9 oder 1:1 beschnittene Live-View-Anzeige liefert somit eine genauere Belichtungsmessung, da außerhalb des angezeigten Formats liegende Motivteile *nicht* in die Belichtungsmessung (und das Live-Histogramm) einfließen.

Machen Sie ruhig halbe Sachen! TIPP 19

Eine Grundregel, um erfolgreich mit digitalen Kameras wie der X100F zu arbeiten, besteht darin, die Zeitverzögerung zwischen dem Drücken des Auslösers und dem Moment, in dem das Bild tatsächlich aufgenommen wird, so gering wie möglich zu halten. Es gilt, den entscheidenden Augenblick nicht zu verpassen.

Sie können der Kamera hier helfen, indem Sie diesen Moment antizipieren und den Auslöser bereits kurz vor dem entscheidenden Augenblick halb drücken und angedrückt halten – und ihn erst dann ganz durchdrücken, wenn der entscheidende Moment eintritt.

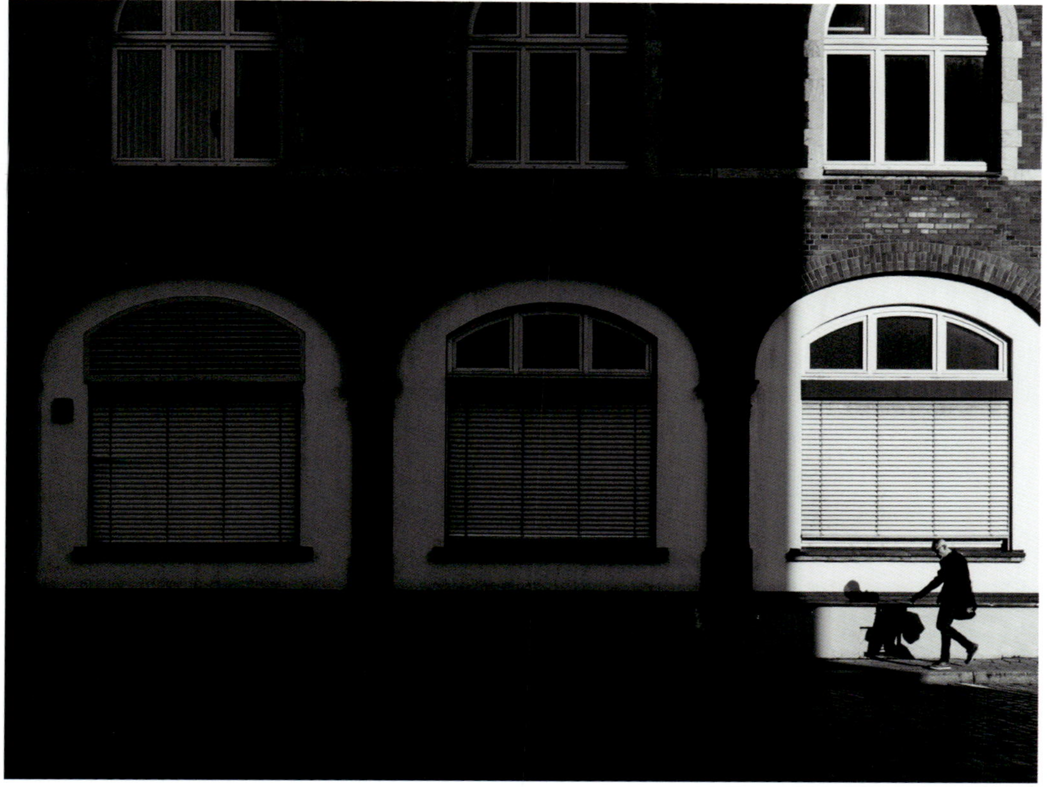

Abbildung 22: Um sicherzugehen, dass Ihre X100F schussbereit ist, wenn auch Sie es sind, können Sie die Kamera durch **halbes Durchdrücken des Auslösers** auf die Aufnahme vorbereiten.

Indem Sie den Auslöser halb durchdrücken, bringen Sie die Kamera quasi »in Position«: Belichtung und Autofokus werden ermittelt und gespeichert und die Blende fährt im Objektiv auf die eingestellte Arbeitsposition (Arbeitsblende). Nun ist die Kamera für die Aufnahme bereit, es fehlt nur noch das Auslösen des Verschlusses im richtigen Moment. Und genau das macht Ihre X100F, wenn Sie den bereits angedrückten Auslöser ganz durchdrücken, und zwar mit minimaler Zeitverzögerung – der Augenblick ist festgehalten.

2.2 BILDSCHIRM UND SUCHER

Die X100F besitzt einen hochauflösenden Hybridsucher (EVF = Electronic View-Finder, OVF = Optical View-Finder) und einen LCD-Bildschirm, die beide sowohl zur Bildgestaltung im Aufnahmemodus als auch zum Betrachten von Bildern im Wiedergabemodus verwendet werden können.

TIPP 20 Verwenden Sie den **Augensensor**!

Aktivieren Sie den Augensensor mit der VIEW MODE-Taste, und zwar jeweils getrennt im Aufnahme- und Wiedergabemodus. Die Kamera wechselt nun sowohl bei der Bildaufnahme als auch bei der Wiedergabe automatisch zwischen dem Sucher und dem Bildschirm.

Wenn Sie mit einem Stativ arbeiten oder die Kamera in Körpernähe halten, kann dies den Augensensor verwirren. In solchen Fällen drücken Sie die VIEW MODE-Taste so oft, bis die Kamera sich im Modus NUR LCD befindet.

TIPP 21 Die schnelle **Bildvorschau**

Um eine Aufnahme unmittelbar nach dem Drücken des Auslösers zu kontrollieren, können Sie die Bildvorschau aktivieren. Wählen Sie hierzu EINRICHTUNG > DISPLAY-EINSTELLUNG > BILDVORSCHAU und dann die gewünschte Anzeigedauer (0,5 SEK, 1,5 SEK oder DAUERND). Die Bildvorschau findet stets in der ausgewählten Anzeige (LCD oder Sucher) statt, wechselt bei aktivem Augensensor aber automatisch mit, wenn Sie die Kamera vom oder ans Auge nehmen.

Sie können die Bildvorschau jederzeit abbrechen und weiterfotografieren, indem Sie den Auslöser halb durchdrücken. In der Einstellung DAUERND stehen Ihnen außerdem die Zoomfunktionen zur Verfügung, um mithilfe des hinteren Einstellrades den Bildausschnitt zu vergrößern und ihn mit den Richtungstasten oder dem Fokus-Stick zu verschieben. Durch Drücken des hinteren Einstellrads können Sie die maximale Vergrößerung direkt aufrufen.

In Situationen, in denen Sie schnell hintereinander mehrere Aufnahmen machen möchten, können Sie auf die schnelle Bildvorschau verzichten, um Ihren Arbeitsfluss nicht zu unterbrechen. Wählen Sie hierzu EINRICHTUNG > DISPLAY-EINSTELLUNG > BILDVORSCHAU > AUS.

Sie können eine gerade gemachte Aufnahme auch bei ausgeschalteter Bildvorschau jederzeit durch Drücken der Wiedergabetaste kontrollieren.

Denken Sie wie immer daran, dass eine maximale Vergrößerungsansicht (und somit eine optimale Schärfekontrolle) nur dann möglich ist, wenn die Kamera neben der RAW-Datei auch JPEGs in der Größe L aufzeichnet.

Die Tücken der **DISP/BACK-Taste** TIPP 22

Die DISP/BACK-Taste erfüllt eine doppelte Funktion:

- Als BACK-Taste ermöglicht sie bei Kamera- und Menüeinstellungen die Rückkehr von einer tieferen auf die nächsthöhere Auswahlebene, ohne evtl. geänderte Einstellungen zu übernehmen. Sie ist quasi das Gegenstück zur OK-Taste, die vorgenommene Einstellungen bestätigt und übernimmt (und als MENU-Taste ebenfalls eine doppelte Funktion erfüllt).
- Als DISPLAY-Taste ändert die Taste den Ansichtsmodus der gerade aktiven Anzeige (Bildschirm oder Sucher).

Wir interessieren uns hier für die Funktion als DISPLAY-Taste. Man kann gar nicht oft genug darauf hinweisen, dass sich der Wechsel des Ansichtsmodus immer nur auf die gerade aktive Anzeige bezieht.

Wenn Sie also den Ansichtsmodus des elektronischen Suchers ändern möchten, muss der elektronische Sucher aktiv sein, während Sie die DISP-Taste drücken – am besten, indem Sie bei aktiviertem Augensensor durch den EVF schauen, während Sie die Taste betätigen, um zwischen den verschiedenen Ansichten zu wechseln.

Bitte beachten Sie, dass Sucher (jeweils OVF und EVF) und Bildschirm im Aufnahmemodus getrennte Ansichtsmodi besitzen können. Im Wiedergabemodus haben EVF und LCD hingegen immer synchron den gleichen Ansichtsmodus.

Welche Elemente konkret in der Anzeige erscheinen, können Sie selbst festlegen. Wählen Sie hierzu EINRICHTUNG > DISPLAY-EINSTELLUNGEN > DISPLAY EINSTELL. und kreuzen dann die Elemente an bzw. wählen (getrennt für den OVF und den EVF/LCD) jene ab, die Sie gerne sehen bzw. nicht sehen möchten. Wie bereits erwähnt, empfehle ich Ihnen hier, erst einmal alle Elemente anzukreuzen.

TIPP 23 **WYSIWYG** – What You See Is What You Get!

EVF und LCD-Bildschirm der X100F operieren normalerweise im WYSIWYG-Modus [13]. Die Abkürzung steht für »What You See Is What You Get« und bedeutet, dass Bildschirm und Sucher stets versuchen, ein möglichst genaues Abbild des endgültigen JPEG-Bildergebnisses darzustellen. EVF und LCD-Display simulieren im Live-View [14] die Belichtung, die Farben, den Kontrast und den Weißabgleich. Bei halb durchgedrücktem Auslöser stellt die Kamera zudem die gewählte Arbeitsblende ein und zeigt in der Anzeige somit auch eine Vorschau der zu erwartenden Schärfentiefe.

Die Belichtungssimulation der Anzeige ist sehr hilfreich, da Belichtungsprobleme hiermit früh erkannt und korrigiert werden können. Das Live-Histogramm basiert dabei stets auf dem im Live-View angezeigten Vorschaubild.

Die Belichtungssimulation steht in allen vier Belichtungsmodi – Programmautomatik P, Zeitautomatik A, Blendenautomatik S und manueller Modus M – zur Verfügung.

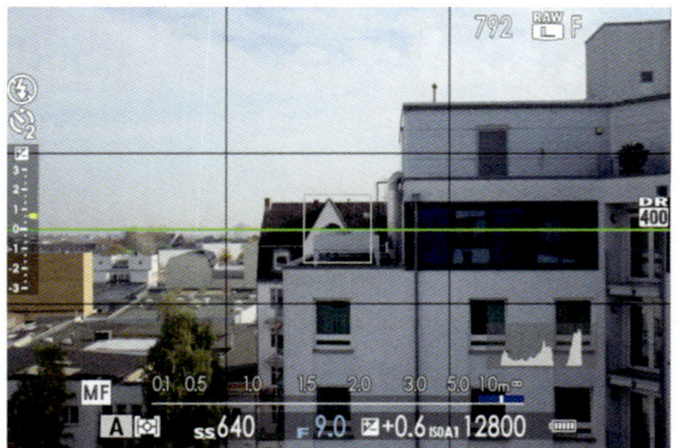

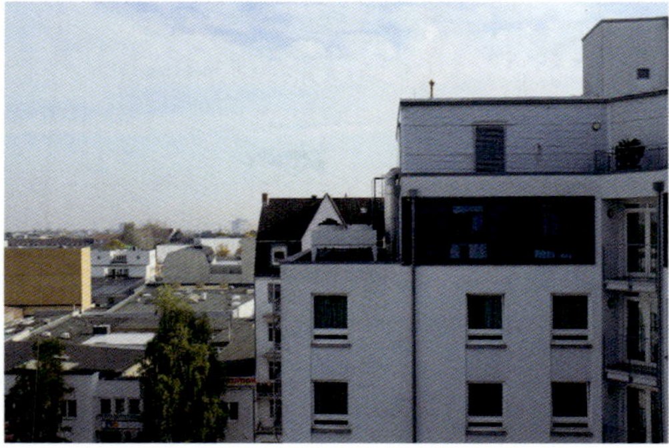

Abbildung 23: **WYSIWYG:** Dieses Beispiel illustriert, wie genau der Live-View (links) das tatsächliche JPEG aus der Kamera (rechts) simuliert. Im Live-View werden nicht nur Belichtung, Weißabgleich, Filmsimulation und andere JPEG-Einstellungen simuliert, sondern auch feste Dynamikbereich-Einstellungen wie DR400 %.

Im manuellen Modus M können Sie die Simulation der Bildhelligkeit ausschalten, indem Sie EINRICHTUNG > DISPLAY-EINSTELLUNG> BEL.-VORSCHAU/WEISSABGLEICH MAN. > AUS einstellen. Die X100F zeigt dann im manuellen Modus unabhängig von den eingestellten Belichtungsparametern (Belichtungszeit, Blende, ISO) stets ein helles Sucherbild an. Diese Einstellung ist vor allem im Studio im Rahmen der Blitzfotografie hilfreich, wenn das Umgebungslicht minimiert und faktisch ausgeblendet wird. Belichtungsvorschau und Live-Histogramm sind dann freilich nicht mehr aussagekräftig.

Vergessen Sie nicht, die Belichtungsvorschau mit EINRICHTUNG > DISPLAY-EINSTELLUNG> BEL.-VORSCHAU/WEISSABGLEICH MAN. > VORSCHAU BEL./WA wieder einzuschalten, wenn Sie auch im manuellen Modus M mit dem Live-Histogramm arbeiten und in den Genuss einer aussagekräftigen Belichtungssimulation kommen möchten.

Die Belichtungssimulation im Live-View kann bei sehr schwachem Licht und langen Belichtungszeiten an ihre technischen Grenzen stoßen – Sucherbild und Live-Histogramm erscheinen dann dunkler, als die Aufnahme tatsächlich ausfällt. In solchen Fällen bietet es sich an, eine Testaufnahme zu machen und das Ergebnis im Wiedergabemodus zu betrachten. In der Bildinformationsansicht, die Sie mit der DISP/BACK-Taste auswählen können, steht Ihnen dabei auch ein Wiedergabehistogramm zur Verfügung.

Überbelichtete (ausgefressene) Bildpartien werden in dieser Ansicht zudem blinkend dargestellt. Leider zeigt das Histogramm nur die Luminanz (Helligkeitsverteilung) und nicht die drei einzelnen RGB-Farbkanäle.

TIPP 24 Der **Natural Live View**

Der sogenannte Natural Live View deaktiviert die WYSIWYG-Darstellung von JPEG-Einstellungen wie Filmsimulationen, Kontrasteinstellungen (SCHATTIER. TON, TON LICHTER) oder Farbe. Stattdessen zeigt der Live-View ein »natürlicheres« Sucherbild mit erweitertem Dynamikumfang in den Lichtern und Schattenbereichen, das eher dem entsprechen soll, was unser menschliches Auge beim Blick durch einen optischen Sucher sehen würde. Der Natural Live View setzt das elektronische Sucherbild zudem auf automatischen Weißabgleich, simuliert also keinen benutzerspezifischen Weißabgleich und keine ausgewählten Weißabgleich-Voreinstellungen. Selbstverständlich betrifft dies alles nur die Darstellung im Live-View – die gemachten Aufnahmen spiegeln die tatsächlichen Einstellungen vollständig wider.

Um den Natural Live View einzuschalten, wählen Sie EINRICHTUNG > DISPLAY-EINSTELLUNG > VORSCHAU BILDEFFEKT > AUS. Dies führt zu generischen Vorschaubildern für Farb-, Schwarz-Weiß- und Sepia-Aufnahmen, die **nicht** mehr den tatsächlichen JPEG-Ergebnissen entsprechen. Natural Live View eignet sich deshalb besonders gut dafür, mithilfe der im Sucherbild aufgehellten Schatten besser erkennen können, was in den dunklen Partien einer Szene vor sich geht. Beim Natural Live View handelt es sich also in erster Linie um ein Hilfsmittel für die Bildgestaltung in Aufnahmesituationen mit sehr hohem Kontrast.

***Wichtig:** Der Natural Live View der X100F erweitert die Lichterdynamik um zwei Blendenstufen, sodass das Live-Histogramm für die Dynamikeinstellungen DR-Auto, DR100 % und DR200 % bei aktivem Natural Live View nicht mehr aussagekräftig ist.*

Fotografieren mit dem OVF — TIPP 25

Der »perfekte« Natural Live View der X100F ist naturgemäß der optische Sucher (OVF). Im Gegensatz zu Spiegelreflexkameras ist der OVF der X100F kein TTL-Sucher [15], sondern sitzt auf einer anderen optischen Achse als das Objektiv. Daraus ergibt sich zwangsläufig ein Parallaxenfehler [16], der mit abnehmender Fokusdistanz umso deutlicher ausfällt.

Die X100F gleicht diesen Parallaxenfehler aus, so gut es geht, indem sie den im OVF angezeigten Leuchtrahmen und die AF-Feldposition der Fokusentfernung entsprechend anpasst. Dieser Parallaxenausgleich [17] funktioniert natürlich erst, nachdem die Fokusentfernung ermittelt wurde – was dazu führt, dass sich Leuchtrahmen und Fokusfeld nach dem Fokussieren nach rechts unten verschieben. Diese Verschiebung fällt umso stärker aus, je weniger weit das fokussierte Motiv von der Kamera entfernt ist.

Der OVF der X100F funktioniert am besten bei Motiventfernungen zwischen ca. 50 cm und unendlich. Wenn Sie noch näher ans Motiv herangehen möchten, sollten Sie besser den elektronischen Sucher (EVF) verwenden. Die von der Kamera standardmäßig angezeigten Fokusfelder entsprechen einer angenommenen Motiventfernung von unendlich.

Um zu sehen, wo sich das jeweilige Fokusfeld (oder die gewählte Fokuszone) beim Mindestabstand von 50 cm befinden würde, wählen Sie AF/MF-EINSTELLUNG > KORR. AF-RAHMEN > AN. Die Kamera zeigt dann neben dem normalen (auf unendlich geeichten) Fokusfeld noch ein zweites, nach rechts unten versetztes Fokusfeld an, das dem Mindestabstand von 50 cm entspricht. Die tatsächliche Position des Fokusfelds liegt stets zwischen diesen beiden »Extremen« – abhängig vom tatsächlichen Abstand des Motivs zur Kamera, der bei OVF-Benutzung irgendwo zwischen 50 cm und unendlich liegt.

Wenn Sie näher als die empfohlene OVF-Mindestfokusentfernung von ca. 50 cm fokussieren, bewegt sich die grüne AF-Fokusbestätigung immer weiter nach rechts unten. Unter diesen Umständen mutiert der Autofokus zu einer Parallaxen-Lotterie, schalten Sie also besser auf den EVF um.

Der Leuchtrahmen des OVF unterstützt Brennweiten von 19 mm, 23 mm oder 33 mm. Die Kamera passt die Größe des Leuchtrahmens also an Ihre

Konverterlinsen-Einstellung (WEIT, TELE, AUS) an – sogar vollautomatisch, wenn ein neuer WCL- oder TCL-Konverter vom Typ II verwendet wird.

Der OVF bietet verschiedene Vor- und Nachteile. Beginnen wir mit den Nachteilen:

- Der bereits erwähnte Parallaxenfehler: Da optischer Sucher und Objektiv auf unterschiedlichen optischen Achsen liegen, »sieht« der optische Sucher (und damit der Fotograf, der ihn verwendet) einen anderen Bildausschnitt als die Kamera. Dieser Unterschied ist umso gravierender, je länger die benutzte Brennweite und je geringer der Abstand zum Motiv ist. Die Kamera versucht diesen Parallaxenfehler im eingeblendeten Leuchtrahmen zu korrigieren, doch das funktioniert naturgemäß erst nach dem Fokussieren – erst dann ist schließlich der Motivabstand bekannt. Unterhalb von 50 cm ist die Verwendung des optischen Suchers zwar weiterhin möglich, jedoch nicht besonders ratsam.
- Die Unwägbarkeiten des Parallaxenfehlers führen dazu, dass die im OVF eingezeichneten Fokusfelder nur ungefähre Angaben liefern. Aus diesem Grund steht im OVF auch nur eine einzige Fokusfeldgröße zur Auswahl – weitere Größenoptionen (wie sie im EVF zur Verfügung stehen) würden nur eine Scheingenauigkeit vorgaukeln, die real nicht existiert. Deshalb: Wenn Sie punktgenau fokussieren müssen, verwenden Sie besser den EVF oder den rückwärtigen Bildschirm.
- Kein WYSIWYG: Im OVF sehen wir die Welt, wie wir Menschen sie sehen – nicht, wie die Kamera sie sieht. Die Bildergebnisse werden sich also in jedem Fall deutlich von dem unterscheiden, was wir bei der Aufnahme im optischen Sucher gesehen haben.

Der OVF bietet allerdings auch handfeste Vorteile:

- Keine Zeitverzögerung: Zwar operiert auch der EVF der X100F mit einer nur minimalen Zeitverzögerung sowie einer hohen Bildwiederholrate, der optische Sucher arbeitet jedoch naturgemäß völlig verzögerungsfrei. Schließlich sehen wir kein elektronisch aufbereitetes Bild, sondern die ungefilterte reale Welt. In Situationen, bei denen es mehr auf die Reaktionsgeschwindigkeit und weniger auf ein präzises Positionieren von Fokusfeldern ankommt, ist der OVF deshalb eine interessante Alternative.

- Vorwarneffekt: Da der OVF in der Regel ein größeres Bildfeld als der eingeblendete Leuchtrahmen zeigt, sehen wir sich bewegende Motive bereits im Sucher, ehe sie in den Leuchtrahmen und damit ins eigentliche Bild eindringen. Wir bekommen also eine visuelle Vorwarnung, die etwa bei der Street-Fotografie von Nutzen sein kann. Der Leuchtrahmen selbst zeigt im OVF dabei höchstens 92 % der tatsächlich aufgezeichneten Bildfläche an. Wählen Sie den EVF für eine akkurate Darstellung von 100 % des aufgenommenen Bildausschnitts.
- Keine Kontrastprobleme: Da wir im OVF die Welt mit unseren eigenen Augen sehen, sorgt unser Gehirn dafür, dass hohe Kontraste mithilfe der in unserem Kopf stattfindenden »Bildverarbeitung« automatisch ausgeglichen werden. Anders gesagt: Wir sehen im OVF auch bei Motiven mit extremen Kontrasten keine abgesoffenen Schatten oder ausgebrannte Lichter. Diese Tatsache kann die Bildgestaltung gerade in extremen Belichtungssituationen erleichtern.
- Kein Blackout: Während der EVF nach jeder Aufnahme kurz schwarz wird, während das Bild vom Sensor ausgelesen wird, arbeitet der OVF unabhängig von der eingestellten Serienbildgeschwindigkeit vollkommen unterbrechungsfrei. Dies hilft, sich bewegende Motive bei Serienbildaufnahmen nicht aus dem Blickfeld zu verlieren.
- Batterieersparnis: Solange Sie ausschließlich mit dem OVF fotografieren (ohne ERF), verbraucht die Kamera weniger Energie.

Fotografieren mit dem ERF — TIPP 26

Der ERF (Electronic Range-Finder) oder elektronische Messsucher erweitert den optischen Sucher der X100F um ein am rechten unteren Bildrand eingeblendetes kleines EVF-Fenster. Der ERF bringt also die Vorzüge des elektronischen Suchers in den OVF ein.

Um den ERF ein- bzw. auszuschalten, schieben Sie den Sucherwahlhebel kurz nach links. Das rechts unten eingeblendete ERF-Fenster bietet Ihnen neben einer Vollbildansicht zwei Vergrößerungsstufen, zwischen denen Sie durch kurzes Drücken des hinteren Einstellrads wechseln können. Vergrößert wird dabei stets der Bildinhalt unter dem ausgewählten Fokusfeld, sodass der ERF hervorragend dafür geeignet ist, einen Parallaxenfehler schon im Vorfeld zu erkennen und zu kompensieren. Schließlich zeigt der ERF-Ausschnitt präzise an, was die Kamera unter dem aktiven Fokusfeld gerade sieht.

Das ERF-Fenster unterstützt im MF-Modus (manueller Fokus) außerdem die Fokushilfen »digitales Schnittbild« und »Focus Peaking«. Sie können zwischen den verschiedenen Fokushilfen bei aktivem ERF durch längeres Drücken des hinteren Einstellrads durchwechseln. Während ich das digitale Schnittbild in Kombination mit dem ERF für praktisch nutzlos halte, kann Focus Peaking durchaus punkten. In Verbindung mit adaptierten Fremdobjektiven ist damit erstmals ein präziser manueller Fokus im optischen Sucher möglich.

Der ERF hat allerdings auch seine Tücken:

- Die Autofokus-Performance nimmt merklich ab, wenn Sie den ERF in einer der beiden Vergrößerungsstufen betreiben. Für die reguläre AF-Leistung müssen Sie den ERF deshalb in die Vollbildansicht schalten, indem Sie das hintere Einstellrad so oft kurz drücken, bis das kleine ERF-Fenster keine Ausschnittvergrößerung mehr anzeigt, sondern das komplette Bild.
- In den beiden ERF-Vergrößerungsstufen repräsentiert das Live-Histogramm im OVF *nicht* mehr das gesamte Bild, sondern nur den im ERF-Fenster gerade angezeigten Bildausschnitt. Um das Histogramm im ERF-Modus sinnvoll nutzen zu können, müssen Sie den ERF folglich in die Vollbildansicht schalten, indem Sie das hintere Einstellrad so oft kurz drücken, bis das kleine ERF-Fenster das komplette Bild und keine Ausschnittvergrößerung mehr anzeigt.
- Bitte beachten Sie, dass der ERF nur im AF-S-Modus kombiniert mit Einzelpunkt-AF sowie im MF-Modus verfügbar ist. Im AF-C-Modus kann man den ERF ebenfalls in Kombination mit Einzelpunkt-AF aufrufen, in diesem Fall steht jedoch nur die Vollbildansicht (und keine der beiden Vergrößerungsstufen) zur Verfügung.

2.3 RICHTIG BELICHTEN

Die richtige Belichtung ist nicht Sache der Kamera. Sie ist Sache des Fotografen.

Selbstverständlich besitzt auch die X100F eine Belichtungsautomatik. Sie arbeitet mit den üblichen drei Modi: Zeitautomatik A, Blendenautomatik S und Programmautomatik P.

- Die **Zeitautomatik** A ermittelt zu einer vorgewählten Blende automatisch die passende Belichtungszeit.
- Die **Blendenautomatik** S ermittelt zu einer vorgewählten Belichtungszeit automatisch den passenden Blendenwert.
- Die **Programmautomatik** P ermittelt eine passende Kombination aus Belichtungszeit und Blendenwert.
- Darüber hinaus stellt die **Auto-ISO-Funktion** einen (im Rahmen der Vorgaben liegenden) ISO-Wert bereit. Der ISO-Wert ist bei digitalen Kameras der Grad der Bildsignalverstärkung und beeinflusst somit ebenfalls die Helligkeit der Bildergebnisse.

Es ist wichtig zu verstehen, dass die soeben genannten Belichtungsautomatiken (inkl. Auto-ISO) *nicht* für die korrekte Belichtung einer Aufnahme verantwortlich sind. Die korrekte Belichtung liegt ausschließlich im Verantwortungsbereich des Fotografen.

Die Belichtungsautomatiken ermitteln für die jeweiligen Variablen (etwa für die Belichtungszeit in der Zeitautomatik A) lediglich *automatisch* einen passenden Wert – und zwar stets auf Basis der vom Benutzer eingestellten und verantworteten Belichtung. Die Automatiken liefern folglich nur dann gute Ergebnisse, wenn Sie als Fotograf richtig belichten.

Richtig belichten – wie geht das?

Keine Panik: Die spiegellose X100F macht es Ihnen leichter als konventionelle Spiegelreflexkameras. Mit vier verschiedenen Belichtungsmessmethoden (Integralmessung, mittenbetonte Messung, Spotmessung, Mehrfeldmessung), dem WYSIWYG-Live-View (im EVF sowie auf dem LCD-Bildschirm) und dem Live-Histogramm ermitteln Sie auch in schwierigen Situationen die richtige Belichtung.

Wichtigstes Werkzeug ist dabei das Belichtungskorrekturrad, mit dem Sie die von der Kamera gemessene Belichtung in 1/3-EV-Schritten um bis zu ±3 EV (Exposure Values oder Blendenstufen) anpassen können. Unter Belichtung verstehen wir also nicht, was die Kamera misst, sondern das, was der Fotograf mit diesem Messergebnis macht.

TIPP 27 **Belichtung messen** mit Methode

Die X100F bietet vier verschiedene Varianten für die Messung der über das Objektiv auf den Sensor einfallenden Lichtmenge an:

- Die **Integralmessung** bildet einen nicht gewichteten Durchschnitt aus dem auf die gesamte Sensorfläche einfallenden Licht.
- Die **Spotmessung** misst hingegen nur zwei Prozent der Sensorfläche. Der Messbereich liegt in der Mitte des Bildfelds und entspricht etwa der Größe des mittelgroßen AF-Felds. Alternativ können Sie die Spotmessung auch an die Größe und Position des gerade aktiven Autofokusfelds koppeln (im AF-Modus EINZELPUNKT und MF-Modus).
- Die **mittenbetonte Integralmessung** ist eine Art Mischung aus Integralmessung und Spotmessung. Sie bezieht sich auf die volle Sensorfläche, gewichtet die Bildmitte dabei aber stärker.
- Die **Mehrfeldmessung** bildet einen gewichteten Durchschnitt aus dem auf die gesamte Sensorfläche einfallenden Licht. Die Gewichtung erfolgt mithilfe von 256 Messbereichen (Matrix), die ausgewertet und mit typischen Belichtungssituationen verglichen werden. Die Mehrfeldmessung gilt deshalb auch als »intelligenter« als die anderen Messverfahren. Sie ist beispielsweise (zumindest in der Theorie) in der Lage, bestimmte Gegenlichtsituationen zu erkennen.

Integralmessung, Spotmessung und mittenbetonte Messung haben gemeinsam, dass sie (nach der jeweiligen Messung und Gewichtung bzw.

Durchschnittsbildung) eine Belichtung empfehlen, die dieses Messergebnis *mittelgrau* erscheinen lässt.

Mit anderen Worten: Wenn Sie (ganz gleich mit welchem der drei genannten Messverfahren) zuerst ein schwarzes und dann ein weißes Blatt Papier jeweils flächendeckend fotografieren und dabei der automatischen Belichtungsmessung folgen, kommt in beiden Fällen ein mittelgraues Bild heraus. Daraus folgt:

- Wenn das schwarze Blatt im Ergebnis schwarz und nicht mittelgrau erscheinen soll, müssen Sie die vorgeschlagene Belichtung manuell nach unten korrigieren.
- Soll das weiße Blatt im Ergebnis weiß statt mittelgrau erscheinen, müssen Sie die vorgeschlagene Belichtung manuell nach oben korrigieren.

Abbildung 24: Hier wurden einmal ein weißer und einmal ein schwarzer Karton mit der Spotmessung ohne weitere Korrektur fotografiert. Wie Sie sehen, wählte die Belichtungsautomatik für das Motiv in beiden Fällen eine **mittelgraue Belichtung** aus. Um die unterschiedlichen Kartons mit ihrer tatsächlichen Helligkeit zu zeigen, bedarf es also in beiden Fällen einer Belichtungskorrektur.

Wenn Sie das Benutzerhandbuch gelesen haben, dann wissen Sie, dass Fujifilm selbst einige grobe Empfehlungen gibt, wie Sie die Belichtung in bestimmten Aufnahmesituationen korrigieren sollten. So empfiehlt das Handbuch bei Motiven in hellen Schneefeldern eine Korrektur von +1 EV oder bei Aufnahmen von Motiven im Scheinwerferlicht eine Korrektur von –2/3 EV.

Das ist gut und schön, für unsere Zwecke jedoch nicht präzise und systematisch genug. Anstatt zu raten oder Faustregeln zu folgen, ist es sinnvoller, methodisch vorzugehen und eine evtl. notwendige Belichtungskorrektur mithilfe der Live-View-Anzeige und des Live-Histogramms präziser zu ermitteln.

Damit die erforderlichen Korrekturen möglichst klein ausfallen, empfiehlt es sich, die Belichtungsmessung mit einem zum Motiv und zu der Aufgabe passenden Messmodus vorzunehmen:

- Die **Mehrfeldmessung** eignet sich für die meisten Aufnahmesituationen. Sie werden feststellen, dass Sie mit dieser Messmethode häufig keine Korrekturen vornehmen müssen, sondern den Belichtungsvorschlag der Kamera ohne Weiteres akzeptieren können.
- **Integralmessung** (und zu einem geringeren Maße auch die **mittenbetonte Integralmessung**) sind recht neutrale und gutmütige Messmethoden, die auf kleine Änderungen im Motiv oder Bildausschnitt nicht so sensibel reagieren wie die Mehrfeld- oder insbesondere die Spotmessung. Die Integralmessung bietet sich deshalb auch an, wenn Sie von einem Motiv mehrere Aufnahmen hintereinander mit einer eher einheitlichen Belichtung machen möchten.
- Die **Spotmessung** bringt die Belichtung buchstäblich auf den Punkt. Hier müssen Sie präzise arbeiten und genau den Motivbereich anmessen, dessen Belichtung Ihnen wichtig ist. Die Kamera belichtet dann so, dass genau dieser Motivbereich mit mittelgrauer Helligkeit dargestellt wird. Beispiel: Wenn Sie mit der Spotmessung das Gesicht eines Kindes im direkten Gegenlicht anmessen, führt die von der Kamera ermittelte Belichtung zu einem Bild, bei dem das Gesicht mit mittelgrauer Helligkeit (oder Zone 5 im Zonensystem [18] von Ansel Adams) dargestellt wird. Wenn Ihnen das zu dunkel ist (etwa weil es sich um ein Kind mit sehr heller Haut handelt), können Sie diese gemessene Belichtung mit dem Belichtungskorrekturrad verändern, in diesem Beispiel etwa um +1/3 EV oder +2/3 EV nach oben. Hat die Person hingegen dunkle Haut, kann es sinnvoll sein, die Belichtung etwas nach unten zu korrigieren.

Die Spotmessung ist die anspruchsvollste und zugleich leistungsstärkste Messmethode. Sie eignet sich für »schwierige Fälle«, in denen die anderen Messmethoden keine befriedigenden Ergebnisse liefern. Ein typisches Beispiel sind isolierte helle Motive vor einem dunklen Hintergrund – und umgekehrt. Denken Sie etwa an eine Theateraufführung mit einzelnen Schauspielern in Scheinwerferkegeln vor einem schwarzen Off oder an Motive im direkten Gegenlicht. Wann immer Sie »auf den Punkt genau« belichten müssen, ist die Spotmessung eine praktische Alternative.

Allerdings erfordert die Spotmessung genaues Arbeiten, da bereits kleinste Änderungen unter dem von ihr gemessenen Bildausschnitt zu dramatischen Veränderungen der Messergebnisse führen können. Deshalb ist es oft sinnvoll, die Spotmessung zusammen mit der AE-L-Taste zu verwenden, die gemessene Belichtung also zu speichern, bevor Sie den Bildausschnitt verändern (oder sich Ihr Motiv bewegt) und Sie das Foto machen.

Alternativ können Sie die Spotmessung auch im manuellen Belichtungsmodus M verwenden. In diesem Modus hat die Belichtungsmessung keinen Einfluss auf die Belichtungsautomatik (es gibt hier tatsächlich keine Automatik, Sie stellen Belichtungszeit, Blende und ISO schließlich selbst ein und überlassen nichts der Kamera), sodass Sie mit der Spotmessung die wichtigen Motivteile anmessen und die passende Belichtung dann selbst einstellen können. Wie weit sich der gemessene Motivteil (bezogen auf die gerade von Ihnen eingestellte Blende und Belichtungszeit) ober- oder unterhalb der mittelgrauen Zone 5 befindet, können Sie im manuellen Belichtungsmodus bequem in der am Bildrand eingeblendeten Belichtungsskala (±3 EV bzw. ±5 EV) ablesen.

Bitte denken Sie daran, Auto-ISO im manuellen Belichtungsmodus M auszuschalten, da die Kamera die ISO-Werte sonst stets automatisch so anpasst, dass der gemessene Motivbereich mit mittelgrauer Helligkeit (Zone 5) belichtet wird. Im manuellen Modus möchten Sie die Helligkeit eines Motivbereichs jedoch selbst bestimmen und nicht der Kamera überlassen.

TIPP 28 Verknüpfen von **Spotmessung und Autofokusfeldern**

Normalerweise misst die Spotmessung einen kleinen Ausschnitt in der Bildmitte, der etwa die Größe eines mittelgroßen AF-Felds besitzt. Mit AF/MF-EINSTELLUNG > SPERRE SPOT-AE & FOKUSS. > AN können Sie dies ändern und die Spotmessung im Modus Einzelpunkt-AF (sowie im MF-Modus) auf die Position und Größe (!) des gerade ausgewählten Fokusfelds beschränken.

Hierbei handelt es sich um eine sehr sinnvolle Funktion für solche Fälle, bei denen Sie mit einem der bis zu 324 Fokusfelder der X100F fotografieren, das sich nicht genau in der Bildmitte befindet. Schließlich ist es in der Regel so, dass das ausgewählte Fokusfeld den Bereich Ihres Motivs anmisst, der auch für die Spotbelichtungsmessung von Interesse ist – etwa das hell beleuchtete Gesicht eines Bühnenschauspielers vor einem schwarzen Hintergrund.

Um die Spotmessung vom ausgewählten Fokusfeld abzukoppeln und stets die Bildmitte anzumessen, wählen Sie bitte AF/MF-EINSTELLUNG > SPERRE SPOT-AE & FOKUSS. > AUS.

Bitte beachten Sie, dass die Koppelung von Spotmessung und Fokusfeld-Position und -Größe nur im AF-Modus EINZELPUNKT sowie im MF-Modus zur Verfügung steht. In den AF-Modi ZONE und WEIT/VERFOLGUNG arbeitet die Spotbelichtungsmessung hingegen stets mit einem Ausschnitt in der Bildmitte von der Größe eines mittelgroßen Fokusfelds.

TIPP 29 Belichten mit **Live-View und Live-Histogramm**

Im Gegensatz zum optischen Sucher einer Spiegelreflexkamera bietet Ihnen der Live-View der X100F die Möglichkeit, schon vor der Aufnahme eines Bildes zu sehen, wie es am Ende herauskommen wird. Diese Vorschau umfasst neben Farben und Kontrasten auch die Belichtung (Helligkeit) der Aufnahme.

Ergänzt wird die WYSIWYG-Bildvorschau durch ein auf ihr basierendes Live-Histogramm. Ich empfehle Ihnen dringend, das Live-Histogramm zu verwenden, da es Ihnen einen guten Überblick über die Helligkeitsverteilung einer Szene gibt. Darüber hinaus hilft Ihnen das Live-Histogramm dabei, Über- oder Unterbelichtungen im Vorfeld zu erkennen und die Belichtung dementsprechend zu korrigieren:

- Türmt sich am rechten Rand des Live-Histogramms ein angeschnittenes Gebirge auf, ist dies ein Zeichen dafür, dass Teile der Aufnahme überbelichtet sind. Betrifft dies bildwichtige Teile des Motivs, sollten Sie die Belichtung nach unten korrigieren oder den Dynamikumfang der Aufnahme mithilfe der DR-Funktion erweitern (DR200% oder DR400%).
- Ist das Histogramm linkslastig mit viel »Luft« am rechten Rand, dann ist die Aufnahme wahrscheinlich zu knapp belichtet. In diesem Fall bietet es sich an, reichlicher zu belichten und die Belichtung nach oben zu korrigieren.

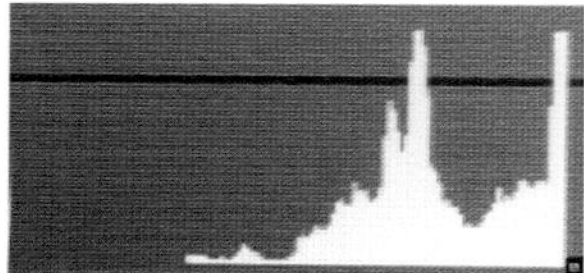

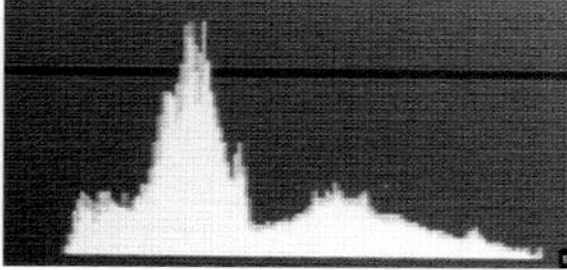

Abbildung 25: Verschiedene **Live-Histogramme** desselben Motivs mit Tendenz zu Überbelichtung (links) und Unterbelichtung (Mitte). Rechts zum Vergleich ein ausgewogenes Histogramm.

Bitte denken Sie daran, dass Live-View und Live-Histogramm eine Einheit bilden: Das Histogramm gibt Ihnen eine technische Darstellung des zu erwartenden Bildergebnisses, der Live-View zeigt Ihnen eine möglichst »ergebnistreue« Bildvorschau.

Live-View und Live-Histogramm spiegeln (sofern der Natural Live View ausgeschaltet ist) stets die eingestellten JPEG-Parameter wider (Weißabgleich, Filmsimulation, Licht- und Schattenkontrast). Die Filmsimulation VELVIA etwa ist kontrastreicher als PROVIA, was sich auch im Live-View und Live-Histogramm niederschlägt.

Zu beachten ist außerdem, dass Live-View und Live-Histogramm bei der X100F auch manuelle DR-Einstellungen berücksichtigen. Wenn Sie also manuell DR200% oder DR400% auswählen, um die Lichterdynamik um eine oder zwei Blendenstufen zu erweitern, dann ist diese Erweiterung nun auch schon im Live-View und Live-Histogramm sichtbar. Wählen Sie hingegen DR-Auto aus, zeigen Live-View und Live-Histogramm nur eine DR100%-Vorschau an, auch wenn sich die Kamera beim Auslösen für DR200% entscheiden sollte.

Wenn Sie den Auslöser halb durchdrücken, zeigt Ihnen der Live-View der Kamera jedoch stets eine möglichst genaue Vorschau des Dynamikumfanges der aktuellen Aufnahme an. Allerdings steht Ihnen bei halb gedrücktem Auslöser kein Live-Histogramm mehr zur Verfügung, Sie müssen sich also ausschließlich auf den visuellen Bildeindruck verlassen.

TIPP 30 **Automatisch belichten** in den Modi P, A und S

Die Belichtungsmodi P (Programmautomatik), A (Zeitautomatik) und S (Blendenautomatik) sind die drei automatischen Belichtungsmodi Ihrer X100F.

Kurz zur Erinnerung:

- Die **Programmautomatik** P ermittelt eine passende Kombination aus Belichtungszeit und Blendenwert.
- Die **Zeitautomatik** A ermittelt zu einer vorgewählten Blende automatisch die passende Belichtungszeit.
- Die **Blendenautomatik** S ermittelt zu einer vorgewählten Belichtungszeit automatisch den passenden Blendenwert.

Um eine Aufnahme in einem dieser Modi zu machen, können Sie wie folgt vorgehen:

- Um die Belichtung zu messen, bedienen Sie sich zunächst einer Messmethode Ihrer Wahl: Mehrfeldmessung, mittenbetonte Messung, Integralmessung oder Spotmessung.
- Nachdem Sie die Belichtung gemessen haben, nehmen Sie mit dem Belichtungskorrekturrad die gewünschten Korrekturen vor. Dabei helfen Ihnen der Live-View und das Live-Histogramm. Wir erinnern uns: Nicht die Kamera belichtet, sondern Sie. Folgen Sie dem Vorschlag der Belich-

tungsmessung niemals blind, sondern behalten Sie das Live-View-Bild und das Live-Histogramm immer im Auge.

- Sobald Sie den Auslöser halb durchdrücken, wird die von Ihnen gemessene und ggf. korrigierte Belichtung so lange gespeichert, wie sie ihn halb durchgedrückt halten. Sie können den Bildausschnitt mit halb durchgedrücktem Auslöser also anpassen, ohne dass sich die Belichtung Ihrer Aufnahme dadurch ändert.
- Alternativ zum halb durchgedrückten Auslöseknopf können Sie die Belichtung auch mit der AE-L-Taste messen und speichern. Sie können diese Taste so konfigurieren, dass die Belichtung nur so lange gespeichert wird, wie Sie die AE-L-Taste gedrückt halten (EINRICHTUNG > TASTEN/RAD-EINSTELLUNG > AE/AF LOCK MODUS > AE/AF-L WENN GEDR) oder die AE-L-Taste als Ein-/Ausschalter für den Belichtungsspeicher konfigurieren (EINRICHTUNG > TASTEN/RAD-EINSTELLUNG > AE/AF LOCK MODUS > AE/AF-L EIN/AUS). Eine mit AE-L gespeicherte Belichtung kann weiterhin mit dem Belichtungskorrekturrad angepasst werden.
- Um die Aufnahme zu machen, drücken Sie den Auslöser ganz durch.

Belichtungsmessung und Belichtung sind zwei verschiedene Dinge: Zwischen der Belichtungsmessung und der Belichtung liegt die Belichtungskorrektur durch den Fotografen. Nicht die Kamera, sondern der Fotograf belichtet eine Aufnahme:

- Die **Belichtungsmessung** erfolgt mithilfe der Mehrfeldmessung, mittenbetonten Messung, Integralmessung oder Spotmessung.
- Zur **Belichtungskorrektur** drehen Sie am Belichtungskorrekturrad. Dabei helfen Ihnen der Live-View und das Live-Histogramm. Selbstverständlich gibt es häufig Situationen, in denen eine Korrektur gar nicht notwendig ist, weil die Belichtungsmessung gute Arbeit leistet.
- Die **Belichtung** erfolgt mit einem der drei automatischen Belichtungsprogramme: Zeitautomatik, Blendenautomatik oder Programmautomatik.

TIPP 31 Manuell belichten im Modus 

Im manuellen Modus geben Sie die drei Aufnahmeparameter Blende, Belichtungszeit und ISO-Einstellung selbst vor. Dementsprechend muss Auto-ISO im manuellen Modus *ausgeschaltet* werden, weil sonst weiterhin eine automatische Belichtungssteuerung (mit dem ISO-Wert als der von der Kamera gesteuerten Variablen) erfolgt.

Damit Live-View und Live-Histogramm im manuellen Modus aussagekräftige Anzeigen liefern, muss EINRICHTUNG > DISPLAY-EINSTELLUNG > BEL.-VORSCHAU/WEISSABGLEICH MAN. > VORSCHAU BEL./WA ausgewählt sein. Stellen Sie die Kamera außerdem auf die Spotmessung ein.

Gehen Sie nun folgendermaßen vor:

- Wählen Sie eine zu Ihrem Motiv passende Blende und Belichtungszeit aus. Mit der Blende steuern Sie die Schärfentiefe [19], mit der Belichtungszeit die Bewegungsunschärfe [20]. In der Regel sollten Sie eine Vorstellung davon haben, welche Blende und welche Belichtungszeit Sie für ein Motiv oder Vorhaben benötigen.

- Passen Sie anschließend die ISO-Einstellung so an, dass Live-View und Live-Histogramm eine ausgewogene Belichtung mit der von Ihnen gewünschten Helligkeit anzeigen.

- Messen Sie zur Kontrolle die besonders bildwichtigen Motivteile mit der Spotmessung an. Der Pfeil in der Anzeige (»Lichtwaage«) am Bildschirmrand zeigt Ihnen in ±3 bzw. ±5 Belichtungsstufen, wie hell oder dunkel der jeweils gemessene Motivteil mit den aktuellen Einstellungen für Blende, Belichtungszeit und ISO in Bezug auf »Mittelgrau« (= Zone 5) [18] belichtet wird.

- Justieren Sie ISO, Blende und/oder Belichtungszeit entsprechend diesen Messergebnissen ggf. nach und machen Sie Ihre Aufnahme(n).

Wichtig: *Die verfügbare kürzeste Verschlusszeit des mechanischen Verschlusses ist abhängig von der eingestellten Blende und kann zwischen 1/1000 Sek. (f/2 bis f/2,8) und 1/4000 Sek. (f/8 bis f/16) liegen. Es ist möglich, dass die von*

Ihnen gewählte Verschlusszeit kürzer ist als die für die eingestellte Blende verfügbare kürzeste Verschlusszeit der Kamera. In diesem Fall wird die gewählte Verschlusszeit rot angezeigt. Sie können Verschlusszeiten, die unterhalb des mechanischen Limits liegen, sicher verwenden, indem Sie den elektronischen Verschluss einschalten, oder Sie können den eingebauten ND-Filter aktivieren und gleichzeitig die Verschlusszeit um drei Blendenstufen (EV) verlängern, ohne die Belichtung zu verändern. Im manuellen Belichtungsmodus und bei der Blendenautomatik berücksichtigt die X100F auch »illegale« Verschlusszeiten (also von Ihnen eingestellte Verschlusszeiten, die in Rot angezeigt werden), die Qualität des resultierenden Bildes kann jedoch durch ein schlechteres Bokeh beeinträchtigt werden.

Fotografieren mit der **Zeitautomatik** A — TIPP 32

Bei der Zeitautomatik [21] geben Sie die Blende vor, während die Kamera die dazu passende Belichtungszeit auswählt. Die automatische Auswahl der Belichtungszeit erfolgt auf Basis der von Ihnen gemessenen und mit dem Belichtungskorrekturrad angepassten Belichtung.

Welche Blende ist die richtige? Hier gilt es, einige grundsätzliche Zusammenhänge zu beachten:

- Je kleiner die eingestellte Blende (= je größer die ausgewählte Blendenzahl), desto größer ist die Schärfentiefe [19], also der Bereich vor und hinter dem eigentlichen Fokuspunkt, der in der fertigen Aufnahme scharf erscheint. In der benutzerdefinierten Ansicht können Sie diesen Schärfentiefe-Bereich in der eingeblendeten Fokusleiste nach dem Scharfstellen (etwa bei halb durchgedrücktem Auslöser) selbst ablesen. Darüber hinaus können Sie eine der Funktionstasten der Kamera mit einer Schärfentiefe-Vorschau belegen.
- Bei lichtstarken Objektiven wie dem 23mmF2 in Ihrer X100F ist der Schärfentiefe-Bereich bei Offenblende [22] oft nur wenige Zentimeter groß. So ist es möglich, dass bei Porträts nur eins der beiden Augen einer Person scharf abgebildet wird. In solchen Fällen gilt es entweder weiter abzu-

blenden oder die Position so zu wechseln, dass beide Augen den gleichen Abstand zur Kamera haben.

- Umgekehrt tritt bei starkem Abblenden (etwa ab Blende 10) über das gesamte Bildfeld eine zunehmend sichtbare Beugungsunschärfe [23] auf. Zwar nimmt mit zunehmender Blendenzahl die Schärfentiefe zu, die maximal mögliche Schärfe nimmt dabei jedoch ab. Anders gesagt: Wenn Sie mit Blende 16 fotografieren, haben Sie zwar gute Chancen, dass Ihr Motiv von vorne bis hinten scharf abgebildet wird, die Schärfe der Aufnahme ist durch die Beugung jedoch insgesamt geringer als etwa bei Blende 8. Der Lens Modulation Optimizer (LMO) in der X100F kann den Beugungseffekt bis zu einem gewissen Grad ausgleichen. Dies gilt jedoch nur für JPEGs aus der Kamera (bzw. aus dem eingebauten RAW-Konverter), da externe RAW-Konverter den LMO bisher nicht unterstützen.

Wichtig: *Die offiziell verfügbare kürzeste Verschlusszeit des mechanischen Verschlusses ist abhängig von der eingestellten Blende und kann zwischen 1/1000s (f/2 bis f/2,8) und 1/4000s (f/8 bis f/16) liegen. Wenn Sie mit weit offener Blende oder mit einer hohen ISO-Einstellung fotografieren, kann es sein, dass die passende Verschlusszeit kürzer ist als die kürzeste mechanisch verfügbare Verschlusszeit der Kamera. In diesem Fall wird die Verschlusszeit rot angezeigt (Überbelichtungswarnung). Sie können Verschlusszeiten, die unterhalb des mechanischen Limits liegen, sicher verwenden, indem Sie den elektronischen Verschluss einschalten, oder Sie können den eingebauten ND-Filter aktivieren.*

TIPP 33 Fotografieren mit der **Blendenautomatik** S

Die Blendenautomatik [24] ist das Gegenstück zur Zeitautomatik: Sie geben eine Belichtungszeit vor und die Kamera wählt die dazu passende Blende aus.

Die Wahl der passenden Belichtungszeit hängt grundsätzlich von zwei Faktoren ab:

- Bewegungsunschärfe [20]: Je schneller sich das Motiv bewegt, umso kürzer müssen Sie die Belichtungszeit einstellen, wenn die Aufnahme keine Bewegungsunschärfe aufweisen soll. Das bedeutet nicht, dass man Bewegungsunschärfe grundsätzlich vermeiden sollte, man kann sie auch gezielt als Stilmittel einsetzen, um der Aufnahme Dynamik zu verleihen. Sogenannte »Mitzieher« [25] sind eine Mischform: Die längere Belichtungszeit sorgt hier für einen verwischten Hintergrund, während das Hauptobjekt scharf abgebildet wird, indem man die Kamera synchron mit dem sich bewegenden Objekt bewegt bzw. schwenkt. Auch Langzeitbelichtungen profitieren häufig von Bewegungsunschärfe, etwa indem Wasserflächen glatt erscheinen, Wolken verwischen oder Sterne Bahnen ziehen.
- Unschärfe durch Verwackeln [26]: Hier kommen Sie als Fotograf ins Spiel, denn wenn Sie die Kamera nicht ruhig genug halten, verwackeln Sie das Bild. Sie stellen die Kamera dann am besten auf ein Stativ bzw. einen festen Untergrund und lösen mit einem Fernauslöser oder Selbstauslöser aus. Bei normalen Aufnahmen gilt als Faustregel, mindestens mit dem Kehrwert der Kleinbildbrennweite zu fotografieren. Beim 23-mm-Objektiv der X100F entspräche dies einem Kleinbildäquivalent von 35 mm (APS-C-Brennweite × Formatfaktor [27] 1,5 = Kleinbildäquivalent), also einer Verschlusszeit [28] von 1/35 s oder kürzer. Solche Faustregeln gelten natürlich nicht pauschal für alle; jeder Fotograf hat seine eigenen Erfahrungswerte, und nicht jede Hand ist gleich ruhig.

Ist die Belichtungszeit zu lang gewählt oder ein zu hoher ISO-Wert eingestellt, kann es passieren, dass selbst die kleinstmögliche Blendenöffnung des angeschlossenen Objektivs nicht mehr ausreicht, um eine Überbelichtung zu verhindern. In diesem Fall wird der Blendenwert im Sucher rot angezeigt. Reicht umgekehrt die größtmögliche Blende für eine korrekte Belichtung nicht mehr aus, wird dieser Blendenwert als Unterbelichtungswarnung ebenfalls im Sucher rot angezeigt.

***Wichtig:** Die verfügbare kürzeste Verschlusszeit des mechanischen Verschlusses ist abhängig von der eingestellten Blende und kann zwischen 1/1000 Sek. (f/2 bis f/2,8) und 1/4000 Sek. (f/8 bis f/16) liegen. Es ist möglich, dass die von Ihnen gewählte Verschlusszeit kürzer ist als die für die eingestellte Blende verfügbare kürzeste Verschlusszeit der Kamera. In diesem Fall wird die gewählte Verschlusszeit rot angezeigt. Sie können Verschlusszeiten, die unterhalb des mechanischen Limits liegen, sicher verwenden, indem Sie den elektronischen Verschluss einschalten, oder Sie können den eingebauten ND-Filter aktivieren und gleichzeitig die Verschlusszeit um drei Blendenstufen (EV) verlängern, ohne die Belichtung zu verändern. Im manuellen Belichtungsmodus und bei der Blendenautomatik berücksichtigt die X100F auch »illegale« Verschlusszeiten (also von Ihnen eingestellte Verschlusszeiten, die in Rot angezeigt werden), die Qualität des resultierenden Bildes kann jedoch durch ein schlechteres Bokeh beeinträchtigt werden.*

Wenn Sie das Belichtungszeitwahlrad auf **T** stellen, können Sie mit dem vorderen Einstellrad sämtliche verfügbaren Verschlusszeiten in 1/3-EV-Schritten einstellen.

TIPP 34 Fotografieren mit der **Programmautomatik P und Programm-Shift**

Mit der Programmautomatik überlassen Sie es der Kamera, eine zur gewählten Belichtung passende Kombination aus Blende und Belichtungszeit einzustellen. Dieser Modus eignet sich besonders gut für unerfahrene Fotografen, die mit dem Zusammenspiel von Blende (zur Steuerung der Schärfentiefe) und Belichtungszeit (zur Steuerung der Bewegungsunschärfe) noch nicht vertraut sind.

Die längste von der Kamera gewählte Belichtungszeit beträgt in diesem Modus vier Sekunden. Reicht diese Zeit zusammen mit der maximalen Blendenöffnung nicht aus, kommt es zu einer Unterbelichtung und einer entsprechenden roten Warnanzeige.

Eine gewisse Einflussnahme auf die Belichtungsparameter erlaubt der sogenannte Programm-Shift [29]. Darunter versteht man die Möglichkeit, die von der Kamera gewählte Kombination aus Blende und Belichtungszeit gegenläufig nach oben oder unten zu verschieben, indem man das hintere Einstellrad nach links oder rechts dreht.

Wichtig: *Programm-Shift steht nur unter bestimmten Voraussetzungen zur Verfügung: DR-Auto darf nicht ausgewählt und es darf kein TTL-Blitz in Benutzung sein.*

Programm-Shift bietet Ihnen die Möglichkeit, eine passendere Kombination aus Blende und Belichtungszeit als die von der Programmautomatik vorgeschlagene auszuwählen. Drehen Sie dazu am hinteren Einstellrad und beobachten Sie, wie sich die Kombinationen aus Blende und Belichtungszeit gegenläufig verändern: Wenn Sie die Blende mit Programm-Shift weiter öffnen, verkürzt sich dadurch die Belichtungszeit. Wenn Sie kleinere Blendenöffnungen wählen, verlängert sie sich. Die Belichtung selbst bleibt dabei immer gleich (die Aufnahme wird also weder dunkler noch heller).

Mit **Belichtungsreihen** auf Nummer sicher gehen — TIPP 35

Wie Sie wissen, sorgt die Belichtungsautomatik mit ihren Modi P, A und S nur für die passenden Belichtungsparameter – für die richtige Belichtung sind Sie als Fotograf selbst verantwortlich. Dabei helfen Ihnen die Belichtungsmessung (Mehrfeld, Mittenbetont, Integral und Spot), der Live-View und das Live-Histogramm.

Aber: Nobody is perfect! Wenn Sie auf Nummer sicher gehen möchten, kann Ihnen eine Belichtungsreihe [30] helfen. In diesem Modus (DRIVE-Taste > AUTO-BELICHTUNGS-SERIE) macht die Kamera nach dem Drücken des Auslösers schnell hintereinander drei Bilder mit jeweils unterschiedlichen Belichtungen: Neben einer normal belichteten Aufnahme werden auch ein knapper und ein reichlicher belichtetes Bild gemacht. Wie stark die beiden zusätzlichen Bilder von der Normalbelichtung nach oben und unten abweichen, können Sie auswählen, wenn Sie die Funktion mit der DRIVE-Taste aufrufen. Das Maximum beträgt ±2 EV.

Belichtungsreihen eignen sich insbesondere für unbewegte Motive, die Ihnen nicht weglaufen. Sie können so aus den drei Belichtungsvarianten später in Ruhe die beste Option auswählen.

TIPP 36 Langzeitbelichtungen

Langzeitbelichtungen [31] sind ein beliebtes Stilmittel. Ob Feuerwerk, Nachtaufnahmen, Wasserflächen, Sterne oder Wolkenbewegungen: Mit langen Belichtungszeiten von mehreren Sekunden oder Minuten lassen sich zeitlich längere Verläufe zu einem Augenblick verkürzen.

Hierzu ist es wichtig, die Kamera auf ein stabiles Stativ oder eine feste Unterlage zu stellen.

Sie haben folgende Optionen:

- Stellen Sie das Belichtungszeitwahlrad auf **T** (Time), um an der Kamera mit dem hinteren Einstellrad die gewünschte Belichtungszeit einzustellen. Lösen Sie anschließend am besten mit einem Fernauslöser oder Selbstauslöser aus, um Verwackeln zu vermeiden.
- Stellen Sie das Belichtungszeitwahlrad auf **B** (Bulb), um so lange zu belichten, wie Sie den Auslöser gedrückt halten. Sinnvollerweise sollten Sie für Bulb einen Fernauslöser mit Feststelltaste verwenden.

Für bestmögliche Bildergebnisse ist es wichtig, die Option BILDQUALITÄTS-EINSTELLUNG > NR LANGZ. BELICHT. > AN zu wählen. Die Kamera nimmt dann bei Langzeitbelichtungen (abhängig von der Belichtungsdauer und der ISO-Einstellung) einen sogenannten Schwarzbildabzug [11] (oder auch Dunkelbildabzug) vor. Dadurch verdoppelt sich die effektive Aufnahmedauer, sodass Sie je nach Läge der verwendeten Belichtungszeit etwas Geduld mitbringen müssen.

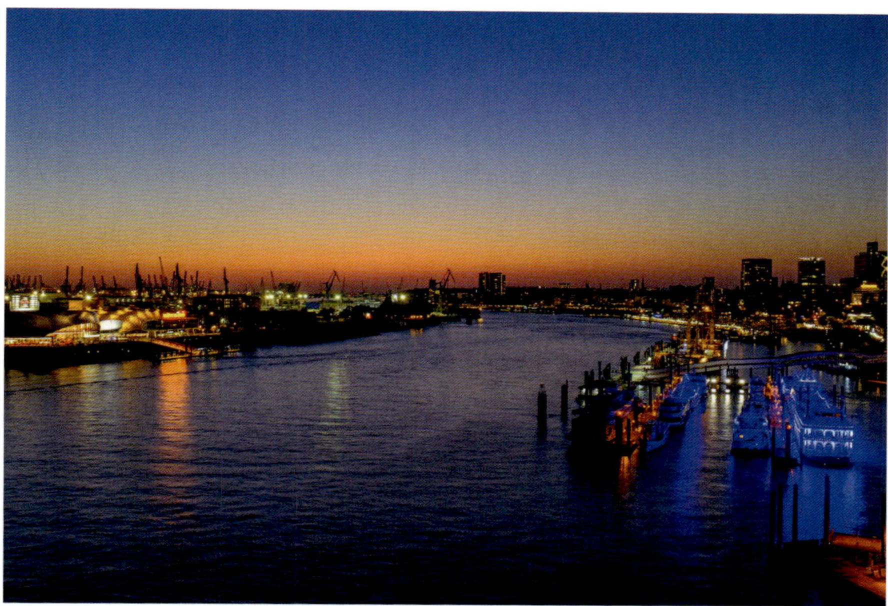

Abbildung 26: Eine **Langzeitbelichtung** mit der T-Einstellung. Bitte verwenden Sie für solche Aufnahmen ein stabiles Stativ und lösen Sie mit einem Fern- oder dem Selbstauslöser aus.

Langzeitbelichtungen bei Tageslicht TIPP 37

Um bei normalem Tageslicht lange Belichtungszeiten zu realisieren, genügt es in der Regel nicht, das Objektiv weit abzublenden, etwa auf f/16. Zudem: Bei der X100F tritt bei Blendenwerten jenseits von f/10 sichtbare Beugungsunschärfe auf, sodass wir gut beraten sind, nur dann weiter abzublenden, wenn es sich nicht vermeiden lässt.

Um bei guten Lichtverhältnissen lange Belichtungszeiten zu erhalten, ist ein ND-Filter [32] (oder Neutraldichtefilter) die bessere Wahl. Dabei handelt es sich um einen gewöhnlichen Graufilter, der vor dem Objektiv angebracht wird und einen guten Teil des einfallenden Lichts abblockt, sodass weniger Licht auf den Sensor fällt.

Ein Filter mit der Stärke ND 3.0 zum Beispiel verlängert die Belichtungszeit ungefähr um den Faktor 1000 (oder zehn Blendenstufen). Das bedeutet, dass mit solch einem Filter eine Szene, die normalerweise mit f/8 und 1/50 s aufgenommen werden müsste, mit f/8 und einer Belichtungszeit von 20 Sekunden fotografiert werden kann.

Dabei gilt es jedoch zu beachten, dass die X100F einen recht schwachen Infrarot-Sperrfilter vor dem Bildsensor besitzt. Deshalb ist es sinnvoll, für mehrminütige Langzeitbelichtungen bei hellem Tageslicht nicht nur einen herkömmlichen Neutralgraufilter (ND-Filter) zur Verlängerung der Belichtungszeit, sondern zusätzlich auch noch einen dedizierten IR-Sperrfilter vor das Objektiv zu schrauben, um Farbverfälschungen zu vermeiden. Einige wenige ND-Filter verfügen bereits über eine eingebaute IR-Sperrfunktion.

Wie Sie wissen, verfügt Ihre X100F bereits über einen eingebauten ND-Filter, den Sie im Kameramenü oder über eine Fn-Taste aktivieren können. Er besitzt eine Stärke von ND 0.9, was bedeutet, dass die Belichtungszeit um drei Blendenstufen (EV) verlängert wird. Kombinieren Sie den eingebauten ND-Filter mit einem weiteren externen ND-Filter, so addiert sich die Zahl der abgedunkelten Blendenstufen einfach. Wenn Sie beispielsweise einen 10-EV-ND-Filter mit dem eingebauten 3-EV-ND-Filter kombinieren, verlängert sich Ihre Belichtungszeit um 13 Blendenstufen.

Bitte beachten Sie, dass jeder optische Filter das Potenzial hat, unerwünschte Effekte wie Reflexionen, Streulicht oder Geisterbilder hinzuzufügen. Dies gilt insbesondere für Nachtaufnahmen mit hellen Straßen- und Stadtbeleuchtungen.

Vergessen Sie nicht, dass Sie einen AR-X100 Adapterring benötigen, um einen 49-mm-Filter am eingebauten 23-mm-F2-Objektiv der Kamera anzuschließen. Versuchen Sie nicht, Filter direkt am Objektiv anzubringen.

TIPP 38 **ISO-Einstellungen** – was steckt dahinter?

ISO wird bei digitalen Kameras häufig missverstanden. Ein höherer ISO-Wert erhöht nicht die Empfindlichkeit des Sensors. Der Sensor in der X100F bleibt vielmehr immer gleich empfindlich und ist auf ISO 200 (nach dem sogenannten SOS-Standard [33]) kalibriert.

Es macht keinen Unterschied, ob Sie eine Aufnahme bei Blende 5,6 und 1/60 s mit ISO 100 oder mit ISO 25.600 belichten – der Sensor bekommt in beiden Fällen genau die gleiche Lichtmenge ab, er wird in beiden Fällen gleich hell belichtet. Blende und Belichtungszeit allein bestimmen die Lichtmenge, die auf den Sensor fällt.

Was also macht der ISO-Wert? Ganz einfach: Er regelt die Signalverstärkung in der Kamera! Bei ISO 200, dem Nennwert der X100F, findet die Grundverstärkung statt. Bei ISO 400 werden die aufgenommenen Bilddaten eine Blendenstufe stärker verstärkt oder »gepusht«. Bei ISO 800 sind es zwei Blendenstufen und so weiter. Bei ISO 25.600 beträgt die zusätzliche Signalverstärkung volle sieben Blendenstufen. Das ist eine ganze Menge, weshalb es auch nicht verwunderlich ist, dass die Bildqualität mit zunehmender Verstärkung immer schlechter wird – Rauschen, Störungen und Artefakte werden schließlich mitverstärkt und der Unterschied zwischen dem eigentlichen Nutzsignal (dem Bild) und den Störungen wird mit zunehmender Verstärkung geringer, sodass es für die Kameraelektronik schwieriger wird, Bild und Bildstörungen zu unterscheiden und voneinander zu trennen.

Die »Verstärkung«, über die wir hier sprechen, ist eine Aufhellung des Bildes. Wenn Sie mit ISO 800 fotografieren, wird die Aufnahme von der Belichtungsautomatik um zwei Blendenstufen dunkler belichtet als bei ISO 200, es fällt also um zwei Belichtungsstufen (EV) weniger Licht auf den Sensor. Folglich muss das Bildsignal anschließend um zwei Belichtungsstufen zusätzlich verstärkt werden, denn natürlich soll das Bildergebnis wieder die korrekte Helligkeit aufweisen.

Grundsätzlich gilt: Niedrigere ISOs führen zu qualitativ besseren Ergebnissen. ISO 200 liefert also eine bessere Bildqualität als ISO 6400. Deshalb ist es ratsam, die ISO-Einstellung so niedrig wie möglich zu halten. In der Praxis gelingt das freilich nicht immer, schließlich möchten wir auch bei schlechtem Licht fotografieren können.

Die Bildsignalverstärkung kann auf zweierlei Weise erfolgen:

- **Analoge und digitale Hybridverstärkung vor dem Schreiben der RAW-Datei:** Hierbei wird die Aufnahme mit einer Mischung aus analoger Signalverstärkung und digitalen Rechenoperationen »gepusht« und das digitale Ergebnis schließlich in der RAW-Datei gespeichert.

- **Digitale Verstärkung nach dem Schreiben der RAW-Datei:** Hierbei wird die Aufnahme erst bei der RAW-Entwicklung digital gepusht. Dies geschieht entweder automatisch beim Öffnen der RAW-Datei im RAW-Konverter oder indem man den Belichtungsregler im Konverter nach rechts verschiebt. Auch der in der X100F eingebaute RAW-Konverter gestattet solche Push-Operationen, um die Belichtung einer Aufnahme nachträglich zu erhöhen.

Die digitale Verstärkung bei der RAW-Konvertierung hat den Vorteil, dass sie reversibel ist: Sie können den Belichtungsregler jederzeit wieder nach links zurücknehmen und die Belichtung der Aufnahme damit reduzieren. Sie merken: ISO ist eine variable Angelegenheit, die digitale Verstärkung kann im RAW-Konverter angepasst werden.

Beim Sensor in der X100F handelt es sich um einen sogenannten »ISO-losen« Sensor. Bei diesem Sensortyp macht es qualitativ (fast) keinen Unterschied, ob eine Bildsignalverstärkung analog oder digital (bzw. erst nachträglich während der RAW-Entwicklung) erfolgt. Sie können die Belichtung Ihrer Aufnahmen also auch noch nachträglich im RAW-Konverter pushen, ohne mit gravierenden Qualitätseinbußen bestraft zu werden.

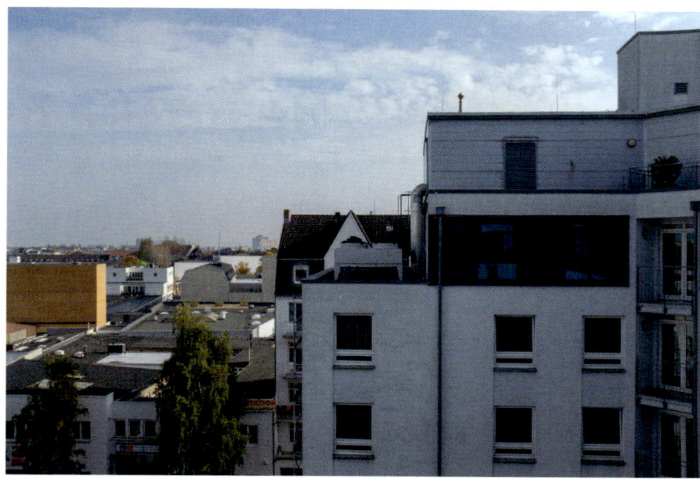

Abbildung 27: »ISO-loser« Sensor (1): Diese Aufnahme wurde mit ISO 1600 gemacht und in der Kamera *analog* von ISO 200 auf ISO 1600 verstärkt, ehe das Resultat digitalisiert und in die RAW-Datei geschrieben wurde.

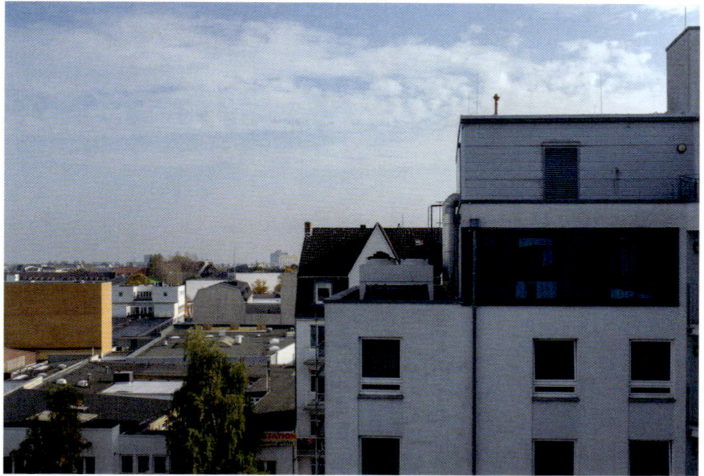

Abbildung 28: »ISO-loser« Sensor (2): Diese Aufnahme wurde ebenfalls effektiv mit ISO 1600 gemacht, jedoch erst im RAW-Konverter *digital* von ISO 200 auf ISO 1600 verstärkt, indem der Belichtungsregler um drei Blendenstufen nach rechts verschoben wurde. Hier im Buch ist kein Qualitätsunterschied zwischen den beiden Aufnahmen festzustellen. Tatsächlich kann man in der vollen 100%-Ansicht jedoch minimale Unterschiede ausmachen. Sie können sich diese beiden Beispielbilder deshalb auf Flickr [34] in voller Auflösung ansehen.

TIPP 39 **Erweiterte ISO-Einstellungen** und ihre Besonderheiten

Sicherlich haben Sie bemerkt, dass Ihre Kamera neben den »offiziellen« ISO-Einstellungen (ISO 200 bis ISO 12800) auch noch drei weitere ISO-Einstellungen besitzt: L (100), H (25600) und H (51200).

- **H steht für High:** Hier werden Bilddaten über das »normale« Maß hinaus digital verstärkt. Bei ISO 51200 wird die Verstärkung der letzten Blendenstufe dem RAW-Konverter überlassen. Die enorme Verstärkung führt selbstredend zu Qualitätseinbußen, deshalb sollte man zumindest ISO 51200 nur in Notfällen verwenden.
- **L steht für LOW:** Hier wird eine mit ISO 200 um eine Blendenstufe heller als gewöhnlich aufgenommene RAW-Datei um eine Blendenstufe nach unten gezogen (digitaler Pull, das Gegenteil der digitalen Push-Entwicklung) und anschließend gespeichert. Sie erhalten dadurch auf ISO 100 reduzierte RAW- und JPEG-Dateien mit einer Blendenstufe *weniger* Dynamikumfang als ein mit ISO 200 aufgenommenes JPEG oder RAW. ISO 100 ist deshalb mit Vorsicht zu genießen, helle Bildbereiche (Himmel, Wolken, Schnee, weiße Mauern etc.) können hier rasch ausfressen. Kontrastarme Szenen mit flauem Licht können mit ISO 100 umgekehrt kontrastreicher und somit lebendiger gestaltet werden.

***Wichtig:** Erweiterte ISO-Einstellungen sind nur verfügbar, wenn der mechanische Verschluss (MS) ausgewählt ist.*

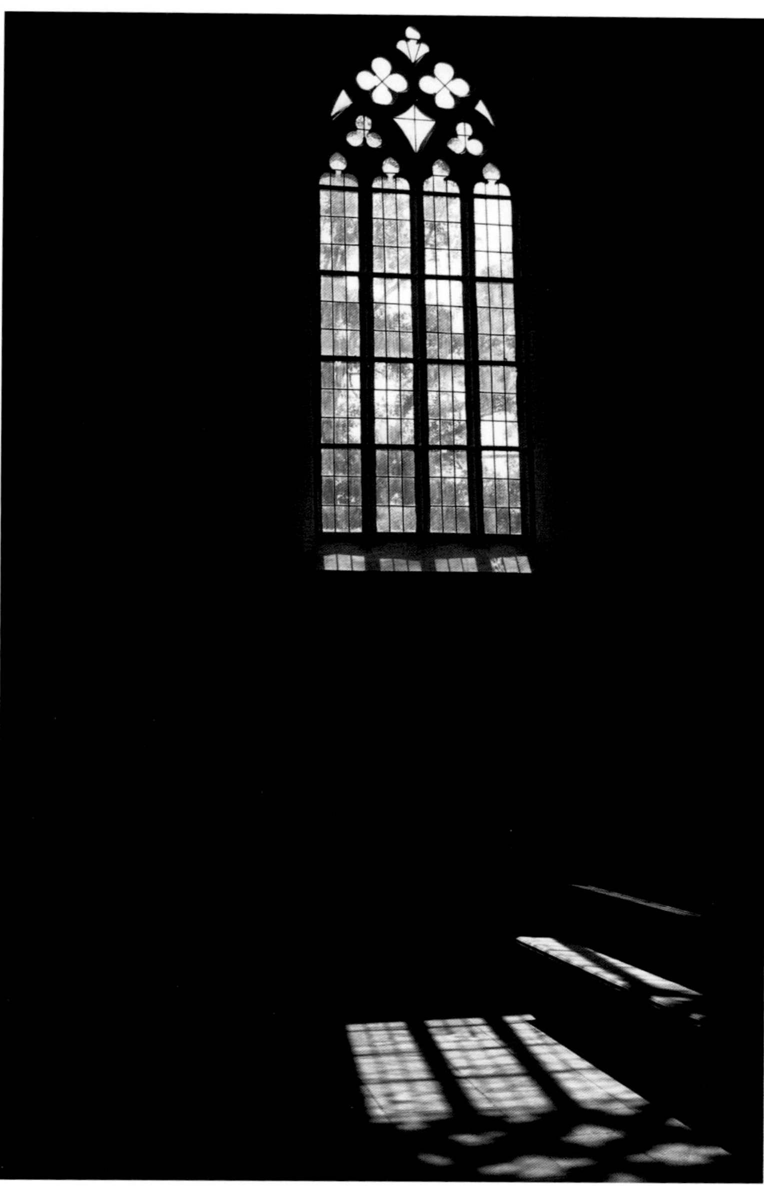

Abbildung 29: Brauchen Sie zusätzlichen Kontrast? **Erweitertes ISO 100** kann dank des verringerten Lichter-Dynamikumfangs zusätzliche Schlagkraft erzeugen. Vergewissern Sie sich, dass die resultierende Verschlusszeit kurz genug ist, um die Aufnahme ohne Verwacklungen oder unerwünschte Bewegungsunschärfe zu machen.

TIPP 40 Auto-ISO und die Mindestverschlusszeit

Da es aus Qualitätsgründen ratsam ist, die ISO-Einstellungen so niedrig wie möglich zu halten, bietet es sich an, die Auswahl eines geeigneten ISO-Werts zu automatisieren und der Kamera zu überlassen – jedoch mit klaren Vorgaben, welche die Wünsche des Fotografen berücksichtigen.

Diese Aufgabe erledigt die Auto-ISO-Funktion (AUFNAHME-EINSTELLUNG > AUTOM. ISO-EINST.), die mit drei individuellen Voreinstellungen (AUTO1, AUTO2, AUTO3) konfiguriert werden kann. Folgende Parameter stehen bei der Auto-ISO-Konfiguration zur Auswahl:

- STANDARDEMPFINDLICHKEIT: Diese Einstellung setzt die untere ISO-Grenze fest. Die Kamera wird zunächst immer versuchen, diese untere ISO-Grenze zu verwenden.
- MAX.EMPFINDLICHKEIT: Diese Einstellung setzt die ISO-Obergrenze fest. Die Kamera wird die ISO-Werte höchstens bis zu dieser Obergrenze erhöhen.
- MIN. VERSCHL.ZEIT: Die Kamera erhöht den ISO-Wert (jedoch nicht weiter als bis zur unter MAX. EMPFINDLICHKEIT eingegebenen Grenze), wenn die hier eingegebene Verschlusszeit mit einem niedrigeren ISO-Wert nicht mehr realisiert werden kann.

Der Parameter MIN. VERSCHL.ZEIT ist naturgemäß nur in den Betriebsmodi A und P relevant, da die Belichtungszeit in den Modi M und S ohnehin fest vom Benutzer vorgegeben wird. Die Kamera setzt den ISO-Wert im Rahmen der vorgegebenen ISO-Untergrenze und -Obergrenze so fest, dass die bei MIN. VERSCHL.ZEIT eingegebene Belichtungsdauer nicht überschritten wird.

Beispiel: Sie fotografieren im Modus A (Zeitautomatik) bei schönem Wetter und Blende 5,6. Auto-ISO haben Sie mit ISO 200 als Untergrenze und ISO 12800 als Obergrenze eingestellt. Als Mindestverschlusszeit wurde 1/125 s gesetzt, da Sie Menschen auf der Straße fotografieren möchten, deren Bewegung nicht verschwimmen soll.

Bei gutem Licht ist das alles kein Problem: Die Kamera wird mit ISO 200 arbeiten und die Belichtungsautomatik dabei Verschlusszeiten anbieten, die kürzer als 1/125 s sind. Lässt das Licht nun aber nach und kann die Belichtungsautomatik 1/125 s bei Blende 5,6 nicht mehr darstellen, greift die ISO-Automatik ein und wählt einen höheren ISO-Wert, mit dem eine Belichtungszeit von 1/125 s wieder möglich ist. Das macht sie so lange, bis die eingestellte ISO-Obergrenze (in diesem Fall 12800) erreicht wurde. Reicht das Licht auch nach erreichter ISO-Obergrenze nicht für 1/125 s aus, verlängert die Belichtungsautomatik die Belichtungszeit entsprechend.

Im Modus S (Blendenautomatik) wird die Belichtungszeit bekanntlich vom Benutzer vorgewählt. Hier wählt Auto-ISO erst dann einen höheren ISO-Wert als die eingestellte Untergrenze aus, wenn die maximale Offenblende nicht mehr ausreicht, um mit der eingestellten Belichtungszeit die gewünschte Belichtung zu ermöglichen. Bei lichtstarken Objektiven wie dem 23mmF2 in der X100F ist dieses Verhalten ziemlich praxisfern, da die Schärfentiefe hier bei Offenblende häufig zu gering ausfällt. Auto-ISO wird deshalb in erster Linie zusammen mit den Belichtungsmodi P und A verwendet.

Auto-ISO im manuellen Belichtungsmodus M: die »Misomatik« — TIPP 41

Mit Auto-ISO mutiert der manuelle Modus zu einer Art Belichtungsautomatik, der »Misomatik«. Sie wählen Blende und Belichtungszeit vorher aus und die ISO-Automatik liefert die dazu passende ISO-Einstellung basierend auf der jeweils aktiven Belichtungsmessmethode (Mehrfeld, Integral, Mittenbetont, Spot).

Sinnvollerweise sollte Auto-ISO hier den vollen ISO-Bereich ausschöpfen können, also mit einer Untergrenze von 200 und einer Obergrenze von 12800 konfiguriert werden.

Sie können Blende (Schärfentiefe-Kontrolle) und Belichtungszeit (Kontrolle von Bewegungs- und Verwackelungsunschärfe) Ihren konkreten Motivanforderungen entsprechend exakt einstellen – keine Automatik funkt Ihnen dazwischen, Sie behalten die Kontrolle. Trotzdem fotografieren Sie dank Auto-ISO auch im manuellen Modus mit einer Quasibelichtungsautomatik, müssen sich also nicht selbst um die Belichtungseinstellung kümmern. Achten Sie jedoch darauf, dass die kürzeste Verschlusszeit des mechanischen Zentralverschlusses Ihrer Kamera nicht unterschritten wird. Diese beträgt zum Beispiel zwischen Blende 2 und Blende 2.8 nur 1/1000 s.

Die Misomatik bietet auch die Möglichkeit zur Belichtungskorrektur, bevor Sie den Auslöser drücken. Sie müssen sich also nicht blind auf das Ergebnis der Belichtungsmessung verlassen, sondern können die von der Kamera ermittelte Belichtung vor der Aufnahme mit dem Belichtungskorrekturrad nachjustieren – allerdings nur im Rahmen des von Ihren Auto-ISO-Einstellungen vorgegebenen ISO-Umfangs. Deshalb ist es ganz besonders wichtig, die Unter- und Obergrenzen von Auto-ISO auf die maximale Bandbreite von 200 bis 12800 einzustellen.

Wenn Sie sich beim Fotografieren mit der Misomatik die Zeit für eine Belichtungskorrektur sparen möchten, können Sie dabei auch einfach den DR-Modus der Kamera auf DR200% setzen. Auf diese Weise haben Sie bei einer *nachträglichen* Belichtungskorrektur im internen oder externen RAW-Konverter sowohl nach oben (Push) als auch nach unten (Pull) mindestens eine volle Blendenstufe Korrekturspielraum. Solange sich die Belichtungsmessung der Kamera nicht um deutlich mehr als eine volle Blendenstufe überbelichtet, können Sie eventuelle Fehlbelichtungen der Belichtungsautomatik also nachträglich mit dem Belichtungsregler Ihres RAW-Konverters ausgleichen.

Denken Sie immer daran: ISO ist nichts anderes als eine (bei ISO-losen Sensoren überwiegend digitale) Verstärkung des Bildsignals. Da sich bei Verwendung der Misomatik die einfallende Lichtmenge nicht ändert (Blende und Belichtungszeit haben Sie im Modus M schließlich fix vorgewählt), sondern allein die ISO-Signalverstärkung als Variable angepasst wird, können Sie diese Anpassung später bei der RAW-Entwicklung nachjustieren bzw. korrigieren. DR200% sorgt in diesem Zusammenhang dafür, dass Ihnen dieser nachträgliche Korrekturspielraum von mindestens 1 EV in beiden Richtungen – nach oben und nach unten – zur Verfügung steht.

ISO-Bracketing – mehr Gimmick als Feature — TIPP 42

ISO-Bracketing (DRIVE-Taste > ISO BKT) steht nur dann zur Verfügung, wenn Sie keine RAW-Dateien speichern. Im Prinzip handelt es sich dabei um eine Mogelpackung: Die Kamera macht eine einzelne Aufnahme mit dem eingestellten ISO-Wert und produziert anschließend zwei weitere JPEGs mit jeweils nach oben und unten gleichermaßen stark abweichenden ISO-Werten.

Es handelt sich also um einen nachträglichen digitalen Push bzw. Pull der zwischengespeicherten RAW-Daten, die am Ende wieder gelöscht werden, um keine Spuren zu hinterlassen. Das gleiche Ergebnis können Sie erzielen, indem Sie im RAW-Modus eine Aufnahme machen und diese anschließend mit dem eingebauten RAW-Konverter der X100F einmal mit Push und ein weiteres Mal mit Pull entwickeln.

Als echte Belichtungsreihe eignet sich ISO-Bracketing also nicht wirklich. Eine bessere Alternative ist AUTO-BELICHTUNGS-SERIE. Diese Variante macht schnell hintereinander drei unterschiedlich belichtete Aufnahmen und speichert sie zusammen mit den dazugehörenden RAW-Dateien ab. Belichtungsreihen stehen Ihnen übrigens auch im manuellen Modus M zur Verfügung.

Erweitern des Dynamikumfangs: mehr Kontrastumfang dank Tonwertkorrektur — TIPP 43

Wenn der Kontrastumfang eines Motivs den Dynamikumfang des Kamerasensors und der Bildverarbeitung übersteigt, tritt mindestens eines der folgenden Phänomene auf:

- Die Lichter Ihrer Aufnahme erscheinen zu hell, überbelichtet oder ausgefressen.
- Mittelhelle Töne erscheinen zu dunkel (unterbelichtet), Schattenpartien laufen zu.

In beiden Fällen ist die Aufnahme unausgewogen und bedarf einer Korrektur.

Leider ist es sehr schwierig bis unmöglich, in den RAW-Daten ausgefressene Lichter zu retten. Wesentlich einfacher und erfolgversprechender ist die Anhebung (Nachbelichtung) von Schattenpartien und Mitteltönen. Diese selektive Änderung der Belichtung einer Aufnahme nennt man Tonwertkorrektur: Bestimmten Tonwerten (Helligkeitswerten) in der ursprünglichen Aufnahme werden neue Tonwerte (Helligkeitswerte) zugewiesen. Dies geschieht typischerweise mithilfe einer Tonwertkurve, viele Kameras oder externe RAW-Konverter verwenden hierfür jedoch auch komplexere mathematische Verfahren, sogenannte adaptive Tonwertkorrekturen.

Wenn Sie den kompletten Kontrastumfang eines Motivs in einer Aufnahme festhalten möchten, ist es sinnvoll, die Aufnahme so zu belichten, dass die hellsten bildwichtigen Stellen des Motivs noch Textur aufweisen, die einzelnen Farbkanäle also nicht überlaufen. Dies kann dazu führen, dass dunklere Bereiche des Motivs in der Aufnahme zu dunkel erscheinen und einer nachträglichen Korrektur bedürfen. Diese Korrektur können Sie später am PC selbst mithilfe eines externen RAW-Konverters durchführen.

Jeder RAW-Konverter arbeitet anders, jedes halbwegs vernünftige Programm verfügt jedoch über Funktionen zur selektiven Belichtungssteuerung. So können Sie die Gesamtbelichtung mit dem Belichtungsregler anheben und die dabei ausfressenden Lichter oft mit einem Wiederherstellungsregler zurückholen. Darüber hinaus verfügen viele Konverter über Regler, mit denen Sie gezielt zu dunkle Schattenpartien anheben können.

Mit der DR-Funktion in Ihrer X100F können Sie diese manuelle Arbeit in der Kamera automatisieren. Die DR-Funktion arbeitet zweistufig:

- Sie belichtet die RAW-Datei eine (DR200%) oder zwei (DR400%) Blendenstufen knapper als normal, um die Lichter einer Szene mit großem Kontrastumfang zu retten.
- Bei der RAW-Entwicklung in der Kamera werden die im ersten Schritt unterbelichteten Schatten und Mitteltöne wieder um eine (DR200%) oder zwei (DR400%) Blendenstufen mit einem digitalen ISO-Push angehoben, während die Lichter abhängig von ihrer Helligkeit weniger stark oder überhaupt nicht verstärkt werden.

Das fertige JPEG aus der Kamera wurde also einer selektiven Belichtungskorrektur unterworfen: Helle Lichter einer mit DR400% erstellten Aufnahme werden kaum oder gar nicht digital verstärkt, Mitteltöne und Schattenpartien hingegen um bis zu zwei Blendenstufen angehoben.

Analog dazu handelt es sich bei DR200% um eine RAW-Datei, die eine Blendenstufe knapper belichtet wurde. Bei der RAW-Entwicklung in der Kamera wird die Datei per digitalem ISO-Push dann selektiv um bis zu eine Blendenstufe in den Schatten- und Mitteltonpartien aufgehellt.

Die DR-Funktion der Kamera nimmt Ihnen somit Arbeit ab: Sie belichtet zunächst knapper, um die Lichter einer kontrastreichen Szene zu retten. Anschließend führt sie bei der RAW-Entwicklung eine selektive Tonwertkorrektur durch und erzeugt dabei korrekt belichtete JPEG-Dateien mit einem erweiterten Lichterdynamikumfang: eine Blende mehr Lichterdynamik mit DR200%, zwei Blenden mehr mit DR400%.

Mit DR-Auto wählt die Kamera abhängig vom Motiv selbst die passende Dynamikeinstellung aus. Bitte beachten Sie, dass die X100F hier jedoch nur zwischen DR100% (keine Lichterdynamikerweiterung) und DR200% (eine Blendenstufe mehr Lichterdynamik) auswählt. DR400% (zwei Blendenstufen mehr Lichterdynamik) wird grundsätzlich nicht automatisch ausgewählt, diesen Wert müssen Sie also bei Bedarf stets manuell einstellen.

Die Einstellungen für die Dynamikerweiterung finden Sie unter BILDQUALITÄTS-EINSTELLUNG > DYNAMIKBEREICH oder im Quick-Menü.

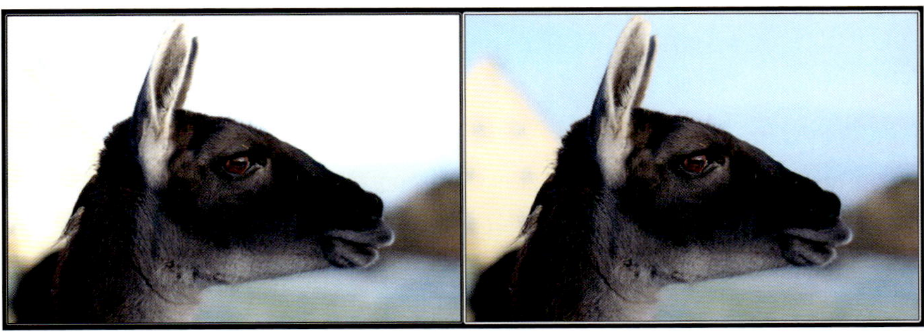

Abbildung 30: Links sehen Sie eine Aufnahme mit der Einstellung **DR100%**: Das Lama im Vordergrund ist hier korrekt belichtet, der wesentlich hellere Hintergrund jedoch ausgefressen, weil er außerhalb des Dynamikumfangs liegt. Das Bild rechts zeigt dieselbe Aufnahme mit **DR400%**: An der Belichtung des Lamas im Vordergrund hat sich nichts geändert, der helle Hintergrund ist nun aber sauber durchgezeichnet, da die Kamera den Dynamikumfang (mittels knapperer Belichtung und einer anschließenden Tonwertkorrektur bei der JPEG-Entwicklung) um zwei Blendenstufen nach oben ausgeweitet hat.

TIPP 44

Dynamikerweiterung für RAW-Shooter:
DR-Funktion ausschalten und auf die Lichter belichten!

RAW-Shooter stellen die Kamera bevorzugt auf DR100% ein, um ein Live-Histogramm zu erhalten, das dem zu erwartenden Bildergebnis weitgehend entspricht. Eine bewährte Strategie besteht darin, die Belichtung bei Motiven mit einem sehr großen Dynamikumfang und starken Kontrasten so zu korrigieren, dass bildwichtige Lichter *nicht* ausfressen – selbst wenn dies dazu führt, dass andere Motivteile dadurch erst einmal zu knapp (= zu dunkel) belichtet werden.

Sie wissen: Ausgefressene Lichter kann man bei der RAW-Entwicklung nicht mehr retten, während man zu dunkle Schatten und Mitteltöne nachträglich aufhellen oder »pushen« kann. Diese Tonwertkorrektur ist Bestandteil einer jeden RAW-Entwicklung bei Motiven, deren Dynamikumfang größer ist als der des Sensors.

Gehen Sie folgendermaßen vor:

- Korrigieren Sie die Belichtung bei der Aufnahme mithilfe des Live-Views und des Live-Histogramms so, dass bildwichtige Lichter nicht ausfressen. Das daraus resultierende Bildergebnis sieht häufig zu dunkel aus: Die Lichter sind zwar schön gezeichnet, das dunklere Hauptmotiv jedoch »säuft ab«.
- Ziehen Sie anschließend die Schatten und Mitteltöne in einem externen RAW-Konverter im Rahmen der RAW-Entwicklung an Ihrem Computer wieder hoch. Hierzu können Sie die Belichtung insgesamt erhöhen (Belichtungsregler nach rechts) und die Lichter anschließend mit einem entsprechenden Regler wiederherstellen. Alternativ können Sie auch lediglich die Schatten mit einem passenden Regler anheben, oder Sie kombinieren beide Methoden. Jeder externe RAW-Konverter arbeitet anders, und auch jedes Bild ist anders. Wichtig ist, dass Sie einen RAW-Konverter verwenden, dessen Funktionsweise Sie verstehen.

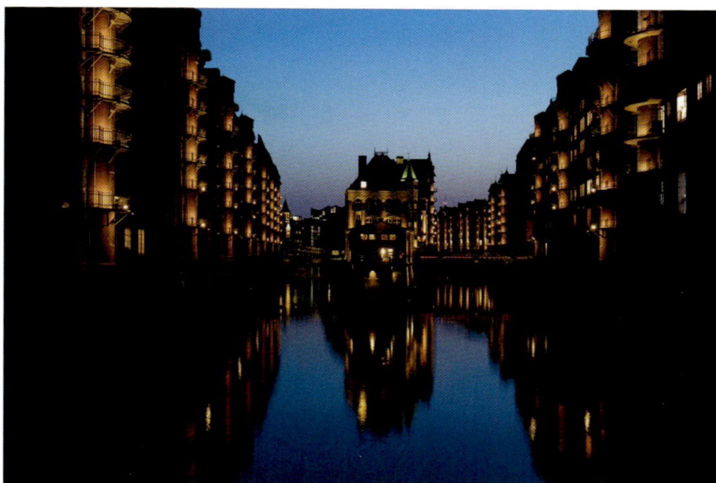

Abbildung 31: Dieses Beispiel wurde **auf die Lichter belichtet**. Der Himmel ist dadurch optimal gezeichnet, bei den Gebäuden tappt man hingegen buchstäblich im Dunkeln. Wenn Ihnen das so gefällt – wunderbar! Wenn nicht, muss die RAW-Datei eine Tonwertkorrektur durchlaufen.

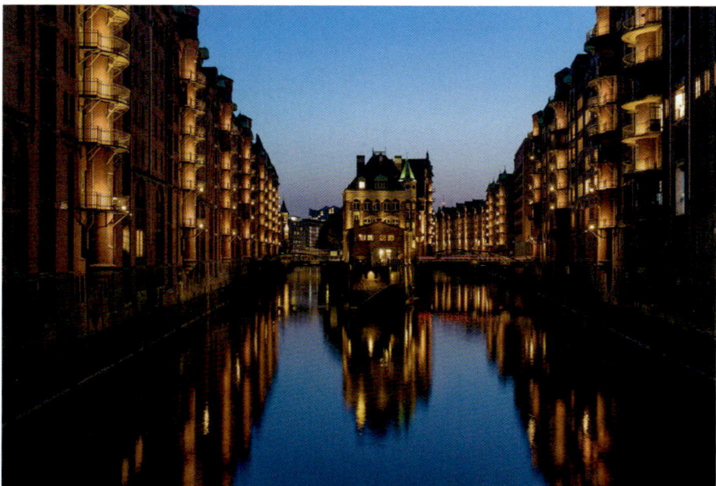

Abbildung 32: Hier sehen Sie dieselbe Aufnahme nach einer **Tonwertkorrektur** mit Adobe Lightroom. Die vormals schwarzen Schattenpartien wurden angehoben und zeigen nun Texturen und Details. Diese Methode ist auch als »adaptives ISO« bekannt, da unterschiedliche Bildbereiche im RAW-Konverter eine unterschiedlich starke Verstärkung (= ISO-Erhöhung) erfahren. Während die Schattenpartien deutlich sichtbar nachbelichtet wurden, blieben die Lichter weitgehend unangetastet.

TIPP 45 JPEG-Einstellungen für RAW-Shooter

Damit das Live-Histogramm Ihrer X100F einen möglichst großen Tonwertumfang abbildet (und damit dem Tonwertumfang der RAW-Datei möglichst nahekommt), können Sie als RAW-Shooter die JPEG-Parameter der Kamera im Menü BILDQUALITÄTS-EINSTELLUNG entsprechend anpassen. Wählen Sie hierzu am besten die folgenden Einstellungen:

- FILMSIMULATION > PRO NEG. STD. Dieser Modus liefert weiche Lichter- und Schattenkontraste und stellt einen großen Tonwertumfang dar.
- TON LICHTER > –2. Damit flachen Sie die Lichter-Kontrastkurve ab, sodass mehr helle Tonwerte im Live-Histogramm und Live-View sichtbar sind.
- SCHATTIER. TON > –2. Damit flachen Sie die Schatten-Kontrastkurve ab und hellen die Schattentöne im Live-View und Live-Histogramm auf.

Mit diesen JPEG-Einstellungen erhalten Sie ein Sucherbild und Live-Histogramm mit größtmöglichem Kontrastumfang. Die mit diesem Profil erzeugten JPEGs sind entsprechend flau. Auf den Inhalt der RAW-Dateien haben die Einstellungen hingegen keinen Einfluss, da RAWs ohnehin immer den vollen Kontrastumfang des Sensors aufzeichnen.

Es ist ratsam, diese JPEG-Einstellungen in einem eigenen Benutzerprofil zu speichern, damit Sie die Einstellungen jederzeit schnell abrufen können. Die bis zu sieben Benutzerprofile Ihrer X100F können Sie mit BILDQUALITÄTS-EINSTELLUNG > CUST BEARB/SPEICH bearbeiten.

TIPP 46 Dynamikerweiterung für JPEG-Shooter: Verwenden Sie die DR-Funktion und belichten Sie auf die Schatten!

Wenn Sie nicht nur RAWs, sondern auch JPEGs aus der Kamera verwenden möchten, kommt bei Motiven mit sehr großem Dynamikumfang die DR-Funktion der X100F ins Spiel. Wie Sie wissen, automatisiert die DR-Funktion einen zweistufigen Vorgang: zunächst eine knappere Belichtung (um helle Lichter zu retten) und anschließend eine Tonwertkorrektur im eingebauten RAW-Konverter, bei der die zu dunklen Schattenpartien und Mitteltöne wieder passend angehoben werden.

Wenn Sie diese Funktion ohne viel nachzudenken verwenden möchten, stellen Sie die Kamera einfach auf DR-Auto oder wählen manuell DR200% bzw. DR400%. Denken Sie daran, dass DR200% mindestens ISO 400 und DR400% mindestens ISO 800 benötigen. Wählen Sie also einen ausreichend hohen ISO-Wert oder – noch besser – stellen Sie die Kamera auf Auto-ISO ein. Auf diese Weise kann die X100F selbst einen zur jeweiligen DR-Einstellung passenden ISO-Wert auswählen.

Wenn Sie nicht raten oder schätzen wollen, welche DR-Einstellung für ein bestimmtes Motiv richtig ist, können Sie die DR-Funktion mit etwas mehr Aufwand auch feinjustieren. Dabei ermitteln Sie zunächst den Umfang der benötigten Dynamikerweiterung und wählen dann dazu passend entweder DR200% oder DR400% aus.

Gehen Sie folgendermaßen vor:

- Stellen Sie DR100% ein und belichten Sie zunächst auf die bildwichtigen Lichter. Korrigieren Sie die Belichtung mit dem Belichtungskorrekturrad so, dass helle Bildbereiche im Live-Histogramm und Live-View *nicht* ausfressen. Achten Sie darauf, dass sich am rechten Rand des Live-Histogramms kein abgeschnittenes Gebirge auftürmt. Diese Methode kennen Sie bereits, wenn Sie als RAW-Shooter kontrastreiche Motive aufnehmen und dabei die Lichter schützen wollen.

- In einem zweiten Schritt korrigieren Sie die soeben ermittelte Belichtung nun erneut mit dem Belichtungskorrekturrad – jetzt aber nach oben, und zwar so weit, dass Schatten und Mitteltöne mit der von Ihnen gewünschten Helligkeit dargestellt werden. Zählen Sie dabei die für diese Korrektur benötigten Klicks am Belichtungskorrekturrad: Ein bis drei Klicks bedeuten, dass Sie für Ihre Aufnahme maximal eine Blendenstufe zusätzliche Lichterdynamik benötigen, also von DR100% auf DR200% umschalten sollten. Mehr als drei Klicks bedeuten, dass Sie mehr als eine Blendenstufe zusätzliche Lichterdynamik benötigen und folglich von DR100% zu DR400% wechseln sollten.

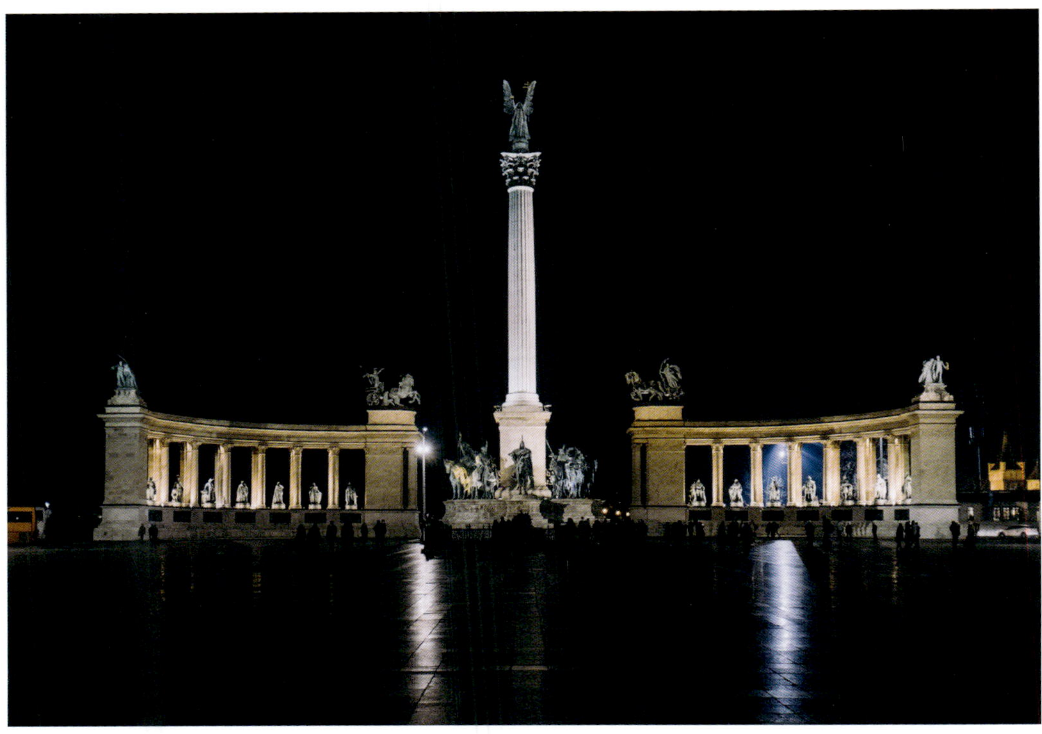

Abbildung 33: Bei Nachtszenen mit großem Dynamikumfang empfiehlt sich eine feste Einstellung auf DR400%, um Farben und Zeichnung heller Lichter zu bewahren.

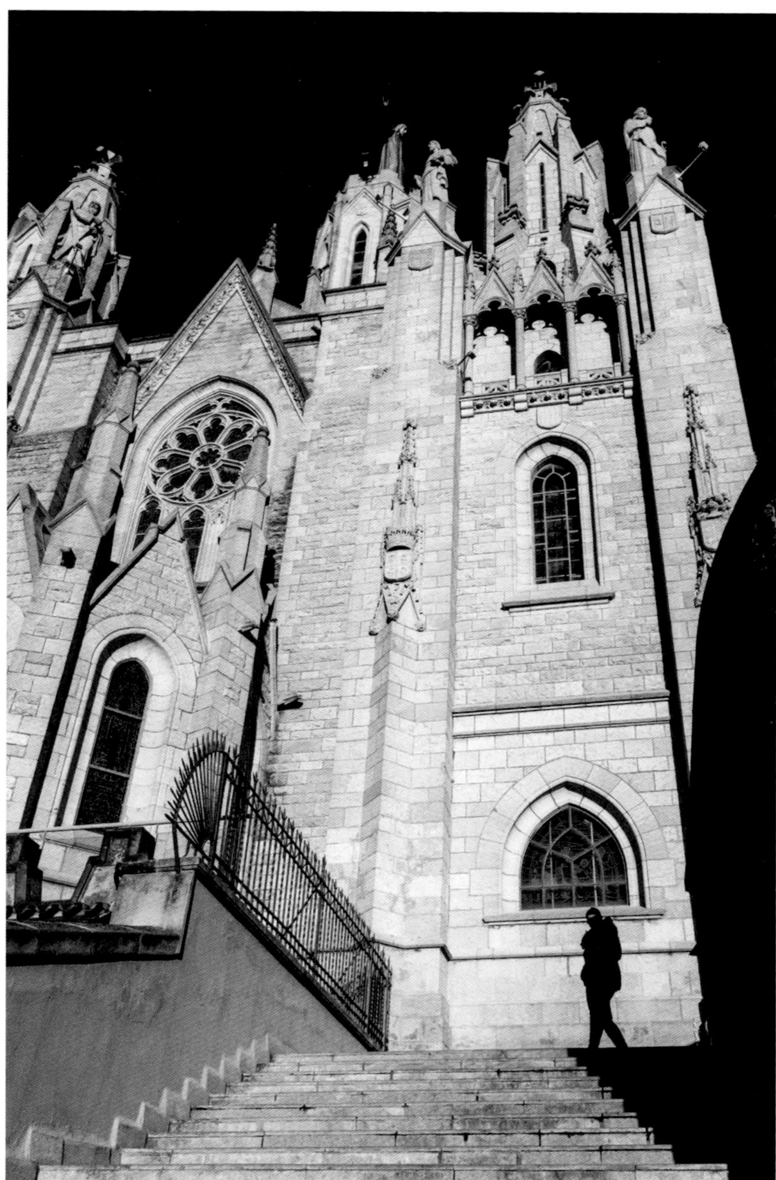

Abbildung 34: Andererseits gibt es kontrastreiche Situationen, in denen Sie die Belichtung auf die hellen Bildbereiche abstimmen möchten, **um den Kontrast zu maximieren.** In solchen Fällen ist es sinnvoll, DR100% auszuwählen und auf die Lichter zu belichten.

Die obigen Beispiele illustrieren, dass es sich bei DR-Auto um einen »dummen« Modus handelt, denn woher soll die Kamera auch wissen, was der Fotograf im Schilde führt? DR-Auto hätte sich in beiden Bildsituationen aufgrund des hohen Kontrastumfangs der Szene für DR200% entschieden – und damit in beiden Fällen falsch gelegen. Wenn Sie faule Kompromisse vermeiden wollen, ist es also besser, den Dynamikumfang selber einzustellen.

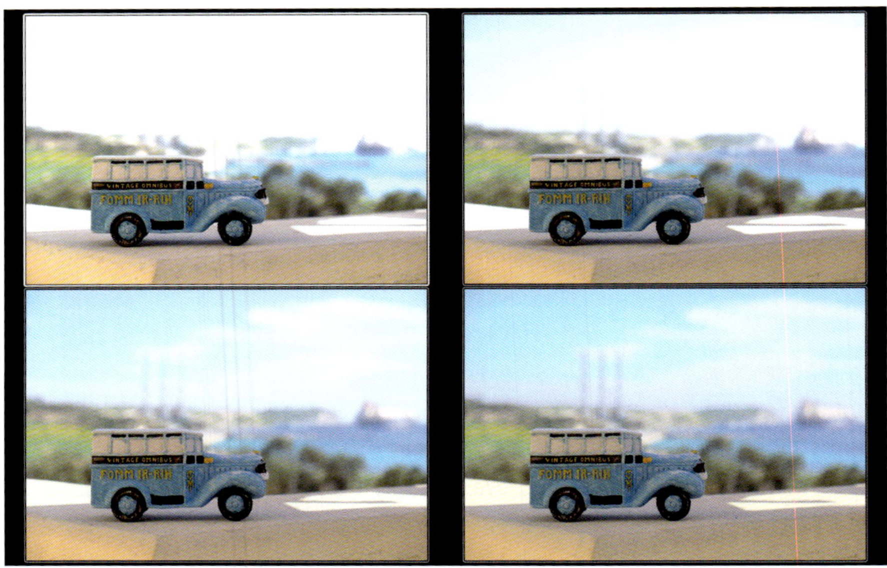

Abbildung 35: **Dynamikeinstellungen im Vergleich:** Links oben sehen Sie unser Testmotiv mit ISO 100, was praktisch einer DR-Einstellung von DR50% entspricht. Die Lichterdynamik ist sehr eingeschränkt, weite Teile des Motivs sind ausgefressen.

Das Beispiel rechts oben zeigt das Motiv mit ISO 200 (und damit DR100%). Hier ist etwas mehr Lichterdynamik vorhanden, trotzdem sind weite Teile des Himmels ohne Struktur.

Links unten sehen Sie die Testaufnahme mit DR200% und ISO 400. Die zusätzliche Blendenstufe Lichterdynamik macht sich hier bereits sehr positiv bemerkbar.

Rechts unten sehen Sie das Motiv mit DR400% und ISO 800, was gegenüber DR100% zwei Blendenstufen mehr Lichterdynamik bringt. Hier sind nun alle Bildbereiche sauber durchgezeichnet und es treten keine Farbverschiebungen mehr auf.

Wichtig: *Die X100F simuliert die Wirkung manuell erweiterter Dynamikeinstellungen (DR200%, DR400%) normalerweise im Live-View und Live-Histogramm. Eine automatische Dynamikerweiterung via DR-Auto wird hingegen* nicht *im Live-View simuliert, stattdessen sehen Sie ein DR100%-Sucherbild und -Histogramm auch dann, wenn sich die Kamera letztlich für DR200% entscheidet.*

Bei ISO 100 wiederum zeigen Live-View und Live-Histogramm den Dynamikumfang von ISO 200 an, unterschlagen also den Verlust von einer Blendenstufe Lichterdynamik. Erst wenn Sie den Auslöser halb durchdrücken, stimmt die Bildvorschau wieder, in diesem Stadium steht jedoch kein Histogramm mehr zur Verfügung.

High-Key- und Porträt-Fotografie mit der DR-Funktion — TIPP 47

Unter High-Key-Fotografie [35] versteht man Aufnahmen, deren Tonwerte vor allem die rechte Hälfte des Histogramms besetzen. Technisch kann man solche Aufnahmen dadurch erzielen, dass man die Szene hell und gleichförmig (also mit geringen Kontrastunterschieden) ausleuchtet und sie dann mit der Kamera um eine bis zwei Blendenstufen überbelichtet. Das Ergebnis sind helle Bilder mit fröhlichen, luftigen Farben. Die Technik wird gerne in der Produkt- und Werbefotografie eingesetzt. Auch Schwarz-Weiß-Aufnahmen sind mit High-Key selbstverständlich möglich, und auch in diesem Fall belegen die Tonwerte dann überwiegend die rechte Histogrammhälfte.

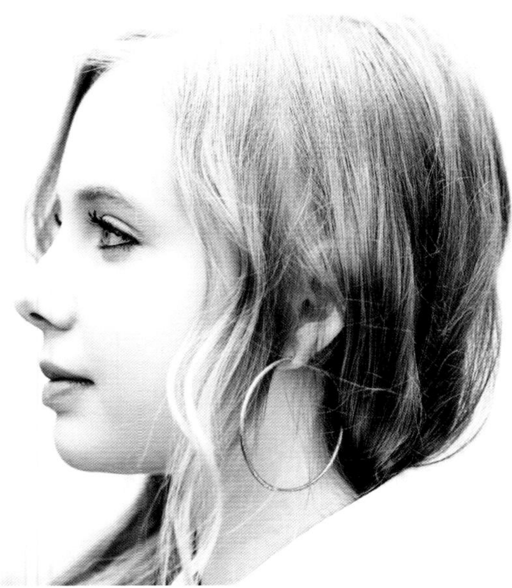

Abbildung 36: Beispiel für eine **High-Key-Aufnahme**, für die das Model bei stark bedecktem Himmel (= gleichförmiges weiches Licht) vor einer hellen Hauswand abgelichtet wurde. Aufgrund des geringen Kontrastumfangs der Szene konnte die Aufnahme mit ISO 200 und DR100% gemacht werden, ohne dass die reichliche Belichtung zu ausgefressenen Partien führte.

Normalerweise braucht High-Key-Fotografie passende Lichtverhältnisse, denn ist der Kontrastumfang einer Szene zu groß, führt die Überbelichtung von ein bis zwei Blendenstufen dazu, dass besonders helle Bildbereiche ausfressen.

In einem solchen Fall hat man zwei Möglichkeiten: Entweder man verringert den Kontrastumfang der Szene mithilfe eigener Leuchtmittel (etwa einer Blitzanlage), oder man führt bei der RAW-Bearbeitung eine Tonwertkorrektur durch, die dunkle und mittelhelle Bildbereiche nachträglich aufhellt und dabei die hellsten Bildbereiche schützt.

Die zweite Option steht uns dank der DR-Funktion auch in der Kamera zur Verfügung, sodass wir JPEGs mit High-Key-Look auch ohne weitere Hilfsmittel direkt in der Kamera erzeugen können.

So geht's:

- Stellen Sie die Kamera in den manuellen Belichtungsmodus M und deaktivieren Sie Auto-ISO. Blende, Belichtungszeit und ISO werden also von Hand eingestellt. Stellen Sie außerdem den Dynamikumfang zunächst auf DR100% ein.
- Belichten Sie Ihre (zu) kontrastreiche Szene wie gewohnt auf die Lichter, also auf die hellsten Bildpartien, die nicht ausfressen sollen. Dabei helfen Ihnen wie immer der Live-View und das Live-Histogramm. Stellen Sie Blende, Belichtungszeit und ISO entsprechend dieser Belichtung ein und machen Sie zur Sicherheit eine Testaufnahme.
- Verdoppeln Sie nun Ihre ISO-Einstellung (zum Beispiel von ISO 200 auf ISO 400) und stellen Sie parallel dazu den Dynamikumfang von DR100% auf DR200% um. Blende und Belichtungszeit lassen Sie dabei jedoch unverändert!
- Machen Sie die Aufnahme mit den neuen Einstellungen und betrachten Sie das High-Key-Ergebnis mit der Wiedergabefunktion.

Für die von der Kamera aufgezeichneten RAW-Daten macht es keinen Unterschied, ob Sie eine Aufnahme zum Beispiel mit ISO 200, DR100%, f/5.6 und 1/1000 s machen oder mit ISO 400, DR200%, f/5.6 und 1/1000 s. Auch ISO 800, DR400%, f/5.6 und 1/1000 s führt in diesem Beispiel zu exakt denselben RAW-Daten, solange sich die aufgenommene Szene nicht verändert. Die Unterschiede zeigen sich jedoch in den von der Kamera ausgegebenen JPEGs, die in den Schatten und mittelhellen Bereichen deutlich heller werden (High-Key), ohne dass die hellsten Bildbereiche dabei jedoch ausfressen.

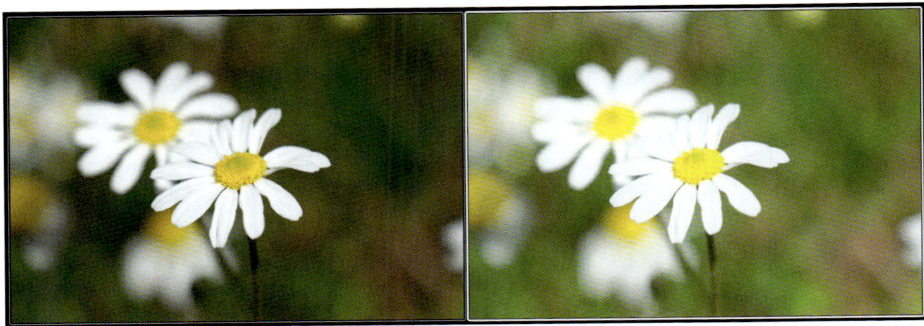

Abbildung 37: **Die DR-Funktion als virtuelles High-Key-Studio:** Links sehen Sie eine regulär mit ISO 200, DR100%, f/5.6 und 1/1000 s belichtete Aufnahme einer Blume. Die Belichtung wurde so gewählt, dass die weißen Blütenblätter gerade noch Struktur aufweisen. Das rechte Bild zeigt dieselbe Aufnahme mit ISO 400, DR200%, f/5.6 und 1/1000 s. Während sich die RAW-Daten der beiden Aufnahmen nicht voneinander unterscheiden, erzielt man mit der ISO 400/DR200%-Version den gewünschten High-Key-Look, ohne dass die hellen Motivbereiche (in diesem Fall die weißen Blütenblätter) im resultierenden JPEG ausfressen. Die Kombination aus verdoppelter ISO- und parallel dazu verdoppelter DR-Einstellung (unter Beibehaltung aller anderen Belichtungsparameter) verschiebt das Histogramm der Aufnahme nach rechts, jedoch ohne die Lichter abzuschneiden – die Tonalität der Lichter wird stattdessen komprimiert. Sie können solche Ergebnisse mit dem eingebauten RAW-Konverter auch nachträglich feinabstimmen, etwa indem Sie den Lichterkontrast (TON LICHTER) reduzieren. Außerdem können Sie aus einer zum Beispiel mit ISO 400/DR200% gemachten High-Key-Aufnahme im eingebauten RAW-Konverter jederzeit ein »reguläres« JPEG mit ISO 200/DR100% generieren, indem Sie das RAW mit PULL –1 EV und DR100% in der Kamera neu entwickeln.

Diese Tonwertkompression kann man auch bei Porträtaufnahmen verwenden, um harte Kontraste in Gesichtern auszugleichen, die mit einer einzelnen Lichtquelle (etwa der Sonne) gerne auftreten. Mit der beschriebenen High-Key-Technik können Sie etwa dunkle Augenhöhlen und Schatten unter der Nase aufhellen, ohne dass die hellen Hautpartien dabei ausfressen. Gleichzeitig reduziert die Tonwertkompression sichtbare Unreinheiten in den hellen Hautpartien.

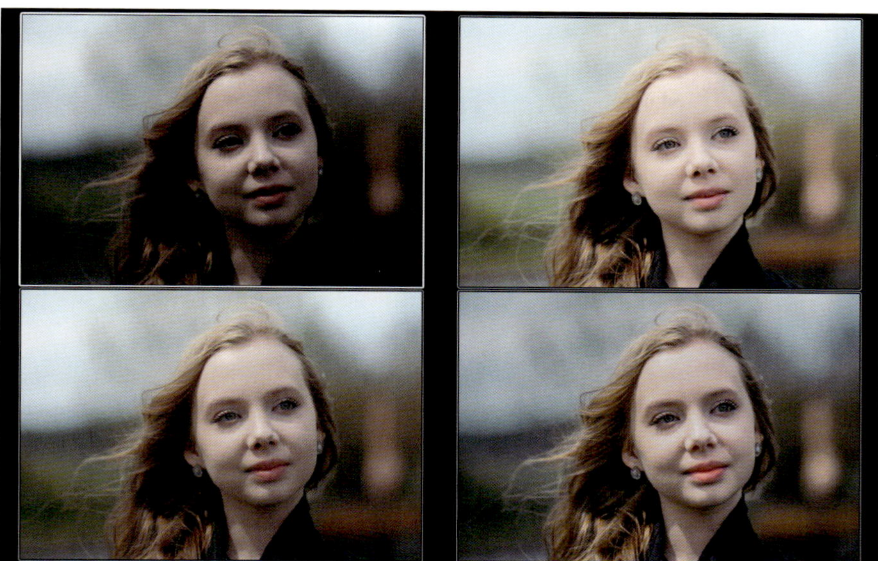

Abbildung 38: Der **High-Key-Trick bei einem Porträt:** Dieses Beispiel zeigt eine absichtlich gewählte ungünstige Lichtsituationen mit starken Kontrasten in einem Gesicht.

Links oben sehen Sie ein JPEG mit der Filmsimulation CLASSIC CHROME, das mit ISO 200 auf die hellsten schützenswerten Bildpartien belichtet wurde, was jedoch dazu führt, dass die Augen »absaufen« und das Gesicht insgesamt zu dunkel ausfällt.

Rechts oben sehen Sie dieselbe Aufnahme, jedoch um zwei Blendenstufen heller und mit entsprechend erweiterter Lichterdynamik, also mit ISO 800 und DR400% (bei gleichbleibender Blende und Belichtungszeit). Außerdem wurde TON LICHTER –2 eingestellt, um die hellsten Hautpartien noch weiter zurückzunehmen. Die Augen sind bei dieser High-Key-Variante deutlich heller und die Schatten im Gesicht nahezu verschwunden.

Mit dem eingebauten RAW-Konverter können Sie in Ihrer X100F aus den RAW-Daten jederzeit auch eine »normalere« Version Ihrer Aufnahme erzeugen. Links unten sehen Sie eine solche Variante mit PULL –1 (aus ISO 800 wird so effektiv ISO 400) und dementsprechend nur noch DR200% (um den Pull zu kompensieren). Außerdem SCHATTIER. TON –2 (für hellere Schatten) und TON LICHTER –1 (um die hellsten Hauttöne etwas zurückzunehmen).

Alternativ können Sie RAW-Datei auch ganz nach Ihrem Geschmack extern entwickeln, wie das mit Adobe Lightroom erstellte Beispiel rechts unten illustriert.

TIPP 48 HDR-Aufnahmen mit der X100F

Eine beliebte Methode, um Motive mit sehr hohem Kontrastumfang abzubilden, ist die HDR-Fotografie. HDR [36] steht für »High Dynamic Range«: Dabei werden mehrere unterschiedlich belichtete Einzelbilder eines Motivs aufgenommen und diese anschließend zu einem einzigen Bild mit erweitertem Dynamikumfang verschmolzen.

Zahlreiche Kameras und Smartphones besitzen mittlerweile eine eingebaute HDR-Funktion, die dieses Verfahren automatisiert. Die X100F zählt nicht zu diesen Kameras, Sie müssen die unterschiedlich belichteten Einzelbilder also selber am PC mit einem passenden Programm verschmelzen. Beliebte HDR-Programme sind zum Beispiel Photomatix Pro von HDRsoft. Auch Adobe Lightroom verfügt über eine leistungsstarke HDR-Funktion.

In diesem Tipp geht es darum, wie Sie eine HDR-taugliche Belichtungsreihe – den Input für ein HDR-Programm – mit Ihrer X100F erzeugen können.

In der Regel benötigt man für HDR-Zwecke mindestens zwei unterschiedlich belichtete Aufnahmen eines Motivs. Einige Fotografen gehen weiter und belichten fünf oder mehr Varianten. Mit der X100F können Sie mit wenigen Arbeitsschritten sogar eine Belichtungsreihe aus neun Aufnahmen erstellen.

Bereiten Sie Ihre Kamera zunächst folgendermaßen vor:

- Setzen Sie die X100F auf ein stabiles Stativ oder eine entsprechend feste Unterlage.
- Schließen Sie einen Fernauslöser an oder stellen Sie den Selbstauslöser auf zwei Sekunden ein.
- Verwenden Sie den Belichtungsmodus A (Zeitautomatik).
- Stellen Sie einen möglichst niedrigen festen ISO-Wert (zum Beispiel ISO 200) ein. Verwenden Sie jedoch nicht ISO 100.
- Schalten Sie die Dynamikerweiterung der Kamera aus und wählen Sie stattdessen DR100%.

- Wählen Sie eine geeignete Blende vor und fokussieren Sie dann manuell. Auf diese Weise wird sichergestellt, dass alle neun Aufnahmen der Belichtungsreihe genau gleich fokussiert sind.
- Wählen Sie mit der DRIVE-Taste die Option AUTO-BELICHTUNGS-SERIE mit einer Varianz von ±1 EV aus.
- Verwenden Sie am besten die Integralmessung.

Nach dieser Vorbereitung können Sie nun eine Belichtungsreihe mit neun unterschiedlich belichteten Aufnahmen erzeugen. Gehen Sie dazu wie folgt vor:

- Stellen Sie das Belichtungskorrekturrad auf 0 (neutrale Stellung) und drücken Sie den Auslöser. Verwenden Sie dabei einen Fern- oder den Selbstauslöser mit zwei Sekunden Verzögerung, um Erschütterungen zu vermeiden. Die Kamera macht nun in schneller Folge die ersten drei Aufnahmen der Belichtungsreihe: 0 EV, –1 EV und +1 EV.
- Stellen Sie das Belichtungskorrekturrad auf –3 EV und drücken Sie erneut den Auslöser. Die Kamera erstellt nun Aufnahmen mit –3 EV, –2 EV und –4 EV Belichtungskorrektur.
- Stellen Sie das Belichtungskorrekturrad im letzten Schritt auf +3 EV ein. Wenn Sie nun den Auslöser drücken, erhalten Sie drei weitere Aufnahmen, diesmal mit Korrekturen von +3 EV, +4 EV und +2 EV.

Sie haben nun neun Aufnahmen mit einem zusätzlichen Belichtungsumfang von ±4 EV erstellt, die Sie im HDR-Programm Ihrer Wahl miteinander verschmelzen können.

Bitte beachten Sie, dass die maximale Belichtungsdauer der Belichtungsautomatik 30 Sekunden beträgt. Die Belichtungszeit der Basisbelichtung (0 EV Korrektur) sollte deshalb nicht länger als zwei Sekunden sein.

Wenn Sie für Aufnahmen längere Belichtungszeiten als 30 Sekunden benötigen, können Sie hierfür den manuellen Modus M mit der Bulb-Einstellung (B) am Belichtungszeitwahlrad verwenden.

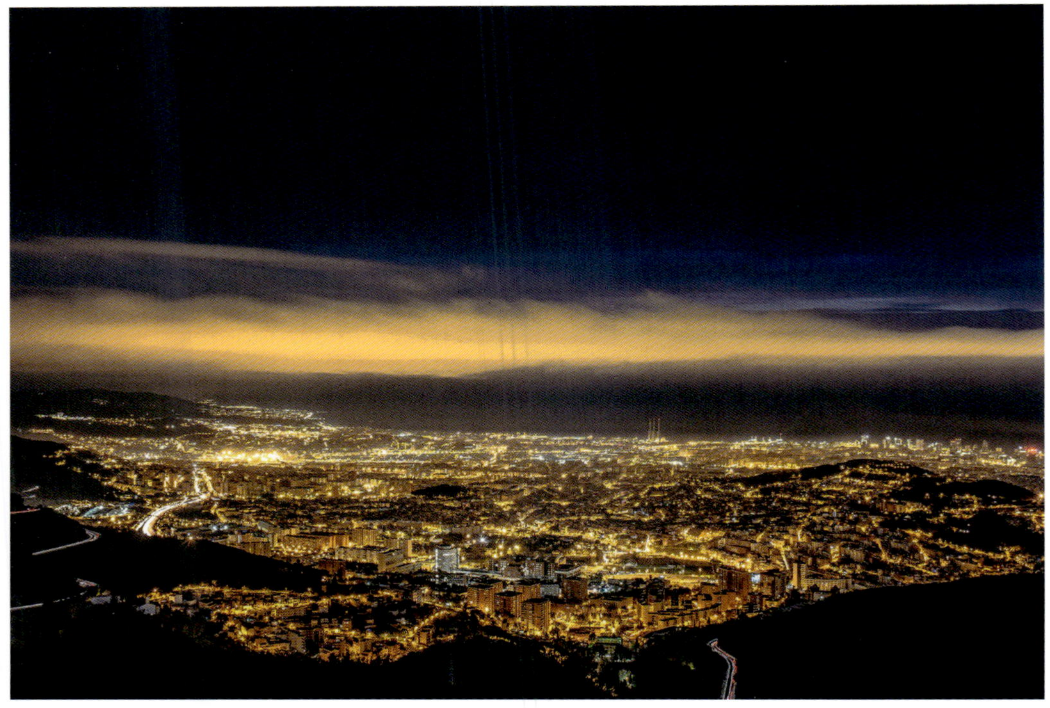

Abbildung 39: Diese **HDR-Aufnahme** besteht aus drei unterschiedlich belichteten RAW-Dateien, die in Adobe Lightroom zu einem HDR-DNG verschmolzen und entwickelt wurden.

TIPP 49 HDR für Ungeduldige

Dank des ISO-losen Sensors in der X100F können Sie HDR-Aufnahmen effektiv auch aus der Hand machen. Sie brauchen dafür allerdings eine aktuelle Version von Adobe Lightroom oder Adobe Camera RAW, um zwei oder drei unterschiedlich belichtete RAW-Dateien aus der X100F zu einer HDR-DNG-Datei verrechnen lassen zu können.

Beginnen wir mit den Voreinstellungen:

- Verwenden Sie den Belichtungsmodus A (Zeitautomatik).

- Stellen Sie einen möglichst niedrigen festen ISO-Wert (zum Beispiel ISO 200) ein. Verwenden Sie jedoch nicht ISO 100.
- Schalten Sie die Dynamikerweiterung der Kamera aus und wählen Sie stattdessen DR100%.
- Wählen Sie eine geeignete Blende vor.
- Wählen Sie mit der DRIVE-Taste die Option AUTO-BELICHTUNGS-SERIE mit einer Varianz von ±2 EV aus.
- Verwenden Sie am besten die gutmütige Integralmessung.
- Stellen Sie die »JPEG-Einstellungen für RAW-Shooter« ein, also FILM-SIMULATION > PRO NEG. STD, SCHATTIER. TON −2 und TON LICHTER −2.
- Wählen Sie EINRICHTUNG > TASTEN/RAD-EINSTELLUNG > AE/AF LOCK MODUS > AE/AF-L EIN/AUS und stellen Sie sicher, dass die AE-L/AF-L-Taste als NUR AE SPERRE konfiguriert ist.

So machen Sie die HDR-Aufnahmen:

- Belichten Sie auf die Lichter! Stellen Sie die Belichtung mithilfe des Belichtungskorrekturrades also so ein, dass im Live-View und Live-Histogramm keine Lichter ausgefressen erscheinen. Merken Sie sich die am Ende angezeigte Verschlusszeit.
- Speichern Sie die soeben ermittelte Belichtung mit der AE-L-Taste, ohne dabei den Bildausschnitt zu verändern. Die nun gespeicherte und angezeigte Verschlusszeit sollte dem zuvor angezeigten Wert entsprechen.
- Korrigieren Sie die gespeicherte Belichtung mit dem Belichtungskorrekturrad nun um 2 EV (= sechs Klicks am Korrekturrad) nach oben.
- Fokussieren Sie und drücken Sie den Auslöser. Halten Sie die Kamera dabei besonders ruhig, um zwischen den Serienaufnahmen nicht den Bildausschnitt zu verändern. Die X100F macht nun in sehr schneller Folge drei Bracketing-Aufnahmen, von denen uns vor allem die beiden letzten Bilder interessieren. Diese liegen 4 EV auseinander.

- Laden Sie die beiden letzten (oder alle drei) Bilder aus Ihrer Belichtungsreihe als RAW-Dateien in Adobe Lightroom und verschmelzen Sie die Dateien dort mithilfe der HDR-Funktion des Programms zu einer HDR-DNG-Datei, die Sie anschließend entwickeln können.

Bei diesem Trick kombinieren wir verschiedene der in diesem Kapitel vorgestellten Funktionen und Techniken – von der Belichtungsreihe und Belichtungskorrektur bis zur AE-L-Taste. Indem wir Aufnahmen mit insgesamt 4 EV Belichtungsunterschied in schneller Serienbildgeschwindigkeit machen, gibt es zwischen den Bildern keine oder kaum Bewegungsunschärfe.

Die dunklere der beiden letzten Aufnahmen der Reihe ist dabei optimal auf die Lichter belichtet, während die hellere auf RAW-Ebene vier Blendenstufen weniger Motivrauschen (Shot Noise) aufweist. Da die Kamera selbst – aufgrund ihrer ISO-losen Sensoreigenschaften – wiederum nahezu kein Ausleserauschen (Read Noise) produziert, können wir das um 4 EV heller belichtete RAW bei der RAW-Konvertierung problemlos um weitere 3 EV aufhellen (praktisch ein Push von ISO 200 auf ISO 1600), ohne dass es dabei zu nennenswerten Störungen kommt. Insgesamt gewinnen wir gegenüber einer einzelnen (auf die Lichter belichteten) Aufnahme also bis zu 7 EV zusätzlichen Dynamikumfang. Das reicht für nahezu alle denkbaren Motive aus – und wir können bequem aus der Hand belichten, solange die Belichtungszeit der helleren der beiden um 4 EV auseinanderliegenden Aufnahmen nicht zu Verwackelungsunschärfe führt.

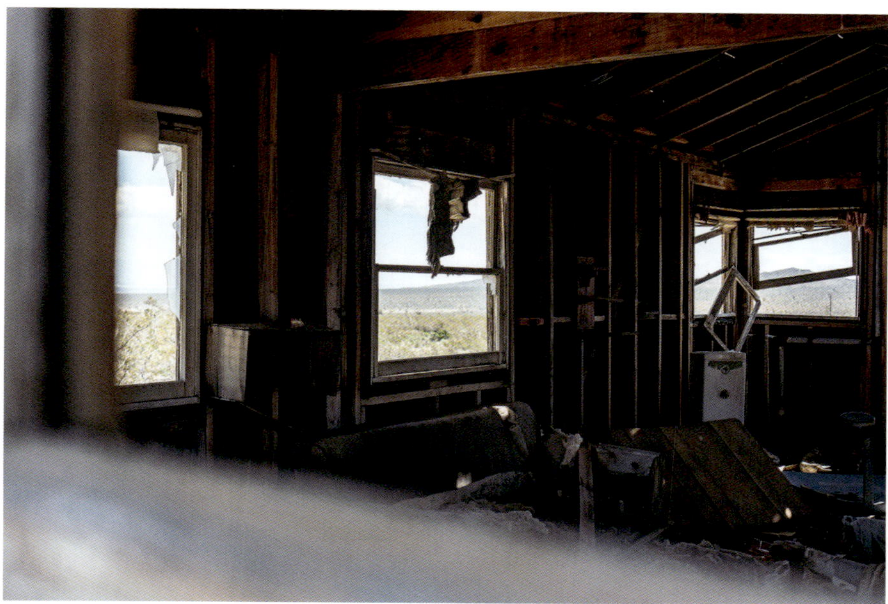

Abbildung 40: Dieses **aus der Hand fotografierte HDR-Bild** besteht aus dem Originalbild und einer zusätzlichen Aufnahme, die um 4 EV länger belichtet wurde. Wenn Sie die RAW-Dateien mit Lightroom zu einer HDR-DNG-Datei zusammenfassen und dabei die gleichen Einstellungen anwenden wie für eine normale RAW-Datei, sieht das Ergebnis in den Schatten sauber und rauscharm aus, mit feiner Textur und ohne Tonwertabrisse.

Der elektronische Verschluss — TIPP 50

Der elektronische Verschluss der X100F ermöglicht ultrakurze Verschlusszeiten bis zu 1/32000 s. Das ist praktisch, wenn Sie bei gutem Licht mit Offenblende fotografieren und dabei gern auf den eingebauten Graufilter verzichten möchten.

Das Zusammenspiel zwischen dem mechanischen (MS = Mechanical Shutter) und dem elektronischen Verschluss (ES = Electronic Shutter) regelt die Einstellung AUFNAHME-EINSTELLUNG > AUSLÖSERTYP. Hier stehen drei Optionen zur Verfügung:

- **MS:** Dies ist die Standardeinstellung der Kamera, in der ausschließlich der mechanische Verschluss verwendet wird.
- **ES:** Mit dieser Einstellung schalten Sie die Kamera auf den elektronischen Verschluss um. Es stehen Belichtungszeiten zwischen 1 s und 1/32000 s sowie ISO-Einstellungen von 200 bis 12800 zur Verfügung. Mit dem elektronischen Verschluss kann nicht geblitzt werden.
- **MS+ES:** In diesem Modus kombiniert die Kamera beide Verschlusstypen und verwendet den elektronischen Verschluss automatisch dann, wenn Verschlusszeiten eingestellt wurden, die für den mechanischen Verschluss zu kurz sind. Blitzen ist innerhalb des Wirkungskreises des mechanischen Verschlusses weiterhin möglich, und der ISO-Bereich ist auf 200–12800 begrenzt.

Um mit dem elektronischen Verschluss Belichtungszeiten unter 1/4000 s einzustellen, wählen Sie am Belichtungszeitwahlrad 1/4000 s aus und drehen anschließend das hintere Einstellrad nach rechts. Alternativ können Sie das Belichtungszeitwahlrad auch auf **T** stellen und alle verfügbaren Verschlusszeiten mit dem hinteren Einstellrad in 1/3-EV-Schritten auswählen.

Bitte beachten Sie, dass der elektronische Verschluss selbst bei 1/32000 s gut 1/20 s benötigt, um die Bilddaten für den gesamten Sensor zu erfassen. Anders gesagt: Zwischen dem Erfassen des ersten und des letzten der gut 24 Mio. Sensorpixel verstreicht 1/20 s.

Dieser Effekt ist auch als Rolling Shutter [37] bekannt und führt unter anderem dazu, dass sich schnell bewegende Motive verzerrt erscheinen, wenn sie mit dem elektronischen Verschluss aufgenommen werden. Darüber hinaus kann es in Verbindung mit pulsierenden und flackernden Kunstlichtquellen zu unschönen Bildstörungen kommen. Der Rolling Shutter und die lange Auslesezeit sind auch dafür verantwortlich, dass der elektronische Verschluss nicht in Verbindung mit Blitzlicht verwendet werden kann.

Da der elektronische Verschluss vollkommen lautlos arbeitet, generiert die Kamera bei seiner Verwendung selbst ein Tongeräusch. Art und Lautstärke dieses künstlichen Auslösegeräuschs können Sie unter EINRICHTUNG > TON-EINSTELLUNG > AUSLÖSE-LAUTST. einstellen bzw. es dort auch ganz ausschalten.

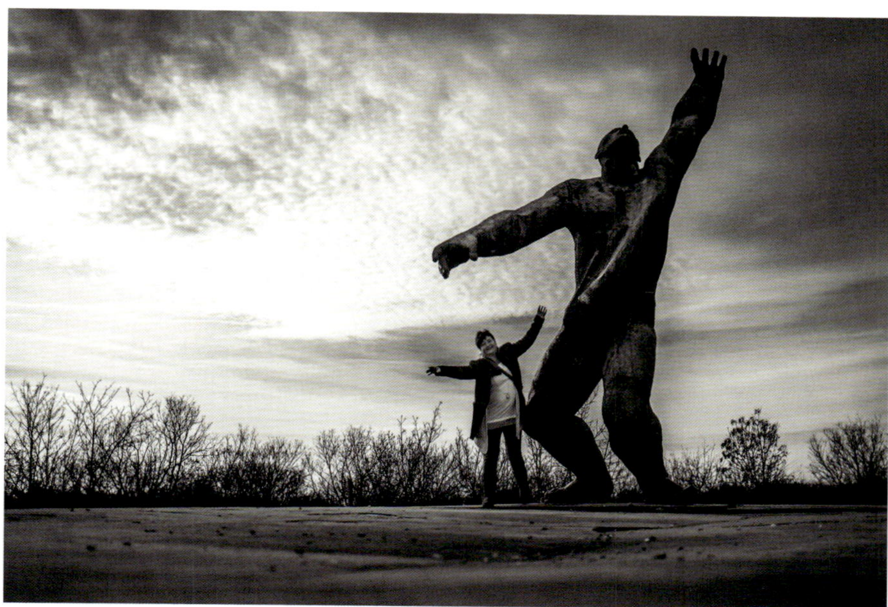

Abbildung 41: Der **elektronische Verschluss** ist eine praktische Option für Aufnahmen mit Offenblende unter hellen Lichtbedingungen, wo die kürzeste mechanische Verschlusszeit – wie in diesem Beispiel – nicht mehr ausreicht (f/2, 1/8000 s).

Der Zentralverschluss – Pro und Kontra

TIPP 51

Im Gegensatz zu den meisten DSLRs und spiegellosen Systemkameras, die auf Schlitzverschlussmechanismen basieren, verwendet die X100F einen im Objektiv eingebauten Zentralverschluss. Der Zentralverschluss unterscheidet sich in mehrfacher Hinsicht vom Schlitzverschluss:

- Der Zentralverschluss befindet sich im Objektiv ganz in der Nähe der Blende, und er arbeitet nahezu geräuschlos. Tatsächlich ist der Verschluss der X100F so leise, dass die Kamera einen künstlichen Auslöseton abgibt, der in EINRICHTUNG > TON-EINSTELLUNG > AUSLÖSE-LAUTST. ausgeschaltet werden kann. Zentralverschlusskameras wie die X100F eignen sich ideal für Situationen, in denen ein geräuscharmer Betrieb erforderlich ist, wie z. B. bei Zeremonien oder im Theater.

- Aufgrund ihres Aufbaus bieten Zentralverschlüsse keine so kurzen Verschlusszeiten wie moderne Schlitzverschlüsse. Bei der X100F hängt die kürzeste Verschlusszeit des mechanischen Verschlusses von der eingestellten Blende ab: Je offener die Blende, desto länger ist die kürzeste Verschlusszeit. Zwischen f/2 und f/2.8 liegt die kürzeste Verschlusszeit bei 1/1000s, zwischen f/3.2 und f/3.6 bei 1/1250 s, zwischen f/4 und f/6.4 bei 1/2000 s, für f/7.1 bei 1/2500 s und zwischen f/8 und f/16 bei 1/4000 s.

- Sie können manuell auch »illegale« mechanische Verschlusszeiten unterhalb des offiziellen Minimums in den Belichtungsmodi S und M einstellen. Die Kamera berücksichtigt diese Einstellungen und zeigt die Verschlusszeit in Rot an, was auf Probleme wie ein suboptimales Bokeh oder Ungenauigkeiten bei der Belichtung hinweist. In den Modi A und P verwendet die Kamera grundsätzlich keine mechanische Verschlusszeit, die kürzer als die kürzeste offizielle Verschlusszeit für die eingestellte Blende ist. In diesen Modi bedeutet die rot eingeblendete Verschlusszeit eine Überbelichtungswarnung.

- Wenn Ihre Belichtung eine Verschlusszeit erfordert, die unterhalb der kürzesten mechanischen Zeit für die eingestellte Blende liegt, können Sie entweder den elektronischen Verschluss verwenden (Verschlusstyp ES oder MS+ES) oder den eingebauten ND-Filter verwenden. Der ND-Filter reduziert das einfallende Licht um drei Blendenstufen (EV). Beispiel: Wenn Ihre Belichtung 1/4000 s bei f/2 und ISO 200 erfordert, ändert der Einsatz des ND-Filters diese Anforderung auf 1/500 s bei f/2 und ISO 200 – was komfortabel innerhalb der Grenzen des mechanischen Zentralverschlusses liegt.

- Im Gegensatz zum Schlitzverschluss kann der Zentralverschluss ein Blitzlicht auch mit sehr hoher Geschwindigkeit synchronisieren – ohne energieaufwendige High-Speed-Synchronisation (HSS). Sogar der winzige eingebaute Blitz Ihrer X100F kann perfekt mit bis zu 1/2000 s synchronisiert werden.

2.4 FOKUSSIEREN MIT DER X100F

CDAF, PDAF, Hybrid-AF? Das kann für Verwirrung sorgen. Die X100F verfügt über ein hybrides Autofokussystem, das CDAF und PDAF miteinander kombiniert:

- **CDAF** steht für Kontrastdetektions-AF und ist das Standardverfahren spiegelloser Kameras. CDAF steht über die gesamte Sensorfläche (91 bzw. 325 AF-Felder im Einzelpunkt-Modus bzw. 91 AF-Felder im Zonen- und Weit/Verfolgung-Modus) zur Verfügung und arbeitet sehr präzise, jedoch nicht immer besonders schnell.
- **PDAF** steht für Phasendetektions-AF und ist das Standardverfahren von Spiegelreflexkameras. PDAF wurde bei der X100F direkt auf dem Sensor realisiert und steht nur für die 49 (bzw. 169) zentralen AF-Felder zur Verfügung. Dieses Verfahren operiert sehr schnell und ist besonders gut geeignet, sich bewegende Objekte zu verfolgen und (etwa im Serienbildmodus) vorherzusagen, wie weit von der Kamera entfernt sich ein verfolgtes Objekt zum Zeitpunkt der nächsten Auslösung befinden wird.
- **Hybrid-AF** bedeutet, dass die X100F beide Verfahren (CDAF und PDAF) kombiniert und automatisch das zum Objektiv, zum Motiv, zu den Lichtverhältnissen und zu den Kameraeinstellungen passende Verfahren auswählt. Sie haben – sofern Sie eines der mittleren AF-Felder verwenden – als Benutzer keinen direkten Einfluss darauf, welches Verfahren wann zum Einsatz kommt. Bei den äußeren AF-Feldern wird stets das Kontrastdetektionsverfahren verwendet.

Merkmale von **CDAF und PDAF** — TIPP 52

Die beiden Autofokusverfahren Ihrer X100F weisen einige Merkmale auf, die Ihnen in der Fotopraxis nützlich sein könnten:

- Der CDAF fokussiert auf Flächen und arbeitet umso besser, je kontrastreicher die Fläche unter dem jeweils aktiven Autofokusfeld ist. Eine weiße oder schwarze Wand ist dafür nicht besonders gut geeignet, ein gemustertes Kleidungsstück dagegen umso besser. Der CDAF ermittelt den optimalen Schärfepunkt, indem er per Versuch/Irrtum die Entfernung mit dem maximalen Kontrast unter dem aktiven AF-Feld ermittelt. Der CDAF steuert die optimale Entfernung nicht direkt an, sondern schwingt sich sozusagen ein. Dies resultiert in einer erhöhten Objektivaktivität.

- Der PDAF fokussiert auf Kanten und reagiert besonders gut auf vertikale Linien (bzw. horizontale Linien, wenn Sie die Kamera hochkant halten). Im Gegensatz zum CDAF kann der PDAF die Entfernung zum Objekt direkt ermitteln und das Objektiv somit ohne Umweg auf die richtige Entfernung fahren.
- Beide Verfahren sind lichtabhängig: Sie funktionieren umso besser, je heller und kontrastreicher eine Szene ist. Somit bringt auch die Verwendung lichtstarker Objektive Vorteile mit sich, da die AF-Messung unter ungünstigen Verhältnissen bei Offenblende erfolgen und folglich mehr Licht auf den Sensor fallen kann. Außerdem arbeitet der CDAF bei großen Blenden und entsprechend geringerer Schärfentiefe genauer. Nicht nur die äußeren Lichtverhältnisse sind also wichtig, sondern auch, wie viel von diesem äußeren Licht das Objektiv letztlich zum Sensor durchlässt. Hierbei ist auch zu berücksichtigen, dass Objektive zum Rand hin grundsätzlich etwas dunkler werden (vignettieren), was dazu führt, dass der CDAF an den Bildrändern bei schlechtem Licht nicht so effektiv arbeitet wie im Zentrum. Der PDAF wiederum steht im Einzelpunkt-Modus nur bei den mittleren AF-Feldern zur Verfügung, während der CDAF sämtliche AF-Felder Ihrer Kamera abdeckt.

TIPP 53 AF-S oder AF-C?

Ihre X100F besitzt zwei grundlegende AF-Modi, die Sie an der Kameraseite auswählen können:

- **Mit AF-S (Einzelautofokus) fokussieren Sie auf statische Objekte**, die sich nicht bewegen. Sobald Sie den Auslöser halb durchdrücken, fokussiert die Kamera auf das Objekt innerhalb des aktiven Autofokusfelds und speichert diese Entfernung so lange, wie Sie den Auslöser halb durchgedrückt halten. Sie können dann entweder den Auslöser vollständig durchdrücken und eine Aufnahme mit dieser Entfernungseinstellung machen oder den Finger vom Auslöser nehmen und es erneut versuchen.

- **Mit AF-C (kontinuierlicher Autofokus) fokussieren Sie auf sich bewegende Objekte**, insbesondere solche, die sich auf die Kamera zu- oder von ihr wegbewegen, ihre Entfernung zur Kamera also kontinuierlich ändern. Sobald Sie den Auslöser halb durchdrücken, fokussiert die Kamera auf das Objekt innerhalb des aktiven Autofokusfelds und justiert die Entfernung zu dem sich bewegenden Objekt kontinuierlich nach. Das Live-View-Bild vermittelt dabei gerne den Eindruck, dass die Kamera andauernd auf der Suche ist, was Sie auch daran erkennen, dass der grüne AF-Bestätigungspunkt im linken unteren Eck des Live-View-Bildes unregelmäßig aufleuchtet. Dies ist jedoch in der Regel kein Problem, da die Kamera im Augenblick der Aufnahme (Auslöser ganz durchgedrückt) eine sehr gute Trefferquote erzielt. Bitte beachten Sie, dass eine effektive Objektverfolgung nur möglich ist, solange sich der zu verfolgende Motivbereich innerhalb des von Ihnen ausgewählten AF-Felds bzw. innerhalb der konfigurierten AF-Zone befindet. Beachten Sie außerdem, dass ein schneller prädiktiver Autofokus – also die Vorhersage der Objektentfernung im Augenblick der nächsten Auslösung – als PDAF-Funktion nur mit einem der zentralen AF-Felder möglich ist.

- Die Prädiktion ist vor allem bei Objekten wichtig, die sich schnell auf die Kamera zu- oder von ihr wegbewegen. Jede Kamera weist zwischen dem Durchdrücken des Auslösers und dem tatsächlichen Erstellen der Aufnahme eine technisch bedingte Zeitverzögerung auf, die der prädiktive Autofokus einkalkulieren kann. Die Kamera stellt also gar nicht auf das Objekt selbst scharf, sondern vielmehr auf die Entfernung, in der sich das Objekt in dem Moment befinden wird, wenn der Sensor das Bild nach dem Drücken des Auslösers (und der darauffolgenden Zeitverzögerung) tatsächlich aufzeichnet. Die Kamera blickt quasi in die Zukunft und stellt dem bewegten Objekt eine Fokusfalle. Prädiktion ist mit geringerer Leistung allerdings auch mit dem CDAF (und somit allen Autofokusfeldern) möglich.

- Während AF-C in der Regel mit der eingestellten Arbeitsblende fokussiert, kann AF-S die Blende zum Fokussieren bei Bedarf auch weiter öffnen und damit mehr Licht auf den Sensor lassen. Dadurch erhöht sich bei schlechten Lichtverhältnissen die AF-Leistung, gleichzeitig steigt durch die geringere Schärfentiefe der geöffneten Blende die Fokussiergenauigkeit.

TIPP 54 AF-Modi: EINZELPUNKT, ZONE oder WEIT/VERFOLGUNG?

Unter AF/MF-EINSTELLUNG > AF MODUS (oder alternativ auch im Quick-Menü) haben Sie die Wahl zwischen den AF-Modi EINZELPUNKT, ZONE und WEIT/VERFOLGUNG:

- Die Option EINZELPUNKT ist die von mir empfohlene Einstellung für die meisten Aufnahmesituationen. Hier wählen Sie selbst das passende AF-Feld aus. Dabei sollten Sie nach Möglichkeit nicht nur mit dem zentralen Feld und der von früher bekannten »Fokussieren und Verschwenken«-Methode vorgehen, sondern vielmehr zuerst den gewünschten Bildausschnitt der Aufnahme bestimmen und anschließend ein Autofokusfeld auswählen, das sich über dem Bereich befindet, auf den Sie scharfstellen möchten. Auf diese Weise vermeiden Sie Fokusfehler, die sich beim nachträglichen Verschwenken der Fokusebene unweigerlich einschleichen würden. Der AF-Modus EINZELPUNKT kann zusammen mit AF-S (Einzelautofokus) und AF-C (kontinuierlicher Autofokus) verwendet werden.

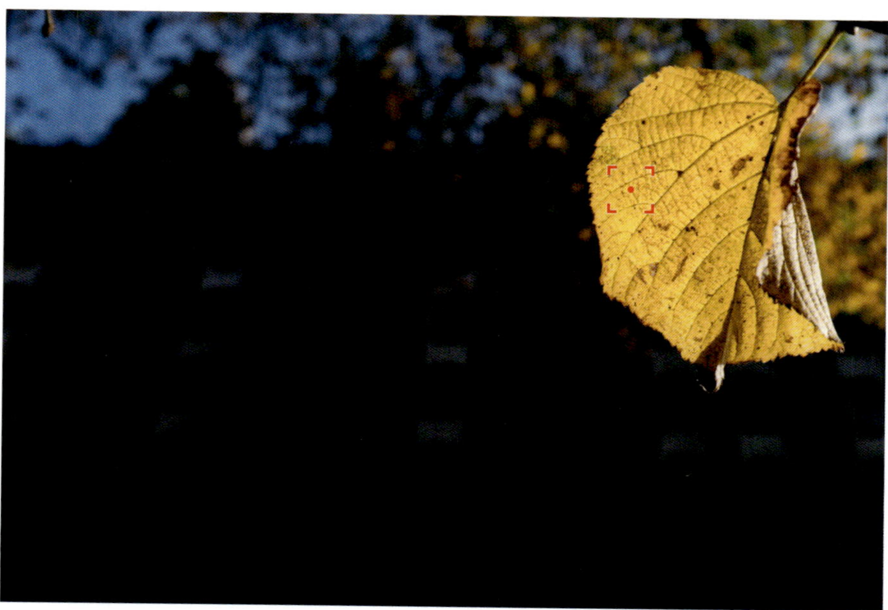

Abbildung 42: Bei **Aufnahmen mit geringer Schärfentiefe** führt nachträgliches Verschwenken oft zu unscharfen Ergebnissen. Legen Sie den Bildausschnitt stattdessen vorher fest und verschieben Sie das aktive AF-Feld anschließend im Modus EINZELPUNKT möglichst genau an die Stelle, auf die Ihre X100F scharfstellen soll.

- Sie können sich den Modus ZONE als Erweiterung des EINZELPUNKT-Modus vorstellen. Eine Zone ist quasi ein besonders großes Autofokusfeld, das sich aus mehreren kleineren AF-Punkten zusammensetzt. Zonen sind in drei Größen verfügbar, die entweder 3 × 3, 5 × 5 oder 7 × 7 aus jeweils insgesamt 91 verfügbaren AF-Punkten abdecken. Zonen können wie einzelne AF-Felder innerhalb des Bildfelds bewegt werden. Ihre Größe erleichtert außerdem das Zielen auf sich bewegende Objekte. Im Modus ZONE fokussiert die Kamera dabei zunächst auf das mit einem Fadenkreuz markierte Zentrum der gewählten Zone und erweitert die Suche dann bei Bedarf bis zum Zonenrand – so lange, bis ein Ziel gefunden wurde. Auch der Modus ZONE kann wahlweise in Kombination mit AF-S (für stationäre Motive) oder mit AF-C (für sich bewegende Motive) verwendet werden.

- Mit der Option WEIT/VERFOLGUNG in Kombination mit AF-S wählt die Kamera automatisch bis zu neun von insgesamt 91 verfügbaren AF-Feldern aus dem gesamten Bildfeld aus, die sie für geeignet hält. Dabei handelt es sich keineswegs immer um den Bereich, auf den der Fotograf scharfstellen möchte. Vielmehr erhalten Sie ein mehr oder weniger zufälliges Ergebnis, das darauf basiert, dass die Kamera das Bildfeld analysiert und anschließend geeignete AF-Felder über einem besonders kontrastreichen Bereich auswählt. Für die meisten ernsthaften Anwendungen kommt WEIT/VERFOLGUNG in Kombination mit AF-S somit nicht infrage. Das ändert sich, sobald man WEIT/VERFOLGUNG mit dem kontinuierlichen Autofokus AF-C kombiniert: Diese Kombination bietet nämlich echtes »3D-Tracking«, also das automatische Verfolgen von Objekten, die sich nicht nur auf die Kamera zu oder von ihr wegbewegen, sondern auch von Bewegungen nach links/rechts oder oben/unten innerhalb des gesamten Bildfeldes. Damit das funktioniert, stellen Sie die Kamera auf AF-C und WEIT/VERFOLGUNG ein und wählen dann einen der 91 verfügbaren AF-Punkte aus. Um mit der Objektverfolgung zu beginnen, muss der ausgewählte AF-Punkt das zu verfolgende Objekt in dem Moment abdecken, wenn Sie den Auslöser halb durchdrücken. Solange Sie den Auslöser nun halb gedrückt halten, wird die Kamera das ausgewählte Objekt mit einem Schwarm von AF-Feldern verfolgen, während es sich im Bildfeld bewegt.

TIPP 55 Auswahl eines Autofokusfelds oder einer AF-Zone

Die X100F stellt zwei Methoden bereit, um im Modus EINZELPUNKT eines der 91 bzw. 325 verfügbaren AF-Felder auszuwählen oder eine ZONE zu verschieben: eine indirekte und eine direkte.

- Bei der *indirekten* Methode drücken Sie *zuerst* die als AF-Taste definierte Fn-Taste, um *dann* mithilfe der Richtungstasten das gewünschte AF-Feld auszuwählen oder eine Zone zu verschieben. Da die X100F über keine fest vorgegebene AF-Taste verfügt, müssen Sie diese Funktion einer der Fn-Tasten zuweisen. Halten Sie dazu die gewünschte Fn-Taste einfach so lange gedrückt, bis das Fn-Konfigurationsmenü erscheint, und wählen Sie dort FOKUSSIERBEREICH.

- Bei der *direkten* Methode verschieben Sie das Fokusfeld oder die Fokuszone mithilfe des Fokus-Sticks direkt in acht Richtungen. Wenn Sie den Fokus-Stick drücken, hat dies außerdem dieselbe Wirkung wie das Drücken der AF-Taste. Damit das Ganze wie beschrieben funktioniert, muss die FOKUSHEBEL-EINSTELLUNG auf AN stehen. Um in das entsprechende Konfigurationsmenü zu gelangen, drücken und halten Sie den Fokus-Stick so lange, bis das Menü erscheint.

Auswahl der passenden **AF-Feldgröße und AF-Zonengröße** TIPP 56

Der Autofokus der X100F stellt Ihnen im Einzelpunkt-Modus fünf verschiedene AF-Feldgrößen zur Auswahl (ein zukünftiges Firmware-Update könnte evtl. noch eine sechste, besonders kleine Feldgröße bringen). Standardmäßig ist die mittlere Feldgröße eingestellt, Sie können das AF-Feld also um jeweils zwei Stufen verkleinern oder vergrößern, indem Sie nach dem Drücken der AF-Taste oder des Fokus-Sticks an einem der beiden Einstellräder drehen.

Die AF-Feldgröße beeinflusst die Effektivität von PDAF und CDAF in gleicher Weise, ist also für alle 91 (bzw. 325) AF-Felder relevant. Es gilt die folgende Grundregel:

Machen Sie das AF-Feld so groß wie möglich und so klein wie nötig.

Warum? Die AF-Feldgröße wirkt sich auf die AF-Leistung Ihrer Kamera folgendermaßen aus:

- Mit zunehmender Feldgröße steigt die Chance, dass die Kamera bei schlechten Licht- und Kontrastverhältnissen ein Ziel findet und erfolgreich fokussiert.
- Mit zunehmender Feldgröße steigt außerdem die Chance, dass die Kamera mit ihren zentralen AF-Feldern den schnellen PDAF verwenden kann und nicht zum langsameren CDAF greifen muss.

- Mit abnehmender Feldgröße steigt die Autofokus-Zielgenauigkeit. Mit einem kleinen Feld können Sie präziser steuern, auf welchen Teil Ihres Motivs scharfgestellt werden soll. Vermeiden Sie in jedem Fall Feldgrößen, die größer sind als der zu fokussierende Motivbereich.

Daraus folgt: Um möglichst präzise zu fokussieren, bevorzugen wir kleine AF-Felder. Um andererseits möglichst schnell und sicher zu fokussieren, bevorzugen wir ein großes AF-Feld. Deshalb stellen wir das AF-Feld so klein wie nötig und so groß wie möglich ein, um eine Fehlfokussierung auszuschließen.

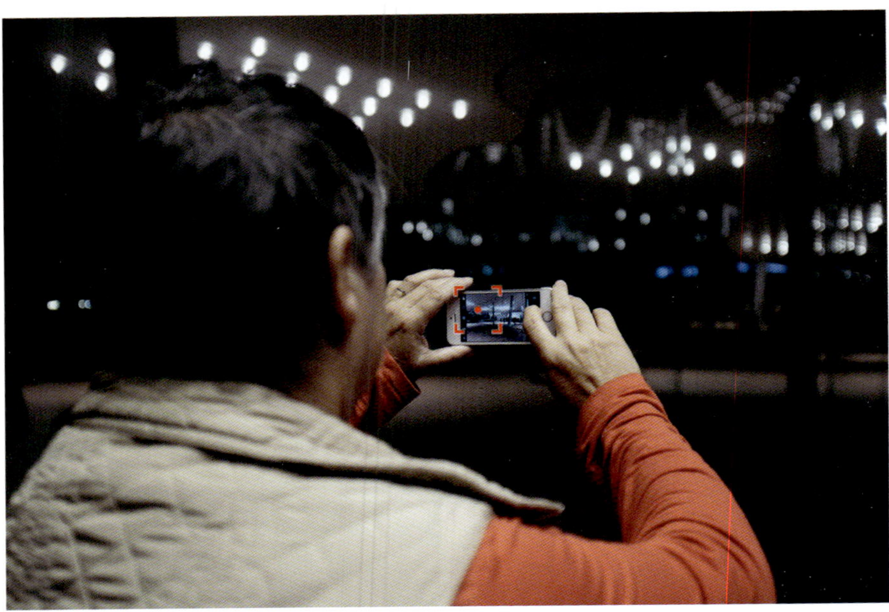

Abbildung 43: Um punktgenau zu fokussieren, ist die **Auswahl eines kleinen AF-Felds** Pflicht.

Analog hierzu können Sie auch die Größe von AF-Zonen anpassen, indem Sie die AF-Taste oder den AF-Stick drücken und das Einstellrad anschließend nach links oder rechts drehen, um die Zonengröße zu variieren. Sie haben die Auswahl zwischen Zonen, die 3 × 3 (Standardgröße), 5 × 5 oder 7 × 7 aus insgesamt 91 AF-Punkten umfassen.

Da wir uns AF-Zonen als besonders große AF-Felder vorstellen können, gelten für sie auch dieselben Regeln: Größere Zonen sind bequemer und fokussieren potenziell schneller, arbeiten dabei jedoch gegebenenfalls unpräziser.

Bitte denken Sie daran, dass der schnellere PDAF nur dann verfügbar ist, wenn die ausgewählte Zone nicht über die mittlere 7 × 7-AF-Punktematrix hinausgeht. Sobald eine Zone ein AF-Feld ohne PDAF-Unterstützung umfasst, schaltet der Autofokus der Kamera auf den langsameren CDAF um.

Wie können wir erkennen, welche AF-Punkte den PDAF unterstützen und welche nur den CDAF? Das ist zum Glück ganz einfach: Die mittleren (49 bzw. 169) AF-Punkte, die den PDAF unterstützen, sind mit größeren Quadraten markiert als die restlichen, sie umgebenden Punkte, die nur den CDAF unterstützen.

Manueller Fokus und Schärfentiefe-Zonenfokussierung — TIPP 57

Manchmal möchten Sie das Scharfstellen selbst übernehmen, etwa um …

- eine Fokusfalle zu stellen oder
- hyperfokale Distanzen einzustellen.

Stellen Sie den Fokuswahlschalter an der Kameraseite auf »M«, um den manuellen Fokus (MF) einzuschalten. Die Kamera stellt Ihnen nun verschiedene Fokushilfen zur Verfügung, die Sie größtenteils auch miteinander kombinieren können:

- eine Sucherlupe mit zwei Vergrößerungsstufen
- zwei Fokusassistenten: Focus Peaking in zwei Stufen mit den Farboptionen Weiß, Rot und Blau sowie ein digitales Schnittbild
- eine Entfernungsanzeige mit einer Schärfentiefe-Skala, die zwei Darstellungsmodi anbietet: PIXAL-BASIS und FILMFORMAT-BASIS
- Instant-AF (Autofokus im MF-Modus durch Drücken der AE-L/AF-L-Taste)

Die digitale Entfernungsanzeige kann Ihnen zusammen mit der digitalen Schärfentiefe-Skala helfen, eine Schärfezone zu definieren. Objekte innerhalb dieses Entfernungsbereichs werden (sofern in AF/MF-EINSTELLUNG > TIEFENSCHÄRFESKALA die Option PIXEL-BASIS ausgewählt wurde) auch noch in der 100 %-Ansicht scharf dargestellt. Bitte verwechseln Sie die manuell eingestellte Schärfentiefe-Zone nicht mit dem Autofokusmodus ZONE. Es handelt sich hier trotz der ähnlich klingenden Begriffe um zwei ganz verschiedene Dinge.

Hier ein Beispiel für die Zonenfokussierung: Sie stellen die Entfernung auf fünf Meter ein und blenden das Objektiv dann so weit ab (ca. Blende 11), dass die Schärfentiefe-Skala einen Bereich von vier bis zehn Metern abdeckt. Alles, was sich innerhalb dieses Entfernungsbereichs (der »Zone«) abspielt, wird im Bildergebnis ungefähr gleich scharf erscheinen. Sie müssen nur noch sicherstellen, dass sich Ihr Motiv in dieser Entfernungszone aufhält, und im richtigen Moment den Auslöser betätigen.

Ein Sonderfall der Zonenfokussierung ist die Einstellung der hyperfokalen Distanz [38]. Dies ist die Entfernung, die Sie bei einer bestimmten vorgewählten Blende einstellen müssen, damit sich die Schärfentiefe gerade noch bis ins Unendliche ausdehnt. Auch hier kann Ihnen die Schärfentiefe-Skala Ihrer Kamera wertvolle Dienste leisten: So liegt die hyperfokale Distanz der X100F mit dem 19-mm-Weitwinkelkonverter WCL-X100(II) und Blende 16 bei ca. fünf Metern. Mit einer manuellen Entfernungseinstellung auf fünf Meter erhalten Sie also die für Blende 16 größtmögliche Schärfentiefe von etwa drei Metern bis unendlich.

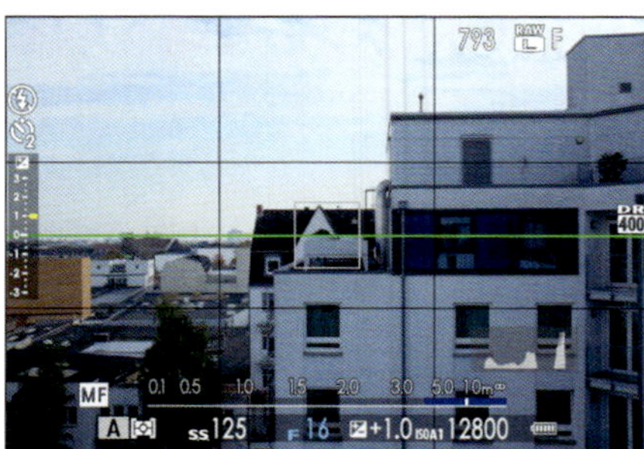

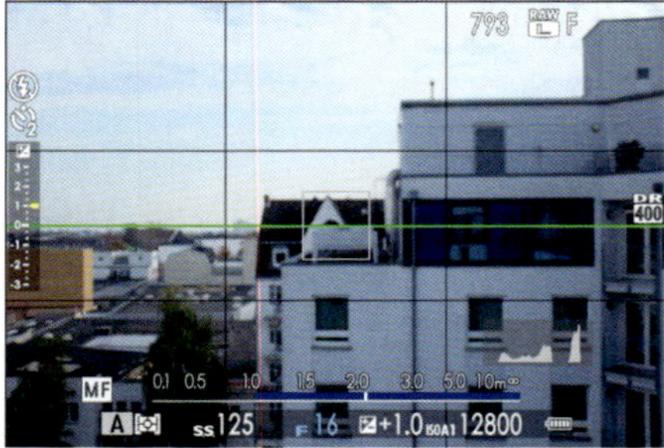

Abbildung 44: Einstellen der **hyperfokalen Distanz** mithilfe der elektronischen Schärfentiefe-Skala: Anstatt direkt auf eine bestimmte Entfernung zu fokussieren, wird der Schärfentiefe-Balken so eingestellt, dass er rechts gerade an ∞ anstößt. Auf diese Weise ergibt sich die hyperfokale Distanz mit der für die jeweils eingestellte Blende größtmöglichen Schärfentiefe. Die Abbildung zeigt die hyperfokale Distanz für das eingebaute 23-mm-F2-Objektiv bei Blende 16, jeweils mit den Einstellungen PIXEL-BASIS (links) und FILMFORMAT-BASIS (rechts).

Bitte beachten Sie, dass Schärfentiefe keine feste Größe ist. Zum einen ändert sie sich schleichend, es gibt also keinen harten Übergang zwischen scharfen und unscharfen Bereichen. Zum anderen ist die Schärfentiefe abhängig vom sogenannten Zerstreuungskreis [39], auf dessen Grundlage sie berechnet wird. Fujifilm verwendet für die elektronische Schärfentiefe-Skala im Modus PIXEL-BASIS einen sehr konservativen Zerstreuungskreis, basierend auf dem Auflösungsvermögen des Sensors. Die elektronische Schärfentiefe-Skala zeigt also eine Zone an, innerhalb derer die Schärfe so groß ist wie das Auflösungsvermögen des Sensors, sodass man auch bei einer 100 %-Ansicht der Aufnahme innerhalb dieser Schärfentiefe-Zone keinen Schärfeabfall feststellen wird.

Fokusassistenten: Focus Peaking und digitales Schnittbild — TIPP 58

Die X100F verfügt über zwei Fokusassistenten, die das Scharfstellen im MF-Modus erleichtern können:

- **Focus Peaking** hebt die Kantenkontraste in den scharf abgebildeten Bereichen an. Diese Methode ist besonders bei lichtstarken Objektiven hilfreich.
- **Digitales Schnittbild** simuliert mithilfe der PDAF-Pixel der Kamera den Schnittbildindikator analoger MF-Kameras und eignet sich deshalb besonders für Motive mit vertikalen Linien (bzw. horizontalen Linien, wenn Sie die Kamera hochkant halten). Der bei aktiviertem digitalen Schnittbild im Sucher dargestellte Schnittbildbereich entspricht dem Sensorbereich, der im AF-Modus für den schnellen PDAF nutzbar ist.

Um rasch und ohne Abtauchen ins Kameramenü zwischen der Standarddarstellung und den beiden Assistenzmodi zu wechseln, halten Sie das hintere Einstellrad im MF-Modus jeweils einige Sekunden lang gedrückt.

Ein kurzes Video, das die Fokushilfen in Aktion demonstriert, können Sie sich im Internet [40] ansehen.

TIPP 59 Verwenden Sie die **Sucherlupe**!

Die Sucherlupe hilft Ihnen im AF-S/EINZELPUNKT-Modus sowie im MF-Modus beim punktgenauen Fokussieren. Drücken Sie hierzu das hintere Einstellrad. Sie können anschließend am hinteren Einstellrad drehen, um eine der beiden verfügbaren Vergrößerungsstufen auszuwählen.

Sie können die Sucherlupe mit den Fokusassistenten »Focus Peaking« und »digitales Schnittbild« kombinieren, wobei für das digitale Schnittbild nur eine Vergrößerungsstufe zur Verfügung steht.

Ist AF/MF-EINSTELLUNG > FOKUSKONTROLLE > AN ausgewählt, wird die Sucherlupe im MF-Modus automatisch aktiviert, sobald Sie am Fokusring des Objektivs drehen. Sie können die vergrößerte Darstellung jederzeit wieder durch Antippen des Auslösers deaktivieren.

Wie im Einzelpunkt-AF-Modus stehen Ihnen auch im MF-Modus 91 bzw. 325 Auswahlfelder zur Verfügung – drücken Sie hierzu wie gewohnt die AF-Taste oder den Fokus-Stick und wählen den gewünschten Ausschnitt mit den Richtungstasten oder dem Stick aus.

TIPP 60 **Instant-AF** (Sofort-AF)

Mit Instant-AF (manchmal auch Sofort-AF genannt) können Sie auch im MF-Modus automatisch fokussieren. Drücken Sie dazu einfach die AE-L/AF-L-Taste. Die Kamera fokussiert nun mit Offenblende auf das jeweils ausgewählte Fokusfeld, dessen Größe wie üblich eine Rolle spielt.

Instant-AF arbeitet besonders präzise, ist allerdings auch etwas langsamer als der »normale« Autofokus. Da es sich jedoch um eine Fokushilfe für das manuelle Scharfstellen handelt, ist das nicht weiter von Bedeutung.

Instant-AF ist insofern ausgesprochen nützlich, als man ihn hervorragend mit der konventionellen manuellen Fokussierung kombinieren kann: Mit einem kurzen Druck der AE-L/AF-L-Taste fokussiert die Kamera auf das mit dem aktiven Fokusfeld anvisierte Objekt. Anschließend können Sie mit dem Fokusring und den bekannten Fokushilfen (Sucherlupe, Focus Peaking, digitales Schnittbild) die Scharfeinstellung feinjustieren.

Normalerweise setzt man Instant-AF in Kombination mit AF-S ein. Sie können Instant-AF jedoch auch als AF-C verwenden, indem Sie AF/MF-EINSTELLUNG. > EINST. SOFORT-AF > AF-C auswählen. Mit dieser Einstellung fokussiert die Kamera im MF-Modus so lange auf ein sich bewegendes Objekt unter dem gerade aktiven Fokusfeld, wie Sie die AE-L/AF-L-Taste gedrückt halten. Da Instant-AF-C im Gegensatz zum normalen AF-C mit der Offenblende des Objektivs anstatt der eingestellten Arbeitsblende fokussiert, eignet sich diese Methode gut für sich bewegende Motive bei schwachem Licht, etwa bei der Konzert- oder Bühnenfotografie: Halten Sie dabei die AE-L/AF-L-Taste zum kontinuierlichen Fokussieren gedrückt, während Sie im richtigen Moment den Auslöser betätigen.

Arbeiten mit **AF+MF** — TIPP 61

Mit AF+MF können Sie wie gewohnt automatisch fokussieren, den Fokus anschließend jedoch sofort manuell anpassen und nachjustieren, indem Sie am Fokusring des Objektivs drehen, während Sie den Auslöser halb durchgedrückt halten. Wählen Sie AF/MF-EINSTELLUNG > AF+MF > AN, um die Funktion nutzen zu können. AF+MF steht an der X100F ausschließlich im AF-S-Modus zur Verfügung.

So geht's:

- Fokussieren Sie wie gewohnt mit AF-S, indem Sie den Auslöser halb durchdrücken.
- Sobald der Autofokus ein Ziel gefunden (grüne Bestätigung) oder nicht gefunden (rote AF-Warnung) hat, können Sie den Fokus *manuell* einstellen oder nachjustieren, indem Sie am Fokusring des Objektivs drehen, während Sie den Auslöser weiterhin halb durchgedrückt halten. Dabei steht Ihnen (wenn eingeschaltet) auch Focus Peaking zur Verfügung. Sie können außerdem die automatische Sucherlupe benutzen (AF/MF-EINSTELLUNG > FOKUSKONTROLLE > AN), die jedoch nur zur Verfügung steht, wenn AF-S zusammen mit dem Modus EINZELPUNKT verwendet wird. Dabei können Sie die Vergrößerung wie gewohnt zweistufig ändern, indem Sie am hinteren Einstellrad drehen. Um die Lupe manuell ein- und

auszuschalten, drücken Sie das hintere Einstellrad. Dies wohlgemerkt alles, während Sie den Auslöser halb durchgedrückt halten – was unter Umständen etwas motorisches Geschick erfordert.

- Wenn Sie mit Ihrer manuellen Fokuseinstellung zufrieden sind, können Sie den Auslöser ganz durchdrücken und die Aufnahme machen.

AF+MF hat drei wesentliche Einsatzbereiche:

- **Manuelles Fokussieren in Situationen, bei denen der Autofokus versagt:** Anstatt mit einem Wechsel von AF-S zu MF Zeit zu verlieren, können Sie ohne Umschweife manuell nachregeln, wenn der Autofokus in einer Situation sein Ziel verfehlt.
- **Nachjustieren der Autofokuseinstellung:** In manchen Situationen kann es notwendig werden, den Autofokus manuell nachzujustieren.
- **Verschieben der Schärfentiefe-Zone oder Einstellen der hyperfokalen Distanz:** Mit AF+MF können Sie die Schärfentiefe-Zone schnell nach vorne oder hinten verschieben, wobei Ihnen die digitale Entfernungs- und Schärfentiefe-Anzeige gute Dienste leistet. Auf diese Weise können Sie zum Beispiel auch rasch die hyperfokale Distanz einstellen, indem Sie das rechte Ende des blauen Schärfentiefe-Balkens mit dem Fokusring so weit verschieben, dass es die Markierung für unendlich berührt.

Auf den ersten Blick mag die MF-Komponente von AF+MF so aussehen wie eine reguläre manuelle Fokussierung, doch dieser Eindruck täuscht. Der »echte« manuelle Fokus arbeitet schließlich immer mit Offenblende, während die manuelle Nachjustierung bei AF+MF stets mit der gewählten Arbeitsblende erfolgt.

Aus diesem Grund zeigt auch der EVF/LCD-Bildschirm ein Live-View-Bild mit der endgültigen Schärfentiefe der Aufnahme an, was wiederum bedeutet, dass Focus Peaking bei stärker abgeblendeten Objektiven einen größeren Bereich der Szene als »scharf« markiert. Dies wiederum kann ein punktgenaues manuelles Scharfstellen erschweren.

Pre-AF – ein Relikt aus der Vergangenheit

TIPP 62

Mit Pre-AF machen Sie die AF-C-Funktionalität älterer Fujifilm-Kameras wie der X-Pro1 (= Modelle ohne PDAF und Motivverfolgung) auch in der X100F verfügbar. Dabei fokussiert die eingeschaltete Kamera fortwährend auf das unter dem aktiven Autofokusfeld befindliche Motiv – also auch dann, wenn Sie den Auslöser noch *nicht* halb durchdrücken.

Pre-AF verbraucht viel Energie (der Objektivmotor ist ständig in Betrieb), kann jedoch für kürzere Verstellwege und damit für eine schnellere AF-Reaktionszeit sorgen. Gerade wenn Sie Action fotografieren und es auf jeden Sekundenbruchteil ankommt, kann Pre-AF also Zeit sparen und einen Vorteil bieten. Normalerweise schalte ich diese Option (AF/MF-EINSTELLUNG > PRE-AF) jedoch auf AUS.

Fokussieren und Belichten mit der automatischen Gesichts- und Augenerkennung

TIPP 63

Die Gesichtserkennung in der X100F ist sowohl ein Autofokusmodus- als auch ein eigener Modus für die Belichtungsmessung. Sogar der automatische Weißabgleich wird angepasst. Die Gesichtserkennung (AF/MF-EINSTELLUNG > GES./AUGEN-ERKENN.-EINST.) erfüllt somit folgende Aufgaben:

- Die Kamera erkennt ein oder mehrere im Bild verteilte Gesichter, wählt automatisch eines dieser Gesichter aus und stellt den Fokus schließlich – sobald Sie den Auslöser halb durchdrücken, bei aktiviertem Pre-AF auch schon vorher – auf das ausgewählte Gesicht ein. Bei mehreren erkannten Gesichtern wählt die X100F dabei bevorzugt jenes mit einem grünen Rahmen aus, das der Bildmitte am nächsten liegt. Die restlichen erkannten Gesichter werden mit einem weißen Rahmen markiert.
- Die Kamera arbeitet bei aktiver Gesichtserkennung mit einer speziellen Variante der gewichteten Mehrfeldbelichtungsmessung, die auf das ausgewählte Gesicht belichtet, sodass die Hauttöne eine attraktive Helligkeit erhalten. Darüber hinaus kann die Gesichtserkennung auch den automatischen Weißabgleich beeinflussen, um die Hauttöne zu optimieren.

Sie sehen: Die Gesichtserkennung ist Segen und Fluch zugleich. Einerseits ist sie ein Segen, weil sie im Erfolgsfall sauber auf das richtige Gesicht scharfstellt und dabei auch noch die Belichtungsmessung entsprechend gewichtet. Andererseits ein Fluch, weil bei einem *nicht* erkannten Gesicht nicht nur der Fokus manchmal in die Hose geht; auch die Belichtung kann sich unerwartet ändern.

Die gute Nachricht: Meistens funktioniert die Gesichtserkennung ausgezeichnet und erkennt sogar Personen, die der Kamera nur ihr Profil zeigen. Die schlechte Nachricht: Manchmal lässt sie sich verwirren (etwa von tief sitzenden Brillen).

- Bei Serienbildaufnahmen sollten Sie auf die Gesichtserkennung verzichten, da zwischenzeitlich nicht erkannte Gesichter die Belichtungsmessung beeinflussen, sodass die Serie nicht mehr konsistent belichtet wird.
- Wenn Sie vermeiden möchten, dass eine erfolgreiche bzw. nicht erfolgreiche Gesichtserkennung die Belichtung unerwartet beeinflusst, fotografieren Sie bei aktiver Gesichtserkennung am besten im manuellen Belichtungsmodus M.
- Bei aktivierter Gesichtserkennung verwendet die Kamera das komplette Sensorfeld, sodass der PDAF und seine optimierte Prädiktion nicht zur Verfügung stehen. Das AF-C-Tracking arbeitet in Kombination mit der Gesichtserkennung also nur mit halber Kraft. Für sich schnell auf die Kamera zubewegende Personen (etwa einen Sportler oder ein rennendes Kind) ist die Gesichtserkennung folglich nicht die erste Wahl. Verwenden Sie hier lieber den herkömmlichen AF-C-Modus mit einem der zentralen PDAF-Felder oder eine passende AF-Zone.
- Spotmessung, mittenbetonte Messung und Integralmessung stehen bei aktivierter Gesichtserkennung nicht mehr zur Verfügung. Die Kamera schaltet vielmehr automatisch auf eine besondere Variante der Mehrfeldmessung um.
- Findet die Gesichtserkennung kein Gesicht im Bild, so schaltet die Kamera automatisch in den regulären AF-Modus zurück: EINZELPUNKT, ZONE oder WEIT/VERFOLGUNG. Auch die Belichtungsmessung entspricht in diesem Fall dann wieder der regulären Mehrfeldmessung.

- AF-Lock steht bei eingeschalteter Gesichtserkennung nicht mehr zur Verfügung.
- Im MF-Modus steht die Gesichtserkennung nicht zur Verfügung.
- Die Gesichtserkennung kann auch über das Quick-Menü oder eine entsprechend belegte Funktionstaste (Fn) ein- und ausgeschaltet werden. Ich selbst habe bei meiner Kamera die untere Richtungstaste des Steuerkreuzes mit dieser Funktion belegt.

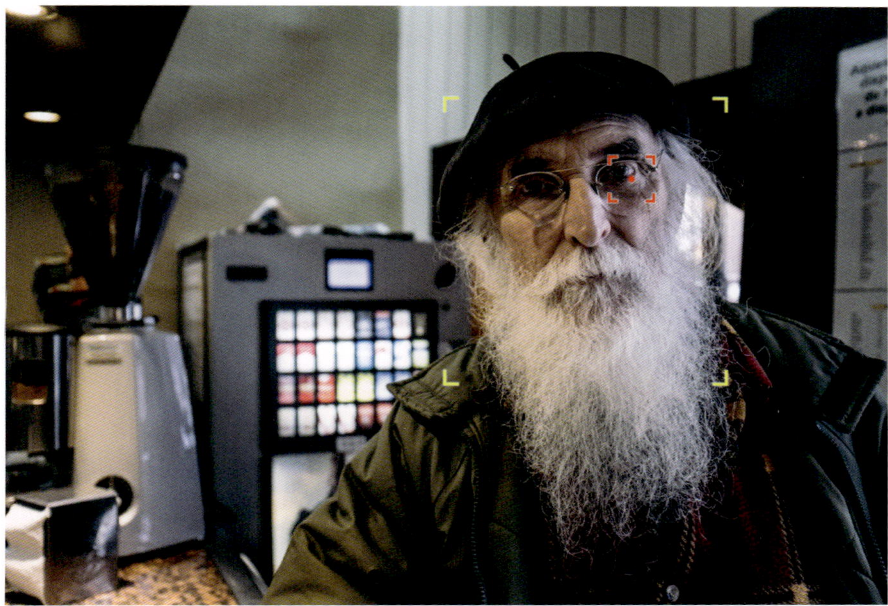

Abbildung 45: Die **Gesichtserkennung** eignet sich besonders gut für statische Motive mit einer oder mehreren Personen, die ihr Gesicht der Kamera zuwenden. Bewegen sich die Personen hingegen schnell auf die Kamera zu, sollten Sie besser auf den Tracking-Autofokus (AF-C) ohne Gesichtserkennung zurückgreifen und eins der zentralen AF-Felder bzw. eine geeignete AF-Zone verwenden.

Die X100F verbessert die Gesichtserkennung mit einer zuschaltbaren Augenerkennung, die nur im AF-S-Modus verfügbar ist. Um sie einzuschalten, wählen Sie im Menü für die Gesichtserkennung, ob die Kamera das linke oder rechte Auge des Motivs priorisieren soll. Ich persönlich überlasse dies gerne der Kamera und wähle hier deshalb die Einstellung GESICHT

EIN/AUGE AUTO, mit der die Gesichtserkennung automatisch auf das der Kamera zugewandte Auge fokussiert. Wählen Sie GESICHT EIN/AUGE AUS, um die Augenerkennung im Rahmen der Gesichtserkennung auszuschalten.

Im Sucherbild wird ein erkanntes Auge durch ein zusätzliches kleines Kästchen markiert. Ich halte es für ratsam, die Augenerkennung immer eingeschaltet zu lassen. Bitte vergessen Sie nicht, dass sie nur im Modus AF-S funktioniert.

TIPP 64 Fotografieren mit **AF-Lock**

In den Modi AF-S und AF-C fokussiert AF-Lock die Kamera und speichert das Ergebnis ab. Sie können über die Kamerakonfiguration im Einstellungsmenü (EINRICHTUNG > TASTEN/RAD-EINSTELLUNG > AE/AF LOCK MODUS) festlegen, ob AF-Lock so lange wirken soll, wie Sie die AF-L-Taste gedrückt halten (WENN GEDR), oder ob die Taste als Umschalter für die Funktion fungieren soll (EIN/AUS), was stets meine eigene Einstellung ist. Außerdem müssen Sie eine Funktionstaste der Kamera mit AF-Lock belegen, typischerweise die AE-L/AF-L-Taste. Halten Sie hierzu die DISP/BACK-Taste so lange gedrückt, bis die Konfigurationsseite für die Fn-Tasten erscheint, und wählen Sie dort AEL/AFL > NUR AF SPERRE.

Ist AF-Lock aktiv, führt die Kamera beim halben oder vollständigen Drücken des Auslösers keine neue Schärfeeinstellung durch, sondern fokussiert mit der zuvor gespeicherten Entfernung. Das ist beispielsweise dann praktisch, wenn Sie mehrere Aufnahmen eines statischen Motivs hintereinander machen, die perfekte Fokussierung jedoch nur einmal einstellen möchten. Mit AF-Lock entkoppeln Sie den Fokusvorgang von der Belichtungsmessung: Solange AF-Lock aktiv ist, führt die Kamera beim halben Durchdrücken des Auslösers nur noch die Belichtungsmessung durch.

Analog dazu können Sie mit **AE-Lock** die Belichtungsmessung separat durchführen, sodass der halb durchgedrückte Auslöser nur noch für die Fokussierung sorgt. Sie können AE-L und AF-L auch kombinieren – in diesem Fall sorgt das halbe Durchdrücken des Auslösers nur noch dafür, dass die Kamera die Arbeitsblende einstellt und sich für die Aufnahme bereit macht.

Fokussieren bei schwachem Licht

TIPP 65

Nachts sind alle Katzen grau. Im übertragenen Sinne gilt das auch für digitale Kameras: Bei schlechten Lichtverhältnissen schwinden die Kontraste, sodass es dem Autofokus der Kamera zunehmend schwerfällt, ein Ziel zu finden und präzise scharfzustellen.

Die Helligkeit, die auf den Sensor fällt, ist dabei nicht nur von den äußeren Bedingungen abhängig, sondern auch von der Lichtstärke des Objektivs: Glücklicherweise ist das 23-mm-F2-Objektiv in Ihrer X100F ein guter Partner, und das Hinzufügen einer WCL- oder TCL-Konversionslinse ändert daran nichts: Die Lichtstärke des Objektivs bleibt immer noch bei F2.

Ein zuverlässiger Autofokus braucht Licht und Kontraste. Deshalb ist es wichtig, gerade bei schlechten Lichtverhältnissen auf möglichst kontrastreiche Motivflächen zu zielen und dabei ein möglichst großes AF-Feld zu verwenden.

Eine Möglichkeit, vorhandene Lichtdefizite zu verringern, besteht darin, vorübergehend für mehr Licht zu sorgen. Hier kommt das AF-Hilfslicht der Kamera ins Spiel: Wenn Sie es mit AF/MF-EINSTELLUNG > HILFSLICHT > AN aktivieren, strahlt die Kamera das Motiv mit einem weißen Hilfslicht an, sobald Sie den Auslöser zum Fokussieren halb durchdrücken.

Dieses Hilfslicht wird allerdings gerne von einer angesetzten Gegenlichtblende abgeschattet, nehmen Sie die diese also ggf. ab. Das Hilfslicht erstreckt sich leider nicht über das gesamte Bildfeld, sondern konzentriert sich eher auf die Mitte. Deshalb kann es seine positive Wirkung nur entfalten, wenn ein entsprechend mittiges AF-Feld ausgewählt wurde.

Eine Alternative zum AF-Hilfslicht besteht darin, in der Fokusphase vorübergehend selbst für besseres Licht zu sorgen, zum Beispiel mit einer Taschenlampe oder indem Sie kurz das Licht einschalten. Ja, manchmal helfen auch banale Tricks. Allerdings sollten Sie dabei mit AF-Lock arbeiten und die Belichtung nach einer erfolgreichen Fokussierung erst dann messen, wenn die temporäre Beleuchtung wieder ausgeschaltet und die eigentlichen Lichtverhältnisse wiederhergestellt wurden.

Wichtig: *Wenn Sie das Objektiv bei schwachem Licht abblenden (also nicht mit Offenblende verwenden) möchten, sollten Sie mit AF-S oder manuell mit dem Sofort-AF fokussieren. Verwenden Sie nicht AF-C, da dieser Modus mit der eingestellten Arbeitsblende fokussiert, was bei schlechtem Licht und einem abgeblendeten Objektiv ungünstig ist, weil weniger Licht auf den (Autofokus-) Sensor fällt.*

TIPP 66 **Makroaufnahmen:** Fokussieren im Nahbereich

Die größte Herausforderung im Nahbereich ist die geringe Schärfentiefe, die ein besonders exaktes Vorgehen beim Fokussieren erfordert. Bereits geringste Abweichungen und Bewegungen können im Makrobereich zu unscharfen Ergebnissen führen.

Aus diesem Grund sollten Sie Makroaufnahmen möglichst von einem Stativ aus manuell fokussieren – unter Verwendung von Instant-AF, der Sucherlupe und der Fokusassistenten. Dabei sollten Sie die Kamera nach dem erfolgreichen Scharfstellen keinesfalls verschwenken. Zur visuellen Kontrolle der Schärfentiefe können Sie den Auslöser halb durchdrücken oder VORSCHAU SCHÄRFENTIEFE auf eine der Funktionstasten (Fn) der Kamera legen.

Bei Nahaufnahmen kommen Sie mit der Offenblende Ihres Objektivs nur selten weiter. Stattdessen gilt es abzublenden, um den Bereich der Schärfentiefe zu vergrößern. Das 23mmF2 neigt außerdem zu weichen Ergebnissen, wenn Sie es weit offen im Nahbereich einsetzen. Das ist in Ordnung, wenn Sie einen »verträumten« Look schätzen, für knackigere Ergebnisse sollten Sie die Linse jedoch abblenden. Dadurch kommt es automatisch zu längeren Belichtungszeiten. Auch hier hilft Ihnen das Stativ, jedoch sollten Sie darauf achten, dass sich das Motiv nicht plötzlich aus der Schärfeebene bewegt. Im Makrobereich reicht hierfür oft ein leichtes Lüftchen aus, und schon befindet sich die Blüte einen Zentimeter weiter weg. Wenn es windig ist, geraten Nahaufnahmen von Blumen deshalb meist zu einem Lotteriespiel.

Falls Sie Nahaufnahmen nicht im MF-Modus, sondern im AF-Modus machen möchten, können Sie folgendermaßen vorgehen:

- Stellen Sie AF-S am Fokuswahlschalter ein.
- Wählen Sie den AF-Modus EINZELPUNKT aus und stellen Sie die kleinstmögliche AF-Feldgröße ein. Verwenden Sie also den EVF und nicht den OVF!
- Positionieren Sie das AF-Feld exakt über dem zu fokussierenden Motivbereich und verschwenken Sie die Kamera nach dem Fokussieren nicht. Zögern Sie nach dem halben Durchdrücken des Auslösers nicht zu lange mit der Aufnahme. Denken Sie daran, dass die X100F neben dem regulären Modus mit 91 AF-Feldern auch eine Option mit engmaschigen 325 AF-Feldern bereitstellt.
- Kontrollieren Sie den Fokus mit der Sucherlupe, indem Sie das hintere Einstellrad drücken und durch Drehen des Einstellrads eine passende Vergrößerungsstufe auswählen.
- Fotografieren Sie möglichst nicht aus der Hand, sondern verwenden Sie ein Stativ.
- Blenden Sie mutig ab und kontrollieren Sie die Schärfentiefe visuell mit halb gedrücktem Auslöser oder der Schärfentiefe-Vorschau (entsprechend belegte Fn-Taste).
- Sorgen Sie für gutes Licht und fotografieren Sie möglichst nur Motive, die sich nicht bewegen bzw. nicht von außen bewegt werden (Wind).

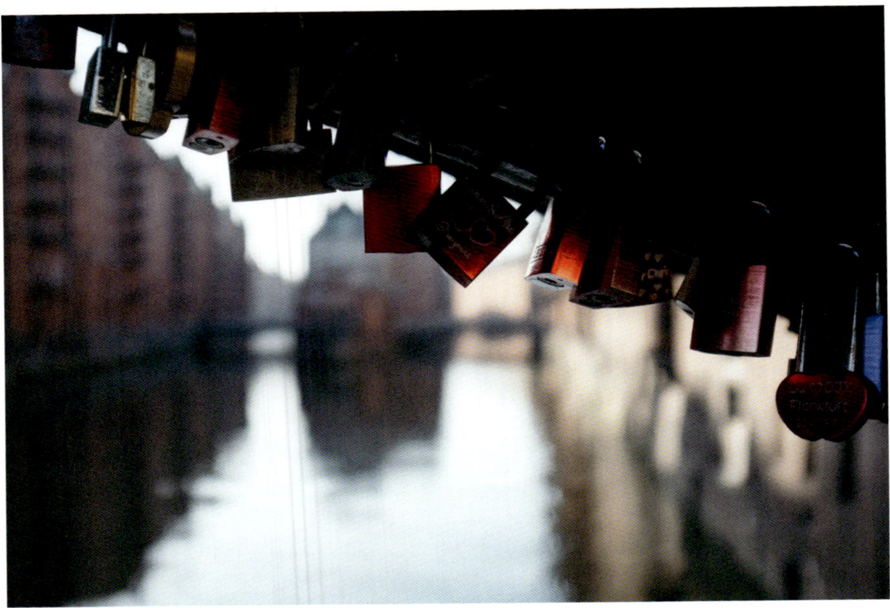

Abbildung 46: **Verträumte Ästhetik:** Nahaufnahmen mit weit offener Blende (f/2) können zu weichen Ergebnissen mit geringem Mikrokontrast führen. Blenden Sie das Objektiv ab, wenn Sie eher knackige Ergebnisse erzielen wollen.

TIPP 67 Fokussieren auf sich bewegende Objekte (1): **der »Autofokus-Trick«**

Faustregel: Fotografieren Sie statische Motive mit AF-S (Single) und sich auf die Kamera zu- oder von ihr wegbewegende Motive mit AF-C (Continuous). Wie üblich gilt auch hier: keine Regel ohne Ausnahme – daher nun der sogenannte »Autofokus-Trick«.

Gehen Sie folgendermaßen vor:

- Stellen Sie den Fokuswahlschalter auf AF-S und die Kamera mit der DRIVE-Taste in den Einzelbildmodus. Stellen Sie sicher, dass sich die Kamera im Hochleistungsmodus befindet (EINRICHTUNG > POWER MANAGEMENT > LEISTUNG > H-LEIST). Verwenden Sie zudem den mechanischen Verschluss. Um sich die Sache etwas zu erleichtern, können Sie in diesem Fall außerdem den PRE-AF einschalten.

- Verwenden Sie den AF-Modus EINZELPUNKT oder ZONE und wählen Sie ein passendes AF-Feld bzw. eine passende AF-Zone aus, mit dem bzw. der Sie das sich bewegende Objekt verfolgen möchten. Selektieren Sie dabei vorzugsweise eines der mittleren PDAF-Felder. Bei Bedarf – etwa wenn die Bildkomposition es verlangt – können Sie jedoch auch eines der äußeren AF-Felder auswählen, die nur den CDAF unterstützen.
- Stellen Sie die Belichtung passend ein. Achten Sie darauf, dass die Verschlusszeit kurz genug ist, damit keine unerwünschte Bewegungsunschärfe auftritt. 1/500 s oder kürzer ist meist angemessen.
- »Verfolgen« Sie das Motiv mit der Kamera, indem Sie mit dem aktiven AF-Feld bzw. mit der ausgewählten AF-Zone auf den Bereich zielen, auf den die Kamera fokussieren soll. Drücken Sie dabei den Auslöser *nicht* halb durch.
- Drücken Sie im passenden Moment den Auslöser *ganz* durch und positionieren Sie das AF-Feld bzw. die AF-Zone weiterhin so lange auf dem zu fokussierenden Motiv, bis die Aufnahme gemacht wurde.

Der »AF-Trick« basiert auf der Eigenschaft der X100F, per Fokuspriorität erst auszulösen, nachdem der Autofokus ein Ziel gefunden und darauf scharfgestellt hat. Wenn Sie den Auslöser entschlossen ganz durchdrücken, stellt die Kamera auf das sich bewegende Objekt scharf und macht unmittelbar darauf die Aufnahme. Meist ist die Zeitverzögerung zwischen dem erfolgreichen Scharfstellen und der Bildaufzeichnung so gering, dass sich das Motiv noch im Schärfentiefe-Bereich des Objektivs befindet.

Der »AF-Trick« führt somit vor allem dann zum Erfolg, wenn sich das Motiv nicht zu schnell auf die Kamera zubewegt und Sie mit einer hinreichend großen Schärfentiefe operieren.

Ein Nachteil dieser Methode ist, dass sie mit einer gewissen Zeitverzögerung nach dem beherzten Durchdrücken des Auslösers verbunden ist, Sie also nicht auf den Sekundenbruchteil genau den Augenblick bestimmen können, in dem die Kamera das Bild aufnimmt. Die tatsächliche Verzögerung ist davon abhängig, wie lange die Kamera zum Fokussieren braucht. Kommt der PDAF zum Zug, geht es entsprechend schneller.

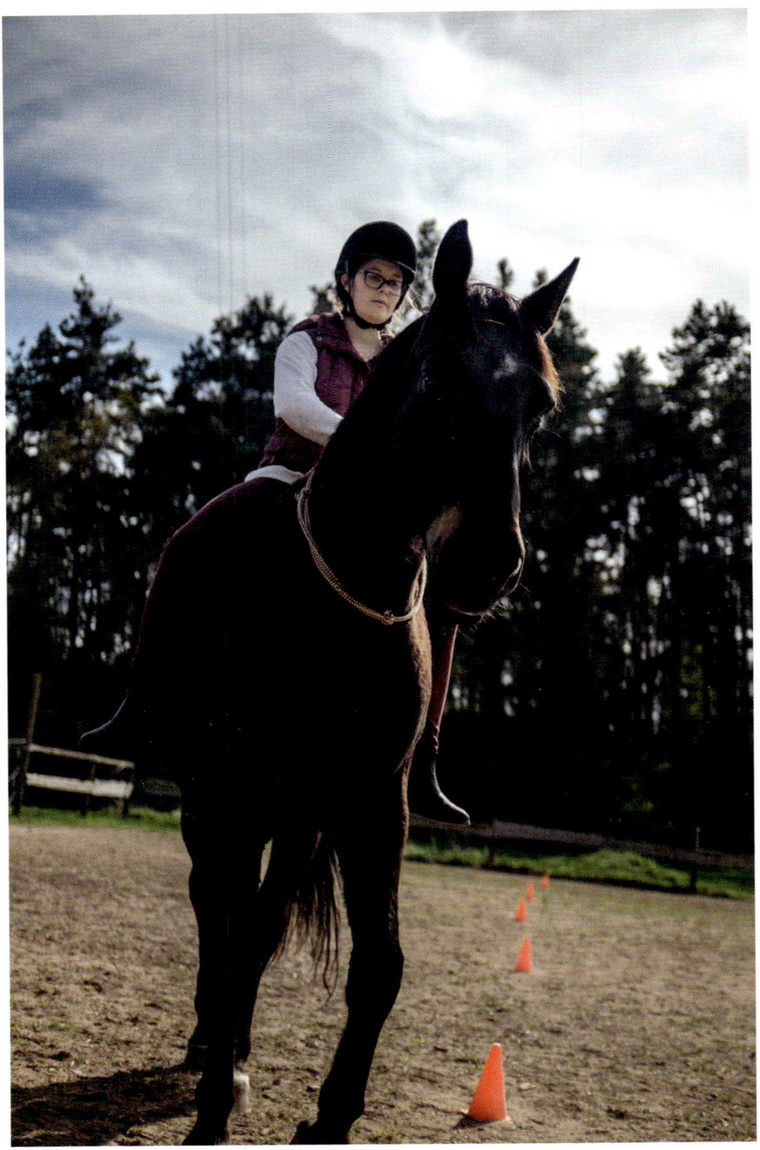

Abbildung 47: Mit dem **Autofokus-Trick** aufgenommenes Pferd: Mit älteren Kameras ohne PDAF (wie der X100, X100S, X-Pro1, X-E1, X-M1 oder X-A1) war diese Methode die einzige Möglichkeit, sich auf die Kamera zubewegende Objekte mithilfe des Autofokus scharf abzubilden. Das Beispielbild entstand mit einer X100S und dem TCL-X100 Telekonverter mit 33 mm.

Fokussieren auf sich bewegende Objekte (2): **die Fokusfalle** TIPP 68

Die Fokusfalle ist quasi das Gegenstück zum »Autofokus-Trick«. Während Sie beim AF-Trick nicht genau vorherbestimmen können, wo und in welchem Augenblick die Aufnahme entsteht, legen Sie diese Rahmenbedingungen bei der Fokusfalle schon im Vorfeld fest.

Hierzu ist es notwendig, dass Sie einen geeigneten Ort vorherbestimmen können, den das sich bewegende Objekt passieren wird. Die Fokusfalle eignet sich also vor allem für Motive, deren Kurs vorhersehbar ist. Dies ist etwa bei vielen Rennsportarten der Fall.

Gehen Sie folgendermaßen vor:

- Stellen Sie den Fokuswahlhebel an der Kameravorderseite auf manuellen Fokus (MF) ein. Verwenden Sie den mechanischen Verschluss.
- Fokussieren Sie eine Stelle an, die das sich bewegende Objekt passieren wird und die für Ihre Aufnahme geeignet ist. Wählen Sie dabei eine Blende mit ausreichender Schärfentiefe, damit am Ende alle für die Aufnahme relevanten Teile des Motivs scharf abgebildet werden.
- Drücken Sie den Auslöser halb durch, sobald sich das Objekt der Stelle nähert, auf die Sie scharfgestellt haben. Die Kamera speichert nun die Belichtung und stellt die Arbeitsblende ein.
- Drücken Sie den Auslöser ganz durch, sobald das Objekt in die Fokusfalle tappt und die Stelle passiert, auf die Sie scharfgestellt haben.

Da auch bei einer mit halb durchgedrücktem Auslöser vorbereiteten X100F noch eine geringe Auslöseverzögerung auftritt, kann es bei sich sehr schnell auf die Kamera zubewegenden Objekten sinnvoll sein, den Auslöser einen Sekundenbruchteil früher vollständig durchzudrücken, also kurz bevor das Objekt die eigentliche Fokusfalle passiert.

Alternativ bietet es sich an, die Kamera in den schnellen Serienbildmodus (DRIVE-Taste und Serienaufnahmemodus »SH«) zu versetzen. Die X100F macht dann bis zu acht Aufnahmen pro Sekunde. Auf diese Weise erhalten Sie mehr als ein Bild, während das Objekt die Fokusfalle passiert.

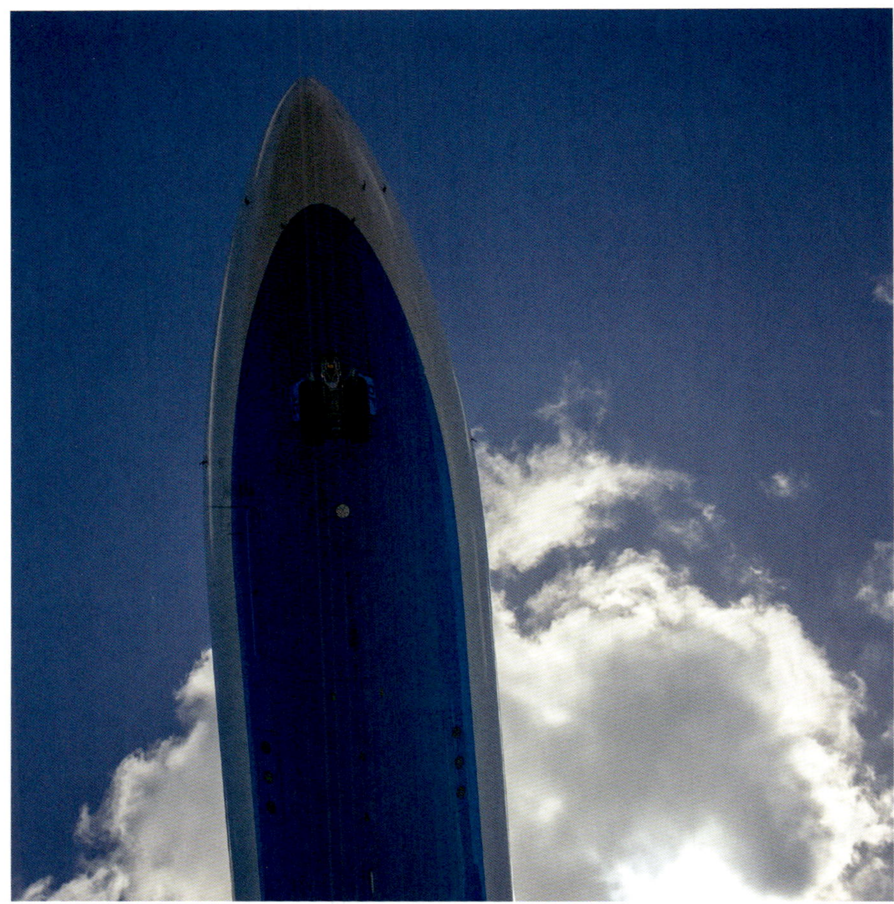

Abbildung 48: **Fokusfalle:** Um einen landenden Airbus A330 in genau dem Augenblick zu fotografieren, wenn er mit wenigen Metern Abstand über einen hinwegfliegt, ist gutes Timing wichtig. Anstatt sich hier auf den Autofokus zu verlassen, ist es sinnvoller, manuell und mit ausreichend Schärfentiefe auf die erwartete Entfernung scharfzustellen und den richtigen Augenblick mit halb gedrücktem Auslöser abzuwarten.

Ein Sonderfall der Fokusfalle ist der manuelle Zonenfokus, bei dem Sie durch robustes Abblenden eine komfortable Schärfentiefe-Zone definieren und dann abwarten, bis in dieser Entfernungszone etwas passiert. Diese Methode wird häufig von Street-Fotografen in Verbindung mit kürzeren Brennweiten (Weitwinkel) angewandt.

Eine Variante des Zonenfokus ist das Mitziehen [25] mit längeren Verschlusszeiten, beispielsweise 1/60 s oder länger bei einem Autorennen. Die lange Verschlusszeit sorgt automatisch dafür, dass Sie eine kleine Blende (= große Blendenzahl) mit entsprechend komfortabler Schärfentiefe verwenden können. Die Freistellung des Objekts erfolgt über den durch das Mitschwenken der Kamera verwischten Hintergrund, während das Objekt selbst scharf abgebildet wird – zumindest dann, wenn Sie alles richtig machen und die Kamera beim Mitziehen nicht verreißen.

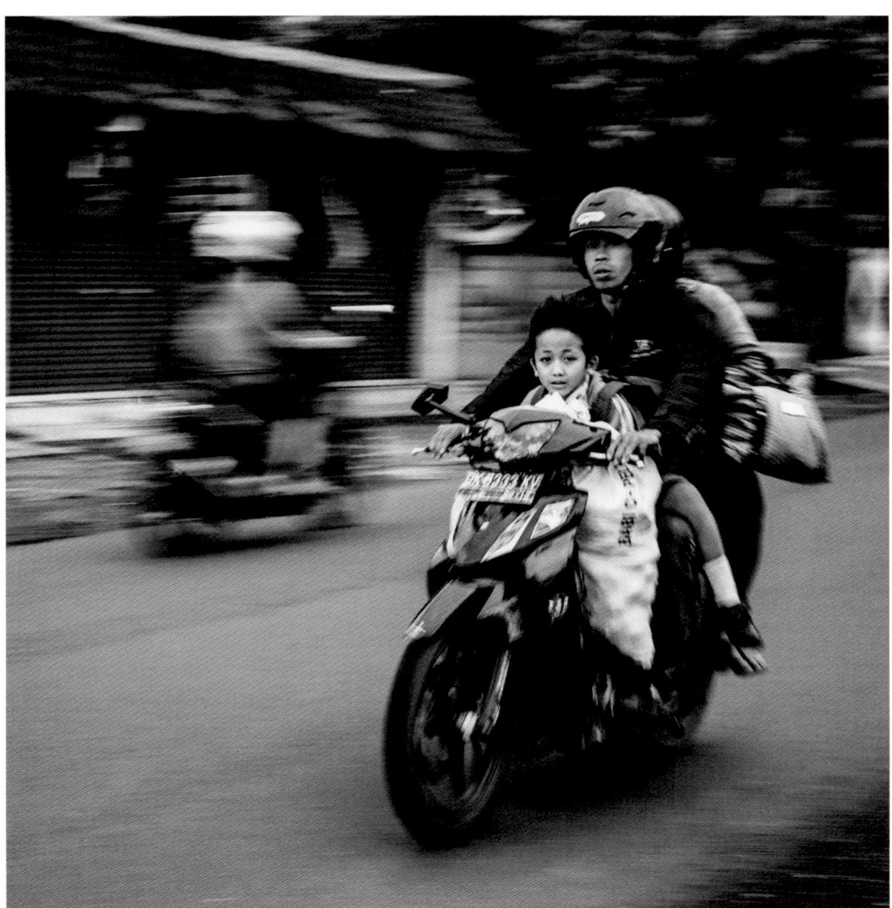

Abbildung 49: **Mitzieher** mit längerer Belichtungszeit funktionieren mit manuellem Fokus oder AF-C.

TIPP 69 Fokussieren auf sich bewegende Objekte (3): **AF-Tracking mit EINZELPUNKT, ZONE und WEIT/VERFOLGUNG**

Der prädiktive PDAF der mittleren Autofokusfelder auf dem Sensor Ihrer X100F erlaubt es Ihnen, Objekte, die sich im dreidimensionalen Raum bewegen, mit der Kamera zu verfolgen. Mithilfe der Prädiktion versucht die Kamera, die Entfernung des verfolgten Objekts für den Augenblick der nächsten Auslösung (unter Berücksichtigung der Auslöseverzögerung) vorherzusagen und den Fokus dementsprechend einzustellen. Auf diese Weise werden technisch unvermeidliche Auslöseverzögerungen ausgeglichen.

In der X100F wurden auch die prädiktiven Fähigkeiten des CDAF verbessert. Das bedeutet, dass sich bewegende Objekte auch mit den äußeren AF-Punkten verfolgt werden können, die keinen PDAF unterstützen. Dies funktioniert im Serienbildmodus allerdings nur bis zu einer Geschwindigkeit von fünf Bildern pro Sekunde.

Bitte beachten Sie, dass die Trefferquote dabei niemals einhundert Prozent erreicht. Sie ist jedoch meist hoch genug, um in Kombination mit den Serienbildmodi eine mehr als akzeptable Ausbeute zu erzielen.

Beginnen wir mit den AF-Modi EINZELPUNKT und ZONE:

- Stellen Sie den Fokuswahlschalter an der Kameraseite auf AF-C und vergewissern Sie sich, dass der Hochleistungsmodus eingeschaltet ist. Stellen Sie außerdem sicher, dass der mechanische Verschluss (MS) als Auslösertyp eingestellt ist.

- Schalten Sie nun den Serienbildmodus ein (DRIVE-Taste und Einstellung »L«, »M«, »H« oder »SH«). Ich empfehle »H« oder langsamer, da »SH« zwischen den Bildern kein Live-View-Bild anzeigt und nur die inneren PDAF-Felder unterstützt. Wenn Sie unbedingt »SH« verwenden möchten, bietet sich die Verwendung des optischen Suchers (OVF) an – ohne Blackouts und Anzeigeverzögerung.

- Im AF-Modus EINZELPUNKT wählen Sie am besten eines der zentralen PDAF-Autofokusfelder aus. Verwenden Sie möglichst keines der äußeren AF-Felder, da diese nur mit CDAF und nicht mit PDAF fokussieren können.

- Im AF-Modus ZONE sollten Sie eine Zone auswählen, die möglichst nicht über die mittlere 7 × 7-AF-Punktematrix hinausragt. Enthält Ihre AF-Zone auch Punkte außerhalb der zentralen 7 × 7-Matrix, fokussiert die Kamera nur mit dem langsameren CDAF.
- Positionieren Sie das ausgewählte AF-Feld oder die AF-Zone auf den zu fokussierenden Bereich des sich bewegenden Objekts. Im Modus ZONE sollte sich dabei das mittlere Fadenkreuz der Zone auf einem Teil des zu fokussierenden Objekts befinden. Drücken Sie den Auslöser nun halb durch, und die Kamera beginnt mit dem Autofokustracking.
- Halten Sie den Auslöser halb gedrückt, während Sie das Objekt verfolgen, indem Sie das ausgewählte AF-Feld bzw. die gewählte AF-Zone weiterhin über dem zu fokussierenden Bereich halten und nachführen.
- Drücken Sie den Auslöser ganz durch, um die Aufnahmeserie zu beginnen, und halten Sie ihn so lange gedrückt, wie die Kamera Aufnahmen machen und dabei auf das sich bewegende Objekt scharfstellen soll. Achten Sie darauf, dass sich das aktive AF-Feld bzw. die gewählte AF-Zone während der Serienbildaufnahmen weiterhin auf dem zu fokussierenden Motivbereich befindet.

Bei mit AF-C gemachten Serienaufnahmen regelt die X100F Fokus und Belichtung vor jedem neu gemachten Bild nach. Weißabgleich und Dynamikerweiterung bleiben die Serie über hingegen gleich, hier gelten stets die Einstellungen der ersten Aufnahme einer Serie.

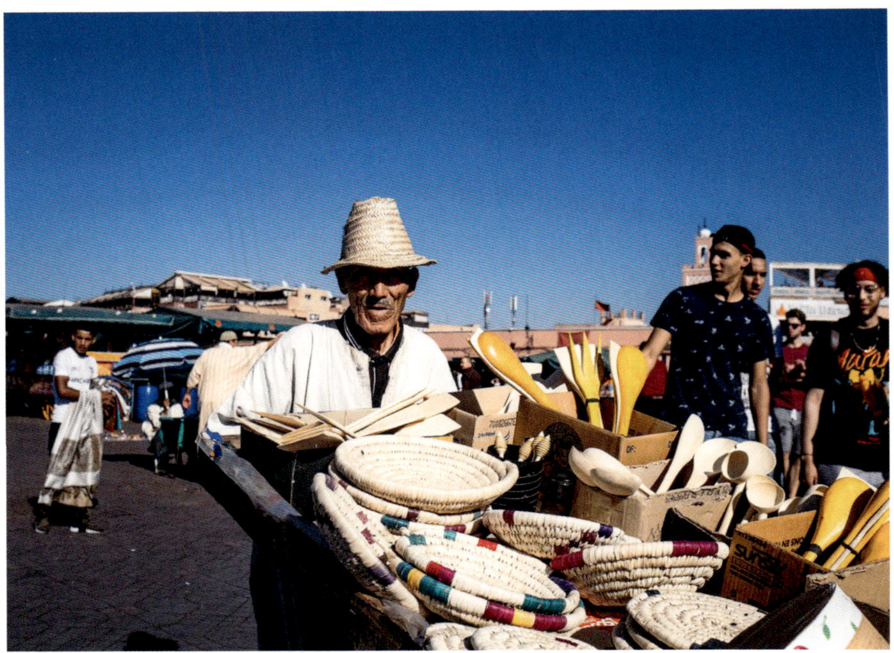

Abbildung 50: **AF-Tracking** mit AF-C im Serienbildmodus: Der prädiktive Autofokus verfolgt den auf die Kamera zulaufenden Mann. Damit diese Art der Aufnahme funktioniert, ist es wichtig, dem Motiv mit dem aktiven AF-Feld zu folgen und sicherzustellen, dass es stets auf den Teil des Motivs gerichtet ist, der scharfgestellt werden soll.

Grundsätzlich funktioniert AF-Tracking natürlich auch im Einzelbildmodus. In diesem Fall macht die Kamera beim Durchdrücken des Auslösers nur eine einzelne Aufnahme und beendet anschließend das AF-Tracking. Sie können einen neuen Tracking-Anlauf starten, indem Sie den Auslöser erneut halb durchdrücken.

Es ist für den Hybrid-AF der X100F normal, dass das elektronische Sucherbild während des Trackingvorgangs nicht immer scharf erscheint und der grüne AF-Indikator in der linken unteren Ecke des Sucherbildes an- und ausgeht. Lassen Sie sich davon nicht irritieren, sondern vertrauen Sie dem AF-Tracking der Kamera, das in der Regel gute Dienste leistet.

Eine Alternative zu den Modi EINZELPUNKT und ZONE bietet bei der Verfolgung von Objekten der Modus WEIT/VERFOLGUNG, und zwar ebenfalls in Kombination mit dem kontinuierlichen Autofokus AF-C. Diese Einstellung ermöglicht echtes »3D-Tracking«. Das bedeutet, dass die Kamera ein Motiv nicht nur hinsichtlich seiner sich verändernden Distanz zur Kamera verfolgen kann (z-Achse), sondern innerhalb des gesamten Bildfelds auch dessen Bewegungen nach links und rechts (x-Achse) sowie nach oben und nach unten (y-Achse) erkennt.

So geht's:

- Stellen Sie den Fokuswahlschalter an der Kameraseite auf AF-C und vergewissern Sie sich, dass der Hochleistungsmodus eingeschaltet ist. Wie Sie wissen, empfehle ich, den Hochleistungsmodus grundsätzlich einzuschalten. Stellen Sie außerdem sicher, dass im Aufnahmemenü der mechanische Verschluss (MS) als Auslösertyp eingestellt ist.
- Wählen Sie den Autofokusmodus WEIT/VERFOLGUNG aus und stellen Sie einen der drei langsameren Serienbildmodi (also nicht »SH«) ein. Auf diese Weise erstreckt sich die »3D-Motivverfolgung« über das gesamte Bildfeld, operiert jedoch ausschließlich mit dem langsameren CDAF. Wenn Sie den schnellen Serienbildmodus (»SH«) einstellen, arbeitet die Motivverfolgung zwar mit dem schnelleren PDAF, erstreckt sich jedoch nur über den kleineren zentralen Bildbereich.
- Wählen Sie einen der 91 verfügbaren AF-Punkte im Bildfeld aus. Der ausgewählte Punkt dient Ihnen als Startpunkt, um die Motivverfolgung zu initiieren, und sollte so gewählt werden, dass er zu Ihrer Bildkomposition passt.
- Um das Motiv zu identifizieren, stellen Sie sicher, dass der ausgewählte AF-Punkt auf das zu verfolgende Ziel gerichtet ist. Drücken Sie nun den Auslöser halb durch, damit die Kamera das Motiv analysieren und per Mustererkennung speichern kann. Solange Sie den Auslöser halb gedrückt halten, wird die Kamera diesem Muster automatisch mit einem Schwarm von grünen AF-Punkten über das gesamte Bildfeld hinweg folgen.
- Drücken Sie den Auslöser ganz durch und halten Sie ihn gedrückt, um Serienaufnahmen zu machen, während die Kamera das Motiv weiterhin verfolgt.

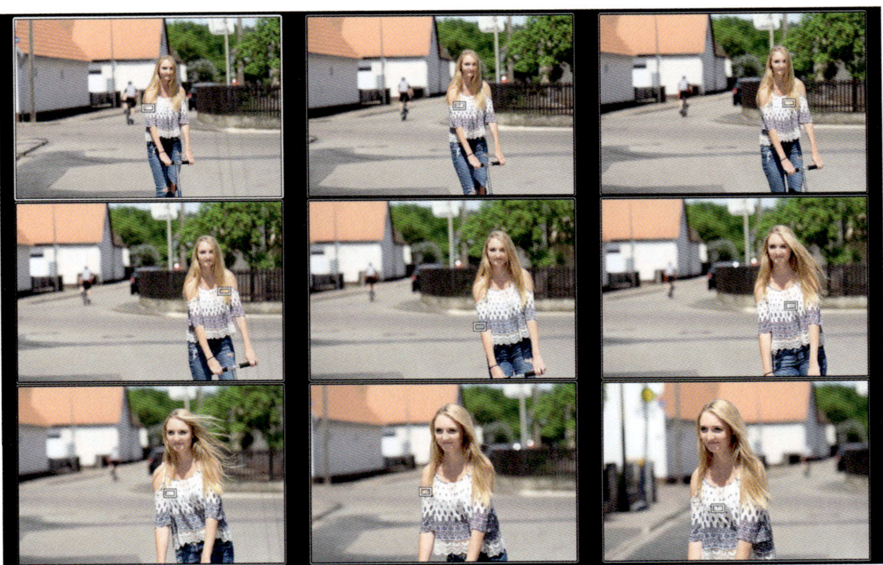

Abbildung 51: Im AF-C-Tracking-Modus WEIT/VERFOLGUNG zeigen Sie der Kamera zunächst das Motiv, das es zu verfolgen gilt. Anschließend verfolgt die X100F dieses Motiv mithilfe von Mustererkennung über alle drei Raumachsen.

TIPP 70 Fokuspriorität vs. Auslösepriorität

Grundsätzlich versucht der Autofokus der X100F *immer* zuerst ein Ziel zu finden, bevor die Kamera auslöst. Dieses Verhalten ist schließlich auch die Basis des oben besprochenen »Autofokus-Tricks«. Wenn wir hier also von Fokuspriorität und Auslösepriorität sprechen, so bezieht sich dies nur auf das Verhalten der Kamera für den Fall, dass der Autofokus *kein* Ziel findet:

- Stellen Sie AF/MF-EINSTELLUNG > PRIO. AUSLÖSEN/FOKUS > AF-S PRIO.-AUSW. > FOKUS ein, um die Kamera daran zu hindern, eine Aufnahme auch dann zu machen, wenn der Autofokus (AF-S) kein Ziel findet, im Sucher also eine rote AF-Warnung erscheint.
- Stellen Sie AF/MF-EINSTELLUNG > PRIO. AUSLÖSEN/FOKUS > AF-C PRIO.-AUSW. > FOKUS ein, um dafür zu sorgen, dass die Kamera im Modus AF-C (und dabei insbesondere auch im Serienbildmodus) nur dann Aufnahmen macht, wenn der Autofokus ein Ziel findet.

Die Auswahl von Fokuspriorität für AF-S und AF-C führt schlicht und einfach dazu, dass die Kamera weniger Ausschuss produziert und sich der Anteil scharfer Bilder auf Ihrer Speicherkarte erhöht.

Werksseitig ist die Kamera auf Auslösepriorität eingestellt, getreu dem Motto: »Lieber ein unscharfes Bild als gar kein Bild.« Da ich kein Freund unscharfer Bilder bin, steht meine X100F sowohl für AF-S als auch für AF-C auf Fokuspriorität.

Bitte beachten Sie, dass die Kamera immer Auslösepriorität verwendet, wenn im AF-S-Modus die Funktion AF+MF aktiv ist.

2.5 WEISSABGLEICH UND JPEG-EINSTELLUNGEN

Ein besonderer Vorzug sämtlicher X-Serie-Kameras ist die Möglichkeit, den Weißabgleich [41] und die sogenannten JPEG-Einstellungen nicht nur vor der Aufnahme im Menü BILDQUALITÄTS-EINSTELLUNG, sondern auch nachträglich mit dem eingebauten RAW-Konverter zu ändern. Hier einige Vorteile:

- Es besteht keine Notwendigkeit, die »perfekten« Einstellungen im Vorfeld einer Aufnahme zu antizipieren.
- Sie können in der Kamera verschiedene Versionen (JPEGs) einer Aufnahme erstellen, etwa eine Variante mit Velvia-Farben, eine in Schwarz-Weiß, eine mit verringertem Schattenkontrast und eine mit wärmerer Farbtemperatur.

Dabei ist es unerheblich, ob Sie diese Einstellungen vor einer Aufnahme in den Kameramenüs oder nachträglich im eingebauten RAW-Konverter vornehmen.

Die nachträgliche Option steht natürlich nur dann zur Verfügung, wenn Sie neben den JPEGs auch die RAW-Dateien speichern, also wie in diesem Buch empfohlen bei BILDQUALITÄT die Option FINE+RAW verwenden.

Nachfolgend finden Sie eine Gegenüberstellung von jeweils korrespondierenden Funktionen im Menü BILDQUALITÄTS-EINSTELLUNG sowie im eingebauten RAW-Konverter:

BILDQUALITÄTS-EINSTELLUNG-Menü	RAW-KONVERTIERUNG-Menü
(Belichtungskorrekturrad)	PUSH/PULL-VERARB.
DYNAMIKBEREICH	DYNAMIKBEREICH
FILMSIMULATION	FILMSIMULATION
WEISSABGLEICH	WEISSABGLEICH
(inkl. WA VERSCHIEBEN)	WA VERSCHIEBEN
FARBE	FARBE
SCHÄRFE	SCHÄRFE
TON LICHTER	TON LICHTER
SCHATTIER. TON	SCHATTIER. TON
RAUSCHREDUKTION	RAUSCHREDUKTION
KÖRNUNGSEFFEKT	KÖRNUNGSEFFEKT
OBJEKTIVMOD.-OPT.	OBJEKTIVMOD.-OPT.
FARBRAUM	FARBRAUM

Beachtenswerte Unterschiede gibt es bei den beiden zuerst genannten Funktionen:

- Während die **Belichtungskorrektur** vor einer Aufnahme Veränderungen bei Blende, Belichtungszeit oder (bei aktivem Auto-ISO) der ISO-Einstellung bewirken kann, führt die nachträgliche **Push/Pull-Verarbeitung** im RAW-Konverter lediglich zu einer stärkeren (Push) oder schwächeren (Pull) digitalen Signalverstärkung. Diese effektive nachträgliche Belichtungskorrektur (ISO-Anpassung) wird nicht in den EXIF-Daten [42] des so entwickelten JPEGs vermerkt. Die Push/Pull-Entwicklung im eingebauten RAW-Konverter entspricht dem Verschieben des Belichtungsreglers in externen RAW-Bearbeitungsprogrammen wie Lightroom, Silkypix oder Capture One.
- *Bevor* Sie eine Aufnahme machen, können Sie als **Dynamikbereich** die Optionen AUTO, DR100%, DR200% oder DR400% auswählen. DR200% führt zu einer um eine Blendenstufe knapper belichteten RAW-Datei, DR400% zu einem um zwei Blendenstufen knapper belichteten RAW. Bei DR-Auto wählt die Kamera automatisch entweder DR100% oder DR200%

aus. *Nach* dem Erstellen einer Aufnahme haben Sie im eingebauten RAW-Konverter im Prinzip zwar ebenfalls die Wahl zwischen DR400%, DR200% und DR100%, Sie können die Lichterdynamik dort jedoch höchstens reduzieren, nicht erweitern. Sie können ein mit DR400% aufgenommenes RAW also wahlweise mit DR200% oder DR100% entwickeln. Eine mit DR200% aufgenommene RAW-Datei können Sie analog dazu auch mit DR100%, nicht jedoch mit DR400% entwickeln. Und eine mit DR100% gemachte Aufnahme können Sie auch nur mit DR100% entwickeln.

Ein korrekter **Weißabgleich** sorgt dafür, dass graue oder weiße Flächen unabhängig von den jeweils herrschenden Lichtverhältnissen im fertigen Bild grau oder weiß erscheinen und sich keine Farbstiche einschleichen. Gleichzeitig soll das Ergebnis natürlich und nicht klinisch neutral erscheinen. Die X100F bewältigt diesen Balanceakt normalerweise ziemlich gut, sodass Sie mit dem automatischen Weißabgleich (AUTO) meist ansprechende Ergebnisse erzielen werden.

Manchmal liegt der automatische Weißabgleich jedoch daneben, und manchmal möchten Sie vielleicht auch ganz bewusst eine kältere oder wärmere Farbabstimmung verwenden, etwa beim Fotografieren eines Sonnenuntergangs. Vielleicht möchten Sie auch eine Aufnahmeserie von einem bestimmten Motiv in einem bestimmten Licht machen, deren einzelne Bilder durchgängig denselben Weißabgleich aufweisen sollen. In solchen Fällen ist es ratsam, den Weißabgleich nicht der Automatik zu überlassen, sondern ihn selbst einzustellen.

Folgende Optionen stehen Ihnen dafür zur Verfügung:

- sieben Voreinstellungen (Presets) für typische Lichtsituationen wie Glühlampenlicht oder einen bewölkten Himmel,
- die manuelle Farbtemperatureingabe über das Kelvin-Menü,
- der manuelle (benutzerdefinierte) Weißabgleich, bei dem die Kamera vor Ort einen Motivbereich (etwa eine weiße Wand) anmisst, der später in neutralem Grau bzw. Weiß erscheinen soll. Die X100F stellt drei Speicherplätze für einen benutzerdefinierten Weißabgleich zur Verfügung, sodass Sie mehrere Einstellungen gleichzeitig speichern und schnell zwischen ihnen wechseln können.

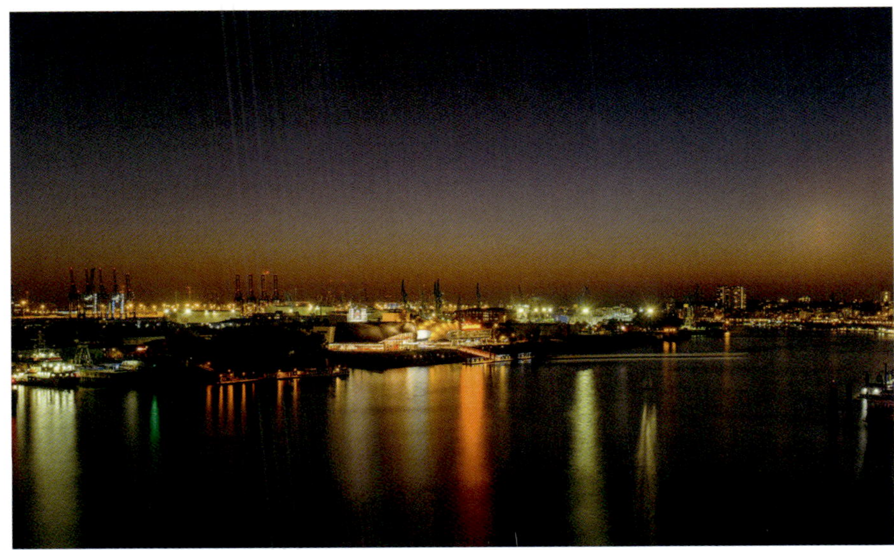

Abbildung 52: **Weißabgleich** mit unterschiedlichen Einstellungen: oben die AUTO-Einstellung, unten nach einer manuellen Weißabgleichanpassung in Adobe Lightroom.

Manueller Weißabgleich – kleine Mühe, große Wirkung

TIPP 71

Eine praktische Weißabgleichoption, die in der X100F ausschließlich vor der Aufnahme (und somit nicht im eingebauten RAW-Konverter) zur Verfügung steht, ist der manuelle Weißabgleich. Diese Funktion gibt Ihnen die Möglichkeit, den Weißabgleich der Kamera vor dem Erstellen einer Aufnahme im Hinblick auf konkret vorherrschende Lichtverhältnisse zu kalibrieren.

So geht's:

- Wählen Sie BILDQUALITÄTS-EINSTELLUNG > WEISSABGLEICH > BENUTZERDEFINIERT(1–3) > RECHTE RICHTUNGSTASTE.
- Zielen Sie mit der Kamera in Richtung des Motivs auf eine neutral graue oder weiße Fläche, etwa eine Wand oder eine mitgebrachte Graukarte [43]. Achten Sie darauf, dass die anvisierte Fläche groß genug ist, um den im Kamerasucher angezeigten Messrahmen vollständig abzudecken.
- Drücken Sie den Auslöser ganz durch. Die Kamera nimmt nun einen manuellen Weißabgleich vor und verändert den Live-View entsprechend. Im Sucher erscheint »Ausgeführt!«. Wenn Sie mit dem Ergebnis zufrieden sind, bestätigen Sie den neuen Weißabgleich mit der OK-Taste.

Sie können dieses Verfahren auch mit einem aktivierten Blitz anwenden. In diesem Fall wird der Weißabgleich für das auf das angemessene Motiv fallende Mischlicht aus Blitz und Umgebungslicht vorgenommen.

Bitte denken Sie daran, dass Sie einen bei der Aufnahme eingestellten manuellen Weißabgleich später bei der RAW-Entwicklung nicht zwangsläufig verwenden müssen. Wenn Ihnen die manuell ermittelte Farbtemperatureinstellung nicht (mehr) gefällt oder Sie gerne andere Varianten ausprobieren möchten, können Sie im eingebauten RAW-Konverter unter WEISSABGLEICH jederzeit andere Einstellungen vornehmen, etwa eine manuelle Kelvin-Farbtemperatureinstellung oder eine der folgenden sieben Voreinstellungen (Presets): SONNIG, BEWÖLKT, NEONLICHT 1–3, GLÜHLAMPENLICHT und TAUCHEN. Die letztgenannte Einstellung eignet sich nicht nur für Unterwasseraufnahmen, sondern auch für Aufnahmen von Tieren in großen Aquarien.

Auch der automatische Weißabgleich (AUTO) steht Ihnen nachträglich im eingebauten RAW-Konverter zur Verfügung. In diesem Fall entwickelt die Kamera die Aufnahme mit den Einstellungen, die sie auch genommen hätte, wenn Sie *vor* der Aufnahme die Option WEISSABGLEICH > AUTO ausgewählt hätten.

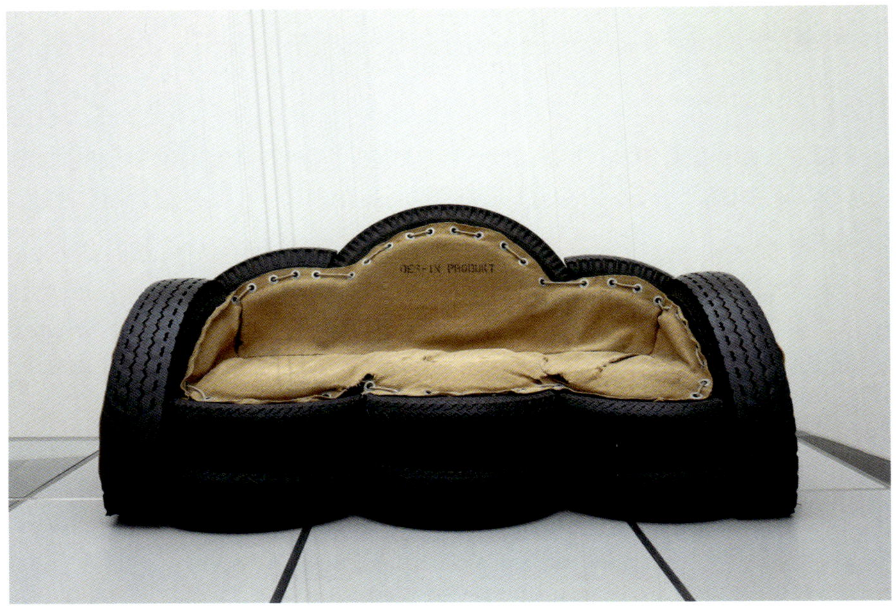

Abbildung 53: Ein **manueller Weißabgleich** auf den Wandbereich hinter dem »Sofa« sorgte hier für die neutrale Farbabstimmung.

TIPP 72 Infrarotfotografie

Die X100F besitzt einen relativ schwachen Infrarotfilter vor ihrem Sensor und eignet sich deshalb gut für Infrarotaufnahmen. Um solche Aufnahmen zu machen, benötigen Sie einen Filter, der das sichtbare Licht blockiert und nur die Infrarotanteile durchlässt. Gute Erfahrungen haben X-Fotografen diesbezüglich mit R72-Filtern gemacht, wie sie etwa von Hoya angeboten werden.

Um den warmen Rotstich im Sucherbild zu minimieren, sollten Sie die Farbtemperatur bei Verwendung eines solchen Filters mit der KELVIN-Funktion des Weißabgleichs so niedrig wie möglich – also auf 2500 Kelvin – einstellen. Um die rote Farbe im Sucherbild komplett zu eliminieren, können Sie im Bildqualität-Menü außerdem eine der acht verfügbaren Schwarz-Weiß-Filmsimulationen auswählen.

Da R72-Filter den Großteil des einfallenden Lichts blockieren, sollten Sie mit einem Stativ arbeiten oder ein sehr lichtstarkes Objektiv im Bereich der Offenblende verwenden.

Farbstiche bearbeiten mit WA VERSCHIEBEN — TIPP 73

Hinter der Bezeichnung WA VERSCHIEBEN verbirgt sich die Möglichkeit, nach der Auswahl einer Weißabgleichoption (also nach der Wahl der zu den Lichtverhältnissen passenden Farbtemperatur) auch noch den Farbstich [44] des Ergebnisses zu variieren. Die Funktion WA VERSCHIEBEN gibt es nicht nur im eingebauten RAW-Konverter, sie steht Ihnen auch bei der Aufnahme hinter jeder einzelnen Weißabgleichoption zur Verfügung.

Sie können also für jede der verschiedenen Weißabgleichoptionen (Auto, Kelvin, die sieben Presets und dreimal manueller Weißabgleich) eine *andere* Farbverschiebung eintragen. Dies geht recht komfortabel mithilfe eines Koordinatensystems, in dem Sie den Farbstich auf der x-Achse zwischen Grün und Rot und auf der y-Achse zwischen Gelb und Blau verändern können.

Grundsätzlich rate ich hier jedoch zu einer neutralen Einstellung, zumal man rasch den Überblick verlieren kann, weil, wie gesagt, für jede Weißabgleichoption eine andere Verschiebung eingetragen werden kann, die separat gespeichert wird. Die Kamera verwaltet also bis zu zwölf verschiedene Farbverschiebungen gleichzeitig. Zu leicht gerät eine einmal durchgeführte Korrektur in Vergessenheit. Einfacher dürfte es sein, konkret notwendige Farbverschiebungen nachträglich bei der Bildbearbeitung im eingebauten RAW-Konverter vorzunehmen, etwa um zu rötliche Hauttöne bei einer Porträtaufnahme zu korrigieren.

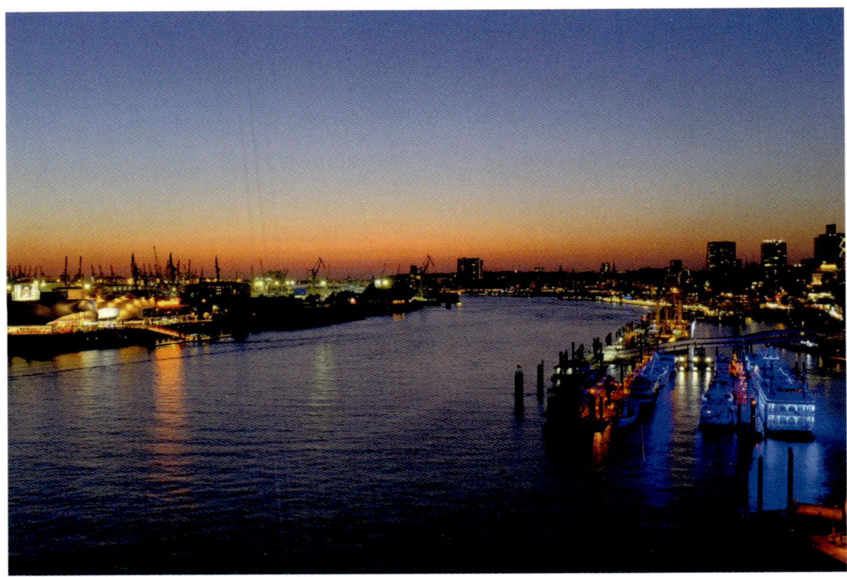

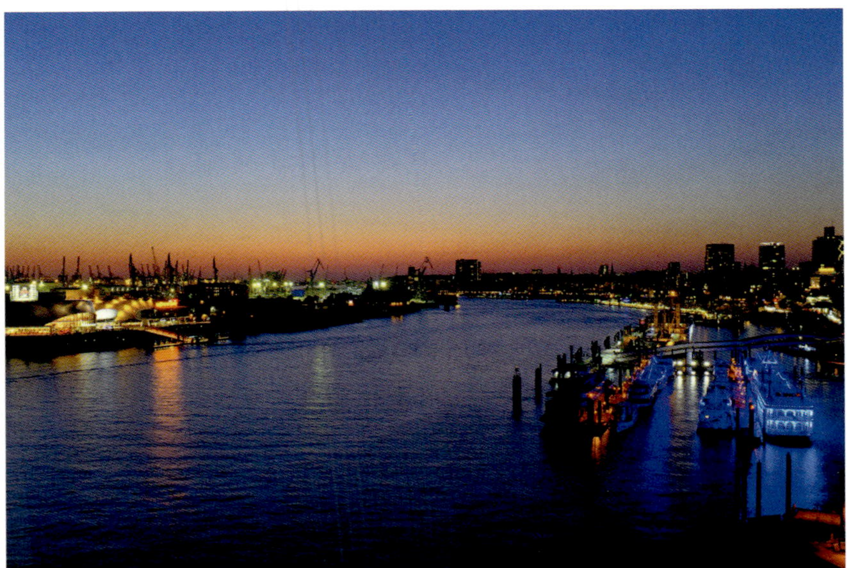

Abbildung 54: **WA VERSCHIEBEN in Aktion:** Das Bild oben zeigt eine Aufnahme mit AUTO-Weißabgleich. Unten sehen Sie dasselbe Bild mit denselben JPEG-Einstellungen, jedoch einem verschobenen (Rot –3, Blau +3) Weißabgleich, um eine etwas kältere Farbstimmung zu erzielen.

Wichtig: *WA VERSCHIEBEN ist nur für in der Kamera erzeugte JPEGs über den eingebauten RAW-Konverter (SOOC JPEGs) verfügbar. Wenn Sie eine RAW-Datei extern mit Adobe Lightroom oder einer ähnlichen Software bearbeiten, werden Ihre Einstellungen für WA VERSCHIEBEN nicht berücksichtigt.*

Filmsimulationen – It's All About the Look — TIPP 74

Die Bedeutung von Filmsimulationen für den Look des JPEG-Resultats wird häufig unterschätzt. Tatsächlich beeinflusst die Wahl der Filmsimulation nicht nur die Farbgradation, sondern auch die Farbsättigung, den Dynamikumfang und den Kontrast der JPEG-Bildergebnisse.

Aus diesem Grund sollte die Auswahl der Filmsimulation stets Vorrang vor anderen JPEG-Einstellungen wie Farbsättigung, Lichter- oder Schattenkontrast haben. Auf die RAW-Datei haben die Filmsimulationen (wie auch alle anderen JPEG-Parameter) naturgemäß keine Auswirkung. Die X100F stellt Ihnen sechs Farbgradationen, acht Schwarz-Weiß-Optionen und eine Sepiavariante zur Verfügung:

- PROVIA ist die Standardgradation der X100F. Sie eignet sich für nahezu alle Aufnahmesituationen. Der Name ist eine Reminiszenz an Fujis Provia-Diafilme, eine im vergangenen Jahrhundert bei vielen Analog-Fotografen hochgeschätzte Allzweckwaffe.
- ASTIA ist eine Farbgradation mit sanft ablaufenden Glanzlichtern und schmeichelhaften Hauttönen, die folglich häufig bei Porträts verwendet wird. Angelehnt an (jedoch nicht identisch mit) Fujis Astia-Diafilm, eignet sich diese Einstellung auch gut für Landschaftsaufnahmen mit hohem Pflanzenanteil. Zu den Eigenheiten dieser Gradation gehören die ins Bläuliche tendierenden Schatten, die einen deutlichen Kontrast zu den warmen Mitteltönen und Glanzlichtern abgeben.
- VELVIA ist eine besonders kontrastreiche und hoch gesättigte Gradation, die vorwiegend in der Landschaftsfotografie oder bei schlechtem Wetter und flauem Licht eingesetzt wird. Die an den legendären Fuji-Velvia-Diafilm der 90er-Jahre angelehnte Filmsimulation ist für Porträtaufnahmen nur bedingt geeignet.

- CLASSIC CHROME weckt Erinnerungen an die goldene »Life«-Magazin-Ära der Farbfotografie. Der klassisch-moderne Look von Classic Chrome eignet sich gleichermaßen gut für Landschafts- und Porträtaufnahmen.

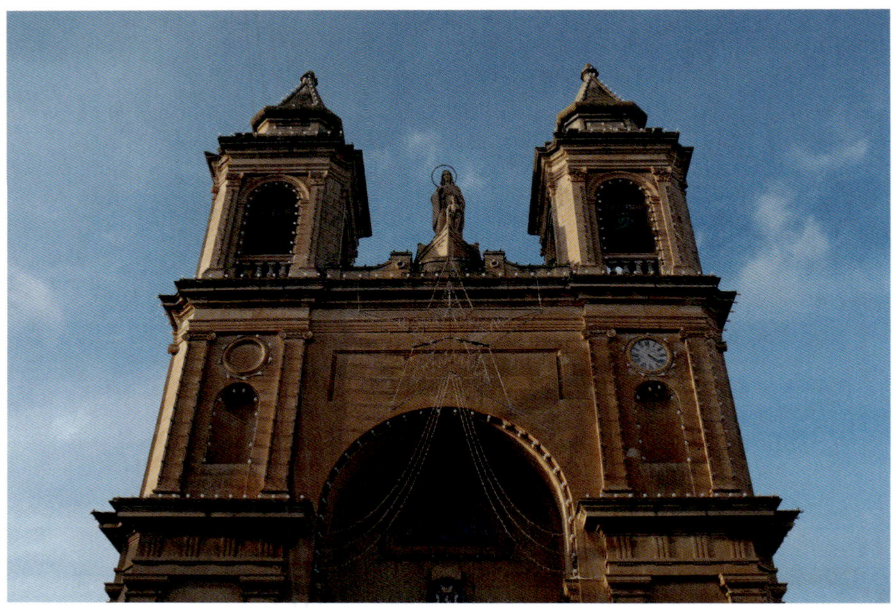

Abbildung 55: Mit seinem besonderen Look hat **CLASSIC CHROME** innerhalb kurzer Zeit zahlreiche Fans gefunden.

- PRO NEG. HI ist eine speziell auf Außenporträts abgestimmte Gradation, die Hauttöne optimiert und trotzdem einen angemessen hohen Kontrast beisteuert. Diese Gradation ist ein guter Kompromiss aus Farbtreue und Lebendigkeit.

- PRO NEG. STD ist die neutralste Gradation der X100F. Mit mäßigem Kontrast und vergleichsweise geringer Farbsättigung gibt diese Einstellung Farben sehr natürlich wieder – auf die Gefahr hin, etwas flau und langweilig zu wirken. JPEGs mit dieser Filmsimulation eignen sich aufgrund ihres hohen Kontrastumfangs und der geringen Neigung zu übersteuernden Farbkanälen gut für eine intensivere Nachbearbeitung am PC. Darüber hinaus empfiehlt Fujifilm diese Einstellung auch für Studioporträts mit Blitzlicht.

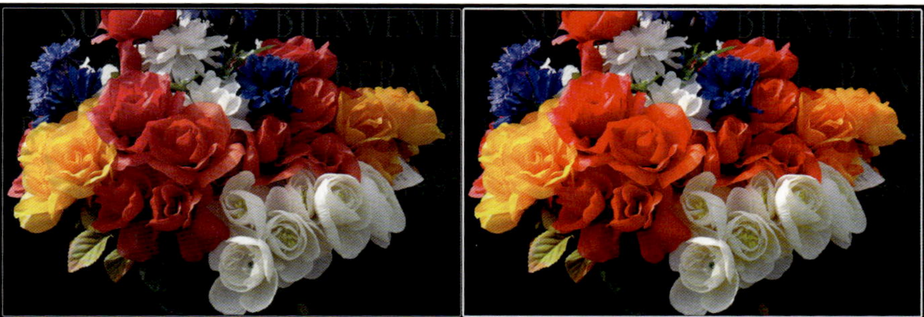

Abbildung 56: **Gegenpole:** PRO NEG. STD und VELVIA zeigen die Bandbreite von Fujis eingebauten Filmsimulationen am besten auf. Die Abbildung zeigt links eine mit PRO NEG. STD entwickelte Aufnahme. Rechts sehen Sie das gleiche Bild mit der VELVIA-Einstellung.

- SCHWARZWEISS ist Fujis Standardgradation für Schwarz-Weiß-Bilder mit einer neutralen, ungefilterten Farbumwandlung. Schwarz-Weiß-Aufnahmen leben bekanntlich von Kontrasten, deshalb kommt es hier stark darauf an, welche Helligkeitswerte einzelnen Farben zugewiesen werden. Um Schwarz-Weiß-Bildern mehr »Punch« zu verleihen, verstärken viele Fotografen außerdem den Schatten- und/oder Lichterkontrast (SCHATTIER. TON und TON LICHTER). Zudem wird die Rauschunterdrückung gerne zurückgefahren, da Farbrauschen in diesem Modus so gut wie keine Rolle spielt und das etwas stärker hervortretende Luminanzrauschen wie Filmkorn erscheint.
- SW+GELB-FILTER ist eine Schwarz-Weiß-Filmsimulation mit einem vorgeschalteten digitalen Gelbfilter. Gelbe Farbtöne bekommen damit einen helleren Grauton, andere Farbtöne werden entsprechend ihrer Entfernung zu Gelb dunkler dargestellt. Der Effekt ist bei den meisten Motiven eine leichte Kontrastanhebung.
- SW+ROT-FILTER entwickelt die Aufnahme in Schwarz-Weiß mit einem digitalen Rotfilter. Hauttöne werden dadurch aufgehellt und rötliche Hautunreinheiten reduziert. Blauer Himmel wird dagegen abgedunkelt und mit einem deutlichen Kontrast zu Wolken dargestellt.

- SW+GRÜN-FILTER ist das Gegenstück zum Rotfilter. Hauttöne erscheinen dunkler, rötliche Unreinheiten werden dabei manchmal dunkel hervorgehoben.
- SEPIA erzeugt ein monochromes Bild mit Sepia-Ton und wird typischerweise mit einem Retro-Look assoziiert.

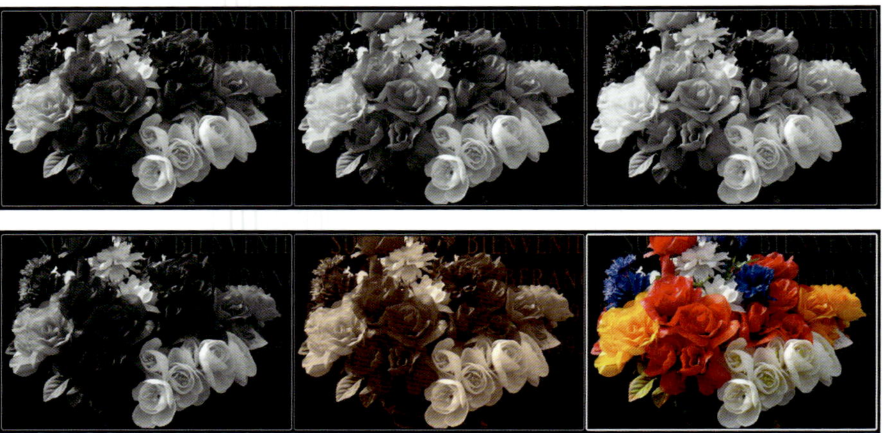

Abbildung 57: **Schwarz-Weiß-Optionen** im Vergleich. Von links nach rechts, erste Zeile: Schwarz-Weiß ungefiltert, mit Gelbfilter und mit Rotfilter. Zweite Zeile: Grünfilter, Sepia sowie die farbige Vorlage

- ACROS ist Fujifilms neueste Schwarz-Weiß-Filmsimulation und eine attraktive Alternative zu den vier herkömmlichen SCHWARZWEISS-Voreinstellungen. ACROS steht ebenfalls in vier Varianten (ungefiltert sowie mit Gelb-, Rot- und Grünfilter) zur Verfügung. Er erinnert an Fujis gleichnamigen analogen Schwarz-Weiß-Film und entfaltet deshalb eine besonders filmische Wirkung. Dies hängt auch damit zusammen, dass die X100F bei ACROS abhängig vom eingestellten ISO-Wert eine analoge Filmkornsimulation betreibt, bei der das natürliche Bildrauschen vom Kameraprozessor in analog wirkendes »Filmkorn« umgestaltet wird. Dieses sogenannte Noise Shaping steht nur im kameraeigenen Konverter zur Verfügung und kann deshalb von keinem externen RAW-Konverter (wie Lightroom) nachvollzogen werden.

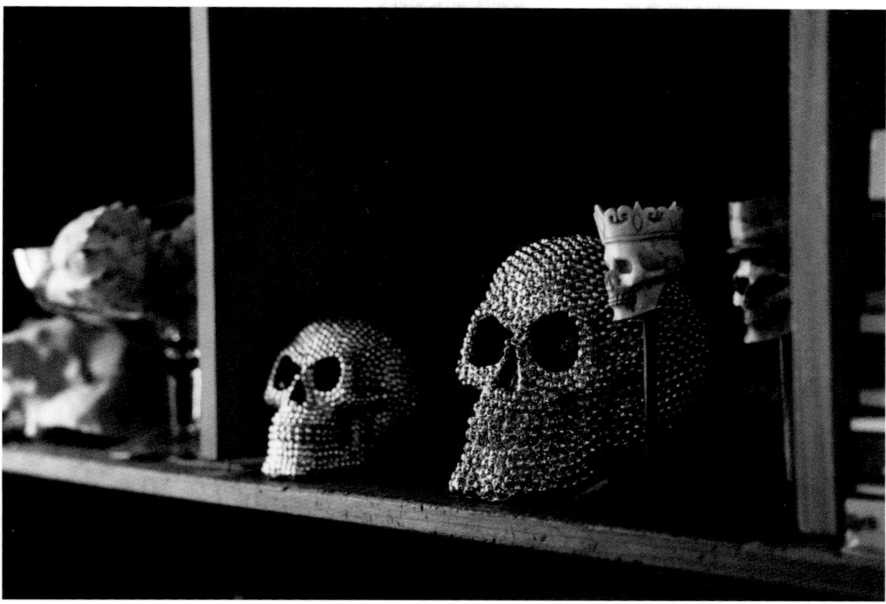

Abbildung 58: Selbst bei ISO 25600 sorgt das Noise Shaping der **ACROS-Filmsimulation** für einen natürlichen Filmkorn-Look mit hoher Auflösung und guter Detailwiedergabe.

Wenn Sie verschiedene Filmsimulationen ausprobieren und vergleichen möchten, sollten Sie dies mit dem eingebauten RAW-Konverter Ihrer X100F erledigen. Mit seiner Hilfe können Sie von jeder bereits gemachten Aufnahme weitere Versionen mit anderen JPEG-Einstellungen erstellen.

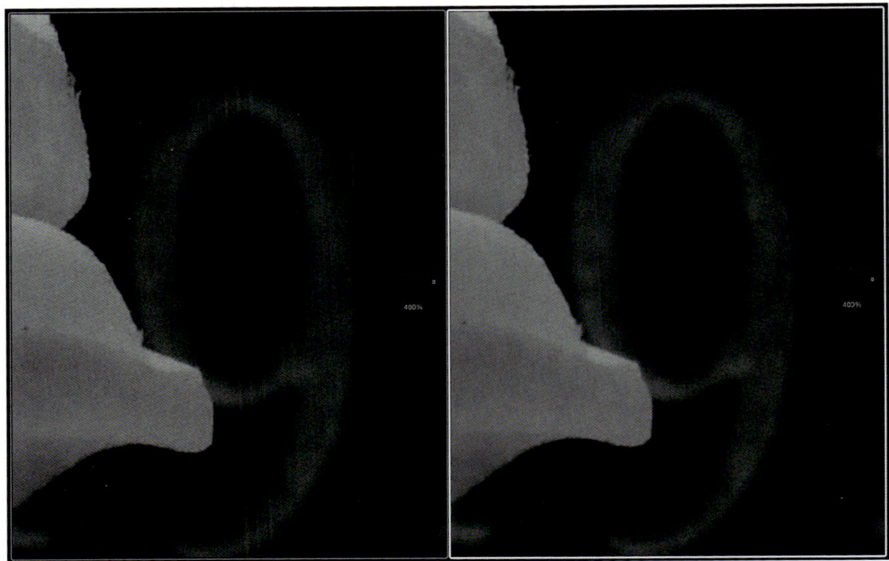

Abbildung 59: Die in ACROS fest eingebaute **analoge Filmkornsimulation** arbeitet ISO-abhängig und wandelt das natürliche Bildrauschen in analog wirkendes Filmkorn um. Schon bei Basis-ISO 200 ist der Korneffekt subtil zu sehen, hier im direkten Vergleich zwischen ACROS (links) und der herkömmlichen SCHWARZWEISS-Filmsimulation (rechts).

TIPP 75 Der **Körnungseffekt**

Fujifilm ist für seine Filmsimulationen weltbekannt. Was liegt da näher, als ihren organischen Look weiter zu verbessern, indem man dem Bild die Simulation von analogem Filmkorn hinzufügt? Genau das macht der KÖRNUNGSEFFEKT in der X100F, der in zwei Stufen (SCHWACH und STARK) zur Verfügung steht und für mehr Textur und Mikrokontrast sorgt.

Anders als ACROS verwandelt der KÖRNUNGSEFFEKT nicht Rauschen in Filmkorn, sondern legt – ISO-unabhängig – den Effekt über das bestehende Bild.

Das funktioniert mit allen Filmsimulationen, nur in Kombination mit ACROS sollte man den KÖRNUNGSEFFEKT nicht verwenden. Schließlich bringt ACROS bereits seinen eigenen ISO-abhängigen Korneffekt mit, sodass Sie im Endeffekt zwei Körnungen übereinanderlegen würden.

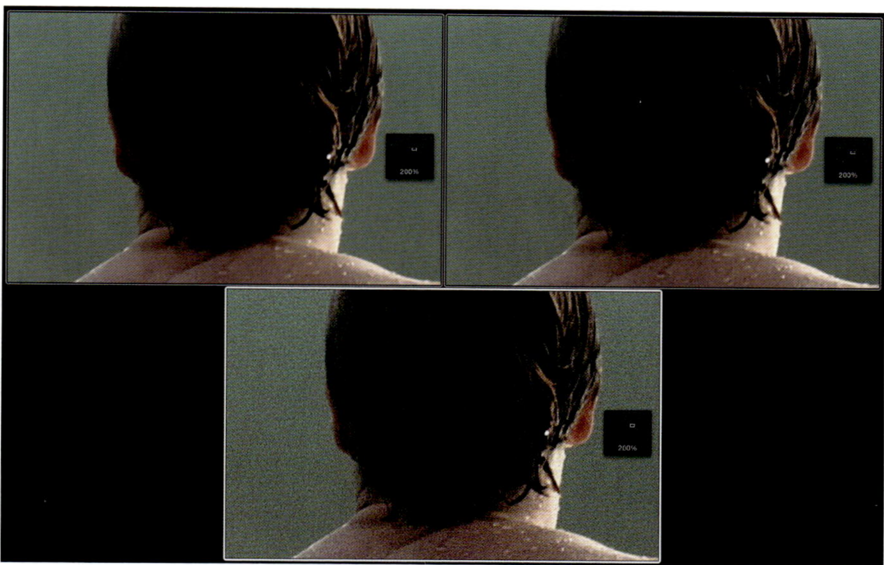

Abbildung 60: Der KÖRNUNGSEFFEKT fügt den JPEGs der X100F simuliertes analoges Filmkorn hinzu und sorgt damit für einen organischen Look mit mehr Textur und Mikrokontrast. Die hier abgebildeten Ausschnittvergrößerungen zeigen eine mit ISO 800 gemachte Aufnahme mit minimaler Rauschunterdrückung (links oben), mit schwachem Korneffekt und minimaler Rauschunterdrückung (rechts oben) und mit starkem Korneffekt und minimaler Rauschunterdrückung (unten Mitte).

Bitte denken Sie daran, dass der Bildprozessor Ihrer X100F in der Lage ist, normalerweise unerwünschtes Bildrauschen »attraktiv« erscheinen zu lassen, sodass ein Zusatz von simuliertem Filmkorn gerade bei Aufnahmen mit ISO-Einstellungen von 800 und höher oftmals gar nicht nötig ist. Stellen Sie stattdessen einfach die RAUSCHREDUKTION auf –4, um so viel »kornähnliches« Bildrauschen und so viele Details wie möglich zu erhalten.

Kontrasteinstellungen: Schatten und Glanzlichter getrennt bearbeiten — TIPP 76

Eine praktische Eigenheit der X-Serie ist die Möglichkeit, den Kontrast [45] für helle und dunkle Bildbereiche getrennt einzustellen – die entsprechenden Menüpunkte lauten TON LICHTER und SCHATTIER. TON. Mit diesen Einstellungen können Sie auch den Dynamikumfang von JPEGs erweitern, also Schatten anheben und Glanzlichter reduzieren. Umgekehrt können Sie den Kontrast für Schatten und Lichter zusammen oder getrennt erhöhen und den Dynamikumfang somit reduzieren.

Um den Kontrast einer Aufnahme insgesamt zu erhöhen, stellen Sie beide Parameter in Plusrichtung ein. Um den Kontrast insgesamt zu reduzieren, stellen Sie beide Parameter in Minusrichtung ein.

Bitte beachten Sie, dass eine weiche Einstellung bei den Glanzlichtern keine Informationen wiederherstellen kann, die in der RAW-Datei selbst nicht vorhanden sind, weil die Aufnahme zu hell belichtet wurde. Sind entsprechende Bildinformationen noch vorhanden, erhalten die Glanzlichter bei einer weichen Entwicklung jedoch mehr Textur.

Zum besseren Verständnis der Kontrastwirkung sollte man wissen, dass ein stärkerer Kontrast auch zu einem stärkeren Schärfeeindruck und satteren Farben führt. Umgekehrt erscheinen die Farben in einem kontrastarm entwickelten Bild entsprechend ungesättigt. Man darf Kontrasteinstellungen also nicht isoliert betrachten, sondern sollte ihre Wechselwirkung mit anderen JPEG-Einstellungen im Hinterkopf behalten.

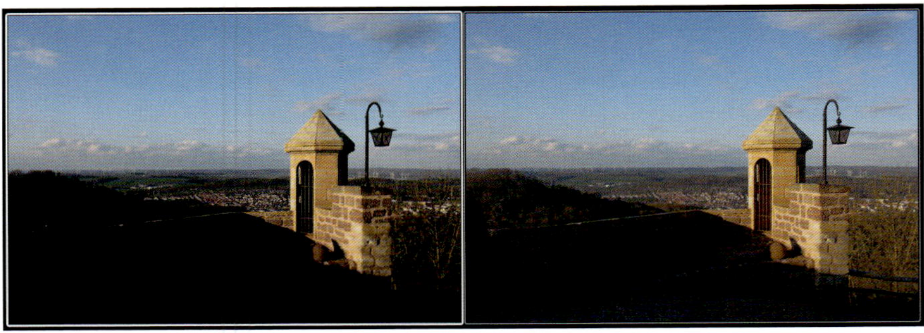

Abbildung 61: **Schattenkontrasteinstellungen** im Vergleich: links SCHATTIER. TON +2, rechts die gleiche Aufnahme mit SCHATTIER. TON –2. Während dunkle Töne angehoben werden, bleiben die Lichter von der Einstellungsänderung unberührt.

Hauttöne – glatt oder mit Textur? TIPP 77

Bei Hauttönen scheiden sich die Geister – nicht nur was die Farbgebung betrifft, sondern auch in puncto Detailzeichnung und Rauschunterdrückung.

Die Farbgebung von Hauttönen können Sie mithilfe der Einstellungen für den Weißabgleich und der Farbtonverschiebung (WA VERSCHIEBEN) vor oder nach der Aufnahme jederzeit anpassen. Die Glättung von Flächen und insbesondere von Hauttönen bei Aufnahmen mit hohen ISO-Werten steuern Sie wiederum am besten mit der JPEG-Einstellung RAUSCHREDUKTION: Verringern Sie die Rauschunterdrückung auf Werte zwischen −2 und −4 für weniger Hauttonglättung und mehr Details.

Wenn Sie mit den High-ISO-Ergebnissen aus der Kamera hinsichtlich Detailzeichnung und Glättung dennoch nicht zufrieden sind und keine Einstellungskombination Ihren Geschmack trifft, empfiehlt sich die Verwendung eines externen RAW-Konverters. Adobe Lightroom und Adobe Camera Raw (ACR) enthalten eigene Fuji-Farbprofile, mit denen Sie die Filmsimulationen Ihrer X100F am PC annähernd nachempfinden können.

Aufnahmen mit erweiterter Dynamik (DR200%, DR400%) müssen Sie in Lightroom/ACR jedoch auch bei Verwendung dieser Farbprofile weiterhin manuell anpassen, da die Tonwertkorrektur zur Wiederherstellung der Glanzlichter (im Gegensatz zu den JPEGs aus der Kamera) in Lightroom/ACR nicht automatisch erfolgt. Eine Möglichkeit, um Glanzlichter von mit DR200% oder DR400% aufgenommenen Bildern in Lightroom oder ACR wiederherzustellen, besteht darin, die Regler für Weiß und Lichter nach links zu verschieben. Die damit erzielten Ergebnisse sehen jedoch etwas anders aus als die mit der DR-Erweiterung erzeugten JPEGs aus der Kamera.

Farbsättigung – bunt oder mit mehr Details? TIPP 78

Wie Sie inzwischen wissen, ist die gewählte Filmsimulation zu einem guten Teil für den Kontrast und die Farbsättigung [46] in den resultierenden JPEGs verantwortlich. Deshalb steht die Auswahl einer Filmsimulation beim Einstellen der JPEG-Parameter auch meistens am Anfang. Nachgeschaltet kann es sinnvoll sein, die Farbsättigung der ausgewählten Filmsimulation mithilfe der FARBE-Einstellung zu regeln.

Dabei geht es häufig gar nicht darum, die »Buntheit« der Aufnahme einzustellen, sondern darum, Details wieder sichtbar zu machen, die sonst von übersteuerten Farbkanälen verdeckt würden. Gerade »satte« Filmsimulationen wie VELVIA neigen dazu, einzelne RGB-Farbkanäle (insbesondere Rot) zu übersteuern. Ist dies bei einem Motiv der Fall, gehen Details und Texturen verloren, sodass es ratsam ist, die Farbsättigung zurückzunehmen.

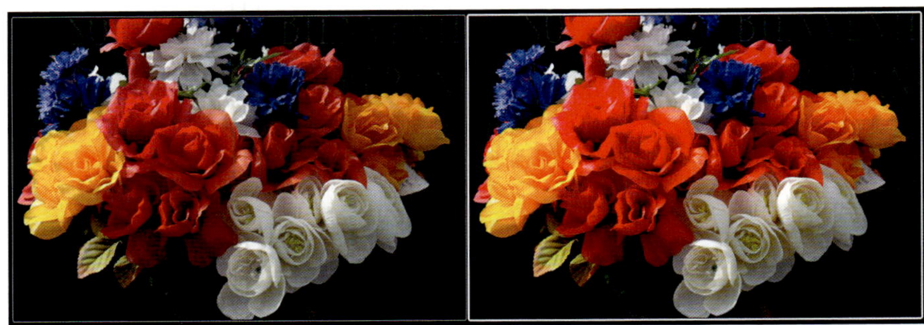

Abbildung 62: **Farbsättigung:** links eine PROVIA-Aufnahme mit FARBE –4, rechts mit FARBE +4

TIPP 79 Der passende **Farbraum: sRGB oder Adobe RGB?**

Ein Thema voller Missverständnisse ist die Wahl des geeigneten Farbraums. Ein Farbraum [47] ist die Gesamtheit der darstellbaren Farbtöne eines farbgebenden Modells. Die X100F bietet hier zwei Optionen: sRGB [48] und Adobe RGB [49]. Beide Farbräume sind gleich groß, was die Anzahl der in ihnen enthaltenen Farben betrifft. Es sind also jeweils 16,7 Mio. unterschiedliche Farbtöne.

Der Unterschied liegt somit nicht in der Anzahl der Farben, sondern vielmehr in der Größe der Bereiche (Gamuts) [50], die von den Farbräumen mit ihren jeweils 16,7 Mio. Farben abgedeckt werden. Adobe RGB deckt einen größeren Bereich als sRGB ab und gilt deshalb auch als ein »erweiterter Farbraum«. Dementsprechend sind bei Adobe RGB die Lücken zwischen benachbarten Farbtönen größer, da die 16,7 Mio. verfügbaren Farbtöne eine größere Fläche abdecken als bei sRGB.

Sie sehen: »Erweitert« bedeutet nicht automatisch »besser« – vor allem dann nicht, wenn man die erweiterten Farben vielleicht gar nicht benötigt oder mit der vorhandenen Ausrüstung nicht darstellen kann, gleichzeitig aber größere Lücken bei den Farben in Kauf nehmen muss, die man darstellen könnte.

- **sRGB** ist ein weit verbreiteter Standardfarbraum, der von nahezu allen Bildschirmen und Endgeräten (Laptops, Computerbildschirmen, Fernsehern, Tablets, Smartphones etc.) unterstützt wird. sRGB ist bei der Entwicklung von RAW-Dateien deshalb auch der bevorzugte Farbraum, wenn die Ergebnisse im Internet gezeigt, per E-Mail verschickt oder einfach nur mit möglichst vielen anderen Geräten kompatibel sein sollen. Auch die meisten Fotodruckdienstleister erwarten oder bevorzugen Bilddaten im sRGB-Format.
- **Adobe RGB** ist ein auf den kommerziellen Vierfarbdruck (CMYK) abgestimmter Farbraum. Um mit Adobe RGB entwickelte JPEGs oder TIFF-Dateien korrekt darstellen zu können, ist es unerlässlich, einen kalibrierten Bildschirm zu verwenden, der erweiterte Farbräume unterstützt. Die dabei erzielten Bildergebnisse werden auf anderen Endgeräten nur dann korrekt dargestellt, wenn deren Bildschirme ebenfalls Adobe RGB als Farbraum unterstützen. Auch der Live-View der X100F kann Adobe RGB nicht darstellen.

Grundsätzlich sollten Sie Ihren Bildschirm kalibrieren, etwa mit einem Spyder-Messsensor von Datacolor. Unkalibrierte Bildschirme sind für farbtreues Arbeiten nicht gut geeignet. Dabei sollten Sie bedenken, dass auch EVF und LCD Ihrer X100F nur einen ungefähren und keineswegs kalibrierten sRGB-Bildeindruck vermitteln. Belastbare Ergebnisse liefert ausschließlich ein guter, kalibrierter Bildschirm, der den verwendeten Farbraum vollumfänglich unterstützt.

TIPP 80 Die richtigen **Benutzerprofile**

Wie Sie inzwischen wissen, können Sie mit BILDQUALITÄTS-EINSTELLUNG > CUST BEARB/SPEICH bis zu sieben Benutzerprofile verwalten, um häufig verwendete Sets mit Kameraeinstellungen schnell abrufen zu können. Benutzerprofile können die folgenden Einstellungen enthalten:

- Dynamikbereich
- Filmsimulation
- Körnungseffekt
- Weißabgleich
- Ton Lichter
- Schattier. Ton
- Farbe
- Schärfe
- Rauschreduktion

Wie Sie sehen, handelt es sich um die bekannten JPEG-Parameter plus die Einstellungen für den Dynamikbereich.

Die sieben Benutzerprofile sind *keine* Kameramodi, sondern Speicherplätze, in denen Sie sieben Sets aus den soeben genannten Einstellungen ablegen und bei Bedarf schnell aufrufen können (zum Beispiel über das Quick-Menü), um die gerade aktuellen Einstellungen mit denen des ausgewählten Sets zu überschreiben. Benutzerprofile bieten die Möglichkeit, solche Änderungen schneller durchzuführen. Sie können die bisherigen Kameraeinstellungen per Knopfdruck mit denen aus einem aufgerufenen Benutzerprofil ersetzen und müssen nicht jeden Parameter mühsam einzeln umstellen.

Am schnellsten geht das, wie gesagt, über das Quick-Menü. Gehen Sie folgendermaßen vor, um Ihre bisherigen Kameraeinstellungen mit denen aus einem der sieben Benutzerprofile (Sets) zu ersetzen:

- Rufen Sie das Quick-Menü mit der Q-Taste auf und wählen Sie links oben eines der sieben Benutzerprofile (C1 bis C7) aus.
- Sie können die aufgerufenen Einstellungen nun bei Bedarf im Quick-Menü anpassen. Änderungen gegenüber dem aufgerufenen Profil werden im Quick-Menü mit einem roten Punkt markiert.

- Wenn Sie mit Ihren Einstellungen zufrieden sind, drücken Sie die OK-Taste oder den Auslöser halb durch. Die gewählten Einstellungen sind nun Ihre neuen Kameraeinstellungen (BASE). Die X100F zeigt Ihnen hier außerdem an, welches Benutzerprofil als letztes abgerufen wurde (etwa C1).

Welche Benutzerprofile machen in der Praxis Sinn? Darauf gibt es keine allgemeine Antwort, aber ich habe ein paar Tipps für Sie:

- Speichern Sie in einem der sieben Benutzerprofile (etwa in C1) die Einstellungen, die Sie als die Standardeinstellungen für Ihre X100F betrachten. Auf diese Weise können Sie Ihre Kamera jederzeit schnell in diesen Standardzustand zurücksetzen, indem Sie das Profil C1 aufrufen und bestätigen (und die bisherigen Einstellungen damit überschreiben).
- Als RAW-Shooter können Sie ein Profil mit Dynamikumfang DR100 % anlegen, das TON LICHTER und SCHATTIER. TON jeweils auf −2 einstellt und die Filmsimulation PRO NEG. STD verwendet. Auf diese Weise zeigen Live-View und Live-Histogramm den größtmöglichen Kontrastumfang an und simulieren damit quasi den erweiterten Dynamikumfang einer RAW-Datei.
- Wenn Sie nicht nur in Farbe, sondern auch schwarz-weiß fotografieren möchten, bietet sich ein Profil für Schwarz-Weiß-Aufnahmen an – etwa mit einer der acht Schwarz-Weiß-Filmsimulationen, minimaler Rauschunterdrückung und mehr Kontrast.

Um Benutzerprofile zu verwalten, können Sie als Alternative zum Bildqualität-Menü auch einfach das Quick-Menü aufrufen und dann die Q-Taste erneut drücken und so lange gedrückt halten, bis das Menü zum Bearbeiten und Speichern von Benutzerprofilen erscheint. Dort können Sie für jedes der sieben Profile entweder alle Parameter einzeln ändern oder die gerade aktuellen Kameraeinstellungen mit AKT. EINST SPEICH in das aufgerufene Profil (BENUTZERDEFINIERT 1–7) übertragen.

Hinweis: *Ab Firmware 2.00 kann Ihre X100F komplette Kamerakonfigurationen speichern und wiederherstellen, die sämtliche Einstellungen enthalten. Leider kann dies nicht kameraintern auf der Speicherkarte erfolgen, sondern nur mit der kostenlosen Software FUJIFILM X Acquire [51] und einem USB-Kabelanschluss an Ihren Mac oder PC.*

TIPP 81 Arbeiten mit dem eingebauten RAW-Konverter

Der in der X100F eingebaute RAW-Konverter erfüllt vor allen Dingen zwei Aufgaben:

- Sie können von einer bereits gemachten Aufnahme weitere Versionen herstellen, etwa eine Schwarz-Weiß-Version.
- Sie können bereits gemachte Aufnahmen in einem zweiten Durchlauf mit angepassten JPEG-Einstellungen verbessern. Man darf davon ausgehen, dass ein Benutzer *vor* jeder einzelnen Aufnahme nicht immer genau weiß, welche Filmsimulation, Kontrasteinstellung, Farbeinstellung, Schärfeeinstellung, Rauschunterdrückung und welcher Weißabgleich bzw. welche Weißabgleichverschiebung optimal zum Motiv passen. Aber selbst *wenn* ein Fotograf über diese seherischen Fähigkeiten verfügen würde, dürfte ihm in vielen Situationen die Zeit fehlen, all dies zwischen dem Erkennen des Motivs und dem Drücken des Auslösers optimal einzustellen. Mit dem eingebauten RAW-Konverter können Sie solche Anpassungen ohne Zeitdruck nachträglich vornehmen, verschiedene Varianten ausprobieren und fertige JPEGs zu Hause an einem großen kalibrierten Monitor betrachten, der aussagekräftigere Ergebnisse anzeigt als der kleine Kamerabildschirm.

Der eingebaute Konverter kann Ihnen auch dabei helfen, Bildfehler nachträglich zu verbessern:

- Verwenden Sie die PUSH/PULL-Entwicklung, um zu dunkle (unterbelichtete) Aufnahmen aufzuhellen (Push) oder zu helle (überbelichtete) Aufnahmen abzudunkeln (Pull).
- Verwenden Sie die Kontrasteinstellungen (SCHATTIER. TON und TON LICHTER), um Schatten aufzuhellen (und damit Schattendetails sichtbar zu machen) oder Glanzlichter zurückzuholen (und damit Lichterdetails deutlicher herauszuarbeiten). Sie können diese Funktionen auch mit der PUSH/PULL-Entwicklung kombinieren. Für JPEGs mit einem besonders großen Dynamikumfang und einer gleichmäßigen Tonwertverteilung stellen Sie beide Kontrastparameter auf –2 ein. Die resultierenden JPEGs

sehen dann zwar oft etwas langweilig aus, eignen sich jedoch hervorragend für die Nachbearbeitung am PC. Wenn Sie möglichst naturgetreue Farben wünschen (im Gegensatz zu den von Fuji sonst eingesetzten »Memory Colors«), sollten Sie außerdem PRO NEG. STD als Filmsimulation einstellen.

- Mit FARBE steuern Sie die Farbsättigung der ausgewählten Filmsimulation. Dabei bietet es sich manchmal an, die Sättigung zu reduzieren, um bei Aufnahmen mit übersteuerten Farbkanälen mehr Details herauszuarbeiten.
- Verändern Sie SCHÄRFE und RAUSCHREDUKTION gegenläufig (= mehr Schärfe und gleichzeitig weniger Rauschreduktion), um Details und Texturen insbesondere auch bei Aufnahmen mit hohen ISO-Werten stärker herauszuarbeiten.
- Verändern Sie den Weißabgleich mit einem Preset oder einer manuellen Kelvin-Einstellung, um eine wärmere oder kältere Farbwirkung zu erzielen. Mit WA VERSCHIEBEN können Sie außerdem Farbstiche ausbügeln oder gezielt einführen (etwa für einen gewollten Retro-Look).
- Überprüfen Sie die Wirkungsweise des Lens Modulation Optimizer (LMO), indem Sie ein JPEG einmal mit und einmal ohne LMO entwickeln und die Ergebnisse später am PC vergleichen.
- Falscher Farbraum? Kein Problem: Entwickeln Sie das JPEG einfach mit dem jeweils anderen Farbraum neu.

Um RAW-Dateien in der Kamera zu entwickeln, die sich nicht mehr auf der Speicherkarte befinden, können Sie die Dateien von Ihrem Rechner zurück auf die Karte kopieren, und zwar in den Ordner, wo die X100F aktuell neue Aufnahmen abspeichert. Bei einer frisch formatierten Karte sollten Sie also vorher mindestens eine Aufnahme machen, ehe Sie die Speicherkarte in den Rechner legen und die RAW-Dateien überspielen.

Das Verzeichnis, in das Sie die RAW-Dateien auf der Karte kopieren müssen, liegt im DCIM-Ordner und trägt den Namen xxx_FUJI, wobei »xxx« eine dreistellige Zahl ist, die von der Anzahl der Aufnahmen abhängt, die

Sie mit Ihrer Kamera bereits gemacht haben (Beispiel für einen Bildordnernamen: 104_FUJI).

Bitte denken Sie daran, dass eine Dateiübertragung vom Rechner auf die Kamera über ein USB-Kabel nicht möglich ist. Sie müssen die Karte direkt in den Rechner oder einen mit dem Rechner verbundenen Kartenleser legen.

Und: Die X100F kann keine RAW-Dateien von anderen Kameramodellen entwickeln, auch nicht solche von anderen Vertretern der Fuji X-Serie. Sie können jedoch RAWs in Ihrer X100F entwickeln, die mit einer anderen X100F als Ihrer eigenen aufgenommen wurden. In diesem Fall erscheint auf dem Display ein symbolisches Geschenkpaket als Hinweis darauf, dass die Aufnahme mit einer anderen Kamera gemacht wurde.

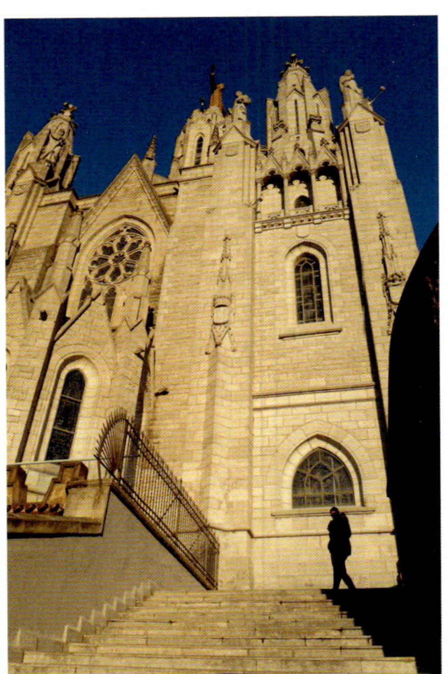

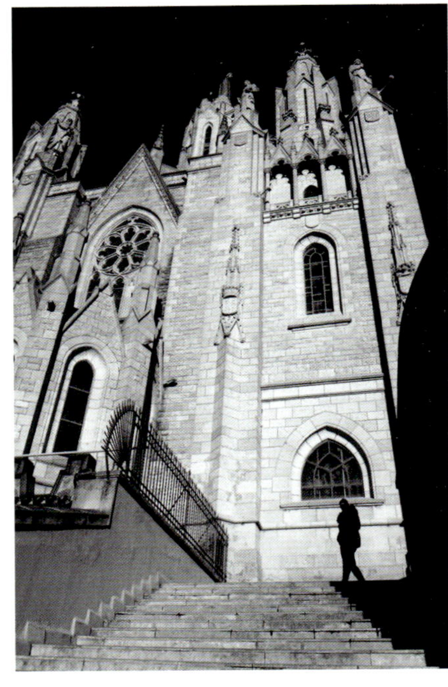

Abbildung 63: Der **eingebaute RAW-Konverter** in Aktion: links eine Aufnahme mit Standardeinstellungen, rechts dieselbe Aufnahme, jedoch im eingebauten RAW-Konverter mit ACROS+Rotfilter sowie mit maximiertem Kontrast (SCHATTIER. TON +4, TON LICHTER +4) neu entwickelt.

***Hinweis:** In Verbindung mit Firmware 2.00 für die X100F hat Fujifilm das Programm X RAW STUDIO [51] für Windows und MacOS herausgebracht. Diese Software wird über USB mit Ihrer X100F verbunden und ermöglicht es Ihnen, den eingebauten RAW-Konverter der Kamera bequem von Ihrem Mac oder PC aus fernzusteuern und die auf Ihrem Rechner gespeicherten RAW-Dateien auf diese Weise direkt mit dem kamerainternen RAW-Konverter zu entwickeln.*

Externe RAW-Konverter im Vergleich TIPP 82

Bisher haben wir uns beim Thema RAW vor allem mit dem eingebauten RAW-Konverter in der X100F beschäftigt. Dabei wurde klar, dass dieser interne Konverter eine praktische Funktion gerade auch für JPEG-Shooter ist: Der eingebaute RAW-Konverter *ist* schließlich die JPEG-Engine der Kamera – er wirft JPEGs aus und arbeitet mit den gleichen JPEG-Einstellungen wie das Bildqualität-Menü der X100F. Wer als JPEG-Shooter auf den eingebauten RAW-Konverter verzichtet, schöpft nur einen kleinen Teil der Möglichkeiten aus. Schließlich kann auch der beste Fotograf die optimalen JPEG-Parameter für jede einzelne Aufnahme nicht immer im Vorfeld kennen und einstellen.

Was aber ist mit überzeugten RAW-Shootern, die an der JPEG-Engine der Kamera vielleicht gar kein Interesse haben? Auch sie können den eingebauten RAW-Konverter nutzen, werden jedoch schnell an seine Grenzen stoßen. Da ist zunächst das Ausgabeformat: JPEG ist nicht verlustfrei komprimiert und bietet eine Informationstiefe von nur 8 Bit pro RGB-Farbkanal. Überzeugte RAW-Shooter erwarten jedoch nicht nur 16 Bit pro Farbkanal, sondern auch ein verlustfreies Format wie TIFF, das für die weitere Bearbeitung in Bildverarbeitungsprogrammen wie Photoshop besser geeignet ist.

- Ein solches Programm liefert Fujifilm zusammen mit der X100F kostenlos mit: **RAW File Converter EX** ist eine ältere Version der Software **Silkypix**. Wenn Sie mit dieser Software ernsthaft arbeiten möchten, empfehle ich Ihnen ein Upgrade auf die neuere Version 8 – bislang gab der Hersteller bzw. deutsche Distributor [52] Benutzern von RAW File Converter EX auf Anfrage einen Rabatt gegenüber dem Neukauf einer aktuellen

Silkypix-Version. Die Version 2 von RFC EX unterstützt auch Fujis kamerainterne Filmsimulationen und ist von Fujifilm kostenlos erhältlich [53].

- Der bekannteste und beliebteste externe RAW-Konverter kommt von Adobe und heißt **Lightroom**. Die aktuellen Versionen [54] unterstützt nicht nur die X100F, sondern enthält auch Farbprofile für Fujis eingebaute Filmsimulationen. Photoshop-Benutzer können alternativ auch **Adobe Camera Raw** verwenden, das in der aktuellen Version ebenfalls die Fuji-Filmsimulationen emuliert und in Sachen RAW-Entwicklung mit Lightroom praktisch identisch ist. Wenn Sie Lightroom bei Adobe abonnieren, achten Sie bitte darauf, dass ihr Abonnement auch die Version Lightroom Classic CC beinhaltet.

- Ein weiterer professioneller RAW-Konverter hört auf den Namen **Capture One Pro** [55] und ist ähnlich leistungsstark wie Lightroom. Capture One besitzt eine beachtliche Fangemeinde und hat seinen Ursprung im professionellen digitalen Mittelformat: Hersteller Phase One baut auch die gleichnamigen Kameras und Kamerarückteile.

- Derzeit nur für Mac OS ist die Software **Iridient Developer** von Iridient Digital [56] erhältlich. Dieser Konverter wird aufgrund seiner flexiblen Schärfungsalgorithmen insbesondere von Landschaftsfotografen geschätzt, eignet sich aber selbstverständlich auch für alle anderen Motive. Iridient Developer bildet Fujis Filmsimulationen ebenfalls nach. Es gibt außerdem den **Iridient X-Transformer** [57] für MacOS und Windows, der über ein Plug-in in Lightroom gestartet werden kann. Er konvertiert Fujifilm RAF-Dateien in demosaicte DNG-Dateien, die in Lightroom weiterverarbeitet werden können, und kombiniert so die Stärken und Vorteile von Iridient Developer und Lightroom.

- **Photo Ninja** von PictureCode [58] brilliert ebenfalls mit Schärfe und Details und ist für Mac OS und Windows gleichermaßen erhältlich. Photo Ninja enthält außerdem ein Modul für adaptive Tonwertkorrektur und besitzt einen speziellen Algorithmus für die Wiederherstellung von ausgefressenen Lichtern.

Welcher RAW-Konverter ist für Sie der richtige? Probieren Sie es einfach selbst aus! Von allen genannten Programmen gibt es kostenlose Demoversionen, die über einen Zeitraum von mehreren Wochen mit dem vollen Funktionsumfang getestet werden können.

Um Ihnen den Einstieg zu erleichtern, möchte ich Ihnen auf den folgenden Seiten einen kurzen Überblick darüber geben, wie die hier vorgestellten RAW-Konverter mit einigen Schlüsselfunktionen Ihrer X100F umgehen. Dabei handelt es sich um folgende Features:

- Fujifilm-Filmsimulationen
- Aufnahmen mit erweiterter Dynamik (DR-Funktion)
- digitale Objektivkorrekturen

Wie Sie gleich sehen werden, gibt es hier bei den genannten RAW-Konvertern zum Teil große Unterschiede.

FUJIFILM-FILMSIMULATIONEN

Provia, Astia, Velvia, Classic Chrome, Pro Neg. Hi und Pro Neg. Std bilden das Farbgerüst der X100F. Externe RAW-Konverter behandeln Farben jedoch anders und die Ergebnisse sehen deshalb oft entsprechend unterschiedlich aus.

- Der **eingebaute RAW-Konverter** ist die Referenz für Fujis Filmsimulationen, an denen sich externe Konverter messen lassen müssen.
- **RAW File Converter EX** und **Silkypix** enthalten eine Reihe von eigenen Filmsimulationen, die allerdings nicht mit denen in der X100F übereinstimmen. Die aktuelle Version 2 von RFC EX bildet die Filmsimulationen der X100F jedoch weitgehend nach, basiert aber nach wie vor auf einer alten (= veralteten) Version von Silkypix. Im aktuellen Silkypix stehen die Filmsimulationen ebenfalls zur Verfügung.
- **Adobe Lightroom** und **Adobe Camera Raw** enthalten Kameraprofile mit den Filmsimulationen der X100F, die weitgehend mit den Originalen aus der Kamera übereinstimmen – zumindest dann, wenn die RAW-Datei mit DR100 % (also ohne Dynamikerweiterung) aufgenommen wurde.

- **Capture One Pro** enthält keine offiziellen Filmsimulationen, es gibt jedoch die Möglichkeit, eigene Profile zu erstellen. Verschiedene User haben dies mehr oder weniger erfolgreich praktiziert und bieten entsprechende Dateien in Kameraforen oder Blogs zum Herunterladen an.
- **Iridient Developer** bildet Fujis Filmsimulationen in vorbildlicher Weise nach. Allerdings stehen nur Simulationen für Kameras mit älteren Sensoren als die X100F zur Verfügung. Diese sind jedoch auch für die X100F verwendbar. Wenn Sie den **Iridient X-Transformer** als Lightroom-Plug-in verwenden, haben Sie außerdem Zugriff auf die in Lightroom integrierten Fujifilm-Profile, die den Farben und der Abstufung der in der Kamera eingebauten Filmsimulationen ausgesprochen nahekommen.
- **Photo Ninja** unterstützt keine Fuji-Filmsimulationen.

ERWEITERTE DYNAMIK (DR200%, DR400%)

Die DR-Funktion der X100F erzeugt RAW-Dateien, die zum Schutz von Glanzlichtern um eine (DR200%) oder zwei (DR400%) Blendenstufen (ISO-Stufen) knapper als angezeigt belichtet werden, sodass bei der Verarbeitung solcher RAWs eine selektive digitale Push-Entwicklung (Tonwertkorrektur) notwendig ist, damit die fertigen Bildergebnisse nicht zu dunkel aussehen.

- Der **eingebaute RAW-Konverter** sorgt automatisch für eine fehlerfreie Tonwertkorrektur und ist somit die Referenz für alle externen Konverter.
- **Silkypix** und **RAW File Converter EX** erkennen knapper belichtete RAW-Dateien mit DR-Erweiterung anhand der Metadaten in den EXIF-Informationen und führen eine automatische Anpassung der Belichtung um eine bzw. zwei Blendenstufen durch. Gleichzeitig wird auch die eingebaute Dynamikerweiterungsfunktion des Programms um eine oder zwei Blendenstufen höher eingestellt, um die durch den Push verloren gegangenen Glanzlichter wiederherzustellen. Silkypix/RFC EX ist bisher der einzige hier vorgestellte externe Konverter, der die Dynamikerweiterungsfunktion der X100F ohne manuelles Eingreifen des Benutzers *automatisch* emulieren kann. Doch freuen Sie sich nicht zu früh: Die Ergebnisse, die Silkypix mit seiner eigenen DR-Funktion erzielt, sind nicht mit denen aus der Kamera identisch und tendenziell auch leider nicht so attraktiv.

- Auch **Lightroom** und **Adobe Camera Raw** erkennen RAWs, die mit der DR-Funktion der X100F aufgenommen wurden, und führen bei der Entwicklung automatisch einen Push um eine oder zwei Blendenstufen durch. Die dabei verloren gehenden Glanzlichter muss der Benutzer mithilfe der fünf Belichtungsregler und der Gradationskurve des Programms in Eigenregie wiederherstellen, es gibt dafür keine Automatik. Die per Lightroom mithilfe der manuellen Tonwertkorrektur erzielten Ergebnisse sehen in den meisten Fällen anders aus als die Ergebnisse, die mit der DR-Funktion des in die X100F eingebauten RAW-Konverters erzielt werden.

- **Capture One Pro** arbeitet ähnlich wie Lightroom und sorgt beim Importieren automatisch für einen passenden digitalen Push. Zur Wiederherstellung der dabei ins Off gedrückten Glanzlichter bietet Capture One einen entsprechenden Regler an. Die damit erzielten Ergebnisse entsprechen jedoch ebenfalls nicht immer denen aus dem eingebauten RAW-Konverter.

- **Iridient Developer** ist ein »Good Citizen« und arbeitet ähnlich wie Capture One: Die RAW-Datei wird beim Import digital gepusht, um die knappere Belichtung auszugleichen. Zur Wiederherstellung der Glanzlichter gibt es einen simplen Regler. Die so erzielten Ergebnisse sehen den JPEGs aus dem eingebauten RAW-Konverter dabei erfreulich (und häufig sogar zum Verwechseln) ähnlich. **Iridient X-Transformer** verlässt sich dagegen auf Lightroom, um Glanzlichter wiederherzustellen.

- **Photo Ninja** verfügt über eine automatische adaptive Tonwertkorrektur und sorgt damit unabhängig von der DR-Einstellung der Kamera stets für eine korrekt belichtete RAW-Entwicklung, deren Ergebnis man nach dem Import selbstverständlich manuell anpassen kann.

DIGITALE OBJEKTIVKORREKTUREN

Digitale Objektivkorrekturen bestehen aus vier Bereichen: Devignettierung, Verzeichnungskorrektur, Entfernen chromatischer Aberrationen und Lens Modulation Optimizer (LMO). Die dafür benötigten Informationen legt die X100F in den Metadaten jeder RAW-Datei ab, sodass sie im Prinzip nicht nur dem eingebauten RAW-Konverter, sondern auch externen Konvertern für digitale Korrekturen zur Verfügung stehen.

- Der **eingebaute RAW-Konverter** unterstützt naturgemäß alle vier genannten Korrekturen, einschließlich des Lens Modulation Optimizers (LMO), der externen RAW-Konvertern leider grundsätzlich nicht zur Verfügung steht.
- **Silkypix** und **RAW File Converter EX** erkennen die in der RAW-Datei abgelegten Korrekturdaten für Verzeichnung, Vignettierung und chromatische Aberrationen und wenden sie automatisch an. Es ist jedoch nicht möglich, die Anwendung der optischen Korrekturen ganz oder teilweise zu unterbinden oder zu steuern.
- **Lightroom** und **Adobe Camera Raw** interpretieren die RAW-Metadaten ebenfalls und führen die entsprechenden digitalen Korrekturen automatisch durch. Auch hier ist es derzeit nicht möglich, die Korrekturen auszuschalten oder ihre Intensität zu steuern. Lightroom bietet außerdem über die metadatenbasierten digitalen Objektivkorrekturen hinaus ein zusätzliches Korrekturprofil für das X100F-Objektiv. Mit diesem Zusatzprofil können Verzerrungen und Vignettierungen weiter korrigiert oder sogar überkorrigiert werden.
- **Capture One Pro** erkennt die in der RAW-Datei abgelegten Korrekturdaten ebenfalls, bietet jedoch die Möglichkeit, Devignettierung und Verzeichnungskorrektur in ihrer Intensität zu steuern sowie auf einzelne Korrekturen ganz zu verzichten.
- **Iridient Developer** erkennt die Korrekturmetadaten für Verzeichnung, Vignettierung und chromatische Aberrationen. Diese Korrekturen können einzeln ein- und ausgeschaltet werden. Darüber hinaus ist es auch möglich, entsprechende Korrekturen manuell zu steuern. In ähnlicher Weise bietet der **Iridient X-Transformer** Kontrollkästchen zum Ausschalten der drei auf Metadaten basierenden Objektivkorrektur-Parameter. Iridient X-Transformer ist dadurch ein Weg, um die derzeitige Unfähigkeit von Lightroom zu umgehen, RAW-Metadaten-basierte Objektivkorrekturen zu ignorieren.

- **Photo Ninja** ignoriert bislang die Metadaten für Objektivkorrekturen, bietet jedoch die Möglichkeit, entsprechende Korrekturen manuell durchzuführen. Außerdem ist es möglich, basierend auf geeigneten Testaufnahmen für jedes Objektiv ein eigenes Korrekturprofil anzulegen.

Die von externen RAW-Konvertern automatisch durchgeführten Korrekturen entsprechen im Ergebnis aufgrund unterschiedlicher Interpretationen der Metadaten nicht immer exakt den JPEGs aus der Kamera. Sie können die Metadaten als Regieanweisungen verstehen, die von den unterschiedlichen Akteuren zwar verstanden, jedoch unterschiedlich umgesetzt werden.

EXIF-Metadaten anzeigen

TIPP 83

Digitale Kameras speichern Informationen über jedes aufgenommene Bild in sogenannten EXIF-Metadaten [42] ab. Jede mit der X100F erzeugte JPEG- oder RAW-Datei enthält deshalb zahlreiche Informationen, die Ihrem RAW-Konverter oder Bildbearbeitungsprogramm helfen können, das Bild besser zu interpretieren.

Die EXIF-Daten enthalten neben den für eine Aufnahme verwendeten Belichtungsparametern und Kameraeinstellungen (ISO, Blende, Belichtungszeit, Belichtungsmessmethode, AF-Modus und AF-Feld, Weißabgleich, digitale Objektivkorrekturdaten, DR- und JPEG-Einstellungen etc.) weitere herstellerspezifische Informationen, etwa die interne Seriennummer der Kamera sowie Typ und Brennweite des verwendeten Objektivs. Diese sogenannten Maker Notes können Sie mit einem geeigneten EXIF-Viewer auch selbst einsehen. Sie benötigen dafür lediglich eine Software, die auf dem Hilfsprogramm ExifTool basiert. Für Windows-Benutzer ist dies beispielsweise das Programm ExifTool GUI, für Mac-OS-User das beliebte Programm GraphicConverter.

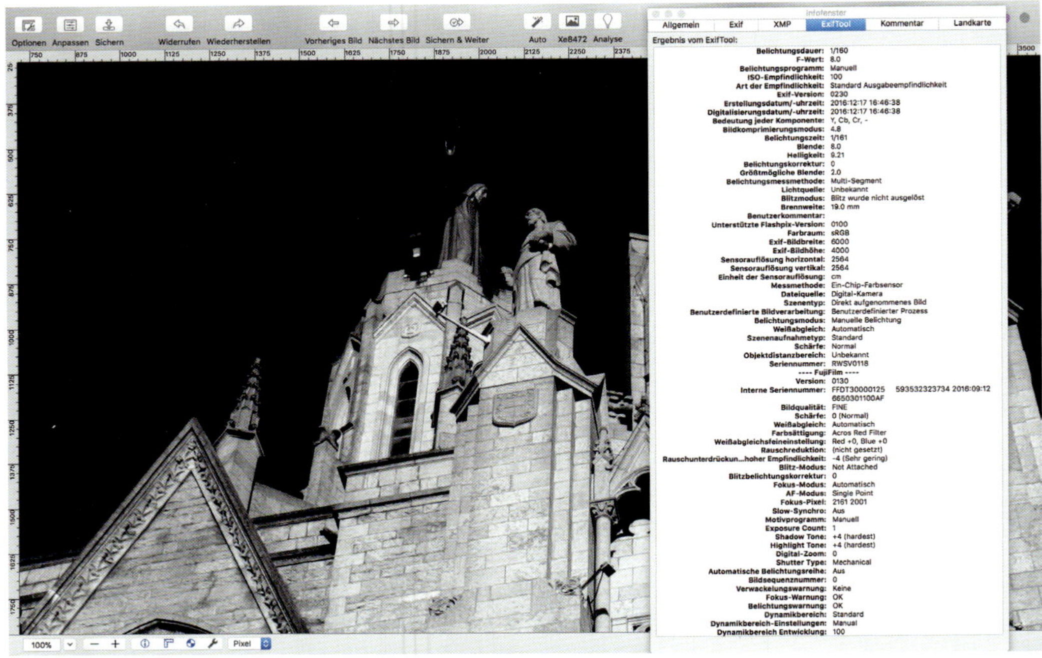

Abbildung 64: **ExifTool**-Auszug im Programm GraphicConverter: Neben den üblichen Belichtungsdaten enthüllt das ExifTool auch herstellerspezifische Maker Notes.

2.6 SERIENAUFNAHMEN, MOVIES UND SELBSTAUSLÖSER

Hinter der DRIVE-Taste Ihrer X100F verbergen sich allerhand Funktionen – einige sind ausgesprochen praktisch, andere eher verzichtbar.

Zu den eher verzichtbaren unter den Bracketing-Funktionen zählen:

- Filmsimulations-Bracketing
- ISO-Bracketing
- DR-Bracketing
- Weißabgleich-Bracketing

Warum verzichtbar? Diese Funktionen stehen Ihnen nur dann zur Verfügung, wenn Sie die RAW-Funktion der Kamera ausschalten und ausschließlich JPEGs aufnehmen, die X100F also wie eine Sofortbildkamera einsetzen. Dass Sie die Vorzüge der X100F nur mit FINE+RAW vollends ausschöpfen können, haben wir mehrfach erörtert – und zwar unabhängig davon, ob Sie ein überzeugter JPEG-Shooter, ein fanatischer RAW-Shooter oder (wie ich) irgendwo dazwischen angesiedelt sind.

- ERWEITER. FILTER erzeugen eine Reihe von Spezialeffekten, an denen sich die meisten User recht schnell sattsehen. Als JPEG-Spielerei sind die Effekte jedoch durchaus akzeptabel. Probieren Sie die Wirkung einfach selbst aus!
- MEHRFACHBELICHT. (bei der es sich tatsächlich nur um eine Doppelbelichtung handelt) ist ein eher simples Feature, das man am PC in einem Bildverarbeitungsprogramm wie Photoshop besser umsetzen kann.

Hinweis: *Firmware-Updates für die X-Pro2 und X-T2 haben mittlerweile das Schreiben von RAW-Dateien in allen Bracketing-Modi sowie den erweiterten Filtern ermöglicht. Es ist deshalb denkbar, dass ein zukünftiges Firmware-Update für die X100F diesen Funktionen das RAW-Format ebenfalls hinzufügt.*

Arbeiten mit der **Serienbildfunktion** TIPP 84

Die Serienbildfunktion (Continuous oder »C«) erleichtert das Fotografieren von »Action«-Szenen, indem die Kamera beim Durchdrücken des Auslösers nicht nur ein Bild, sondern in schneller Folge mehrere Aufnahmen hintereinander macht, und zwar so lange, wie Sie den Auslöser gedrückt halten (oder bis der Aufnahmepuffer der Kamera voll ist).

Die X100F bietet vier grundlegende Geschwindigkeitseinstellungen: L (3 Bilder/s), M (4 Bilder/s), H (5 Bilder/s) und SH (8 Bilder/s).

Die verschiedenen Varianten arbeiten grundsätzlich gleich. Das heißt konkret:

- Weißabgleich, Autofokus, DR-Einstellung und Belichtung (Blende, Belichtungszeit, ISO) werden für das erste Bild der Serie festgelegt und dann

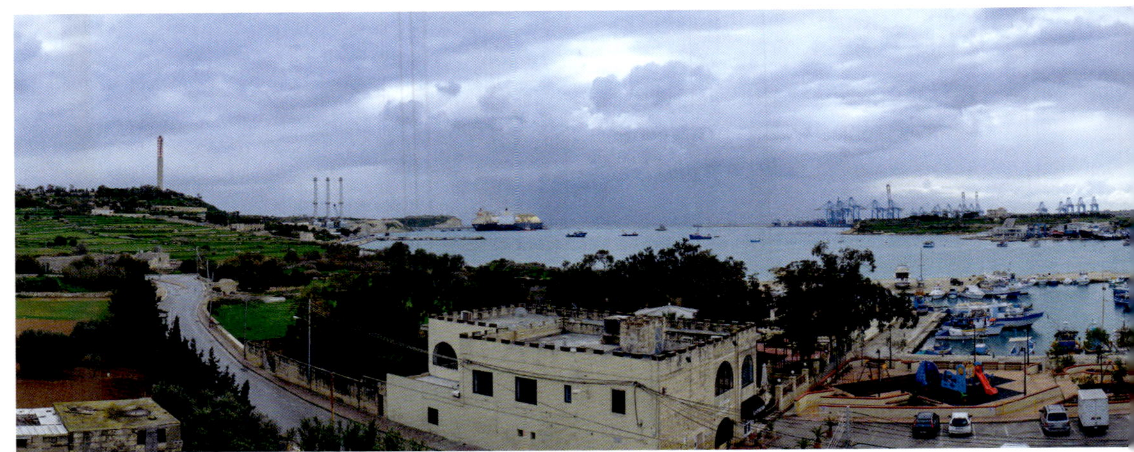

auf alle weiteren Bilder der Serie übertragen. Alle Aufnahmen der Serie werden also mit denselben Einstellungen für Weißabgleich, Autofokus, DR-Einstellung und Belichtung gemacht.

- Eine *Ausnahme* von dieser Regel bildet der Autofokusmodus AF-C in Kombination mit dem Serienbildmodus: In dieser Konfiguration übernimmt die Kamera zwar Weißabgleich und DR-Einstellung von der ersten Aufnahme für alle weiteren Bilder der Serie, Belichtung und Autofokus werden jedoch nachgeführt, also vor jedem Bild der Serie neu gemessen und neu festgelegt.

TIPP 85 Aufnahme von Schwenkpanoramen

MOTION PANORAMA ist eine Variante des Serienbildmodus: Während Sie die Kamera in einer horizontalen oder vertikalen Bewegung schwenken, nimmt die X100F eine Reihe von Bildern auf und heftet sie zu einer Panorama-JPEG-Datei zusammen. Sie können zwischen zwei Größen wählen (M und L), und Sie können die Richtung Ihrer Schwenkbewegung festlegen (links, rechts, oben und unten).

Sie können eine vertikale Bewegung horizontal umlenken, indem Sie die Kamera beim Schwenken hochkant halten. Daraus ergibt sich eine maximale Bildgröße von 9600 × 2160 Pixel für ein L-Schwenkpanorama.

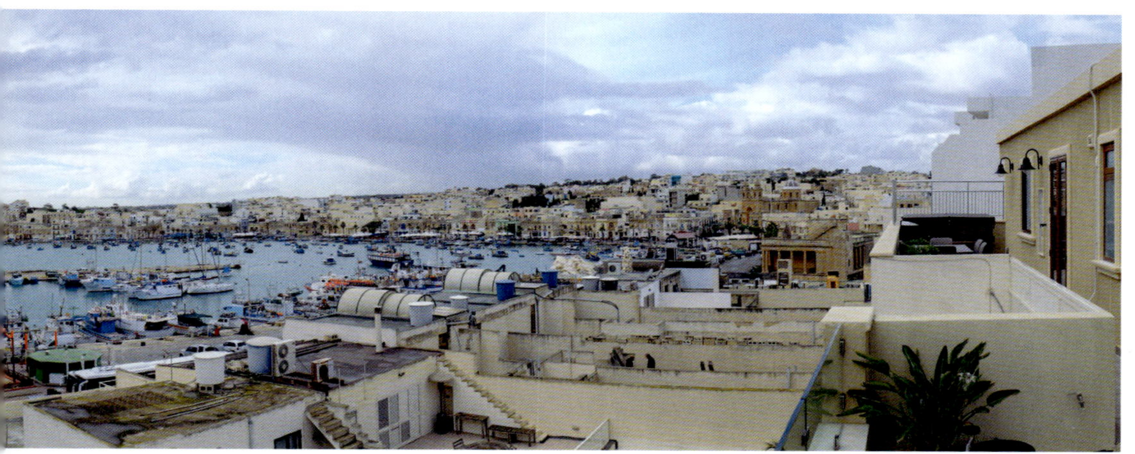

Abbildung 65: Ein großes **Schwenkpanorama**: Die Kamera nimmt automatisch so viele Bilder auf, wie sie zum Zusammenfügen des JPEG-Panoramabildes benötigt.

Nachfolgend einige Tipps, wie Sie mit Schwenkpanoramen die besten Ergebnisse erzielen können:

- Da MOTION PANORAMA nur eine JPEG-Datei (kein RAW) erzeugt, müssen JPEG-Parameter wie Weißabgleich oder die Filmsimulation unbedingt vor der Aufnahme eingestellt werden.
- Weißabgleich und Fokussierung bleiben während der Aufnahme eines Bewegungspanoramas konstant. Dies gilt für alle Fokussierarten (AF-S, AF-C und MF). Aus diesem Grund ist es wichtig, eine Fokusentfernung und Schärfentiefe einzustellen, die für den gesamten Panoramabereich geeignet sind.
- Panoramen neigen dazu, sich über einen weiten Bereich mit unterschiedlichen Lichtverhältnissen und starken Kontrastveränderungen zu erstrecken. In solchen Fällen ist es sinnvoll, mit einer erweiterten DR-Einstellung zu fotografieren, also DR200% oder DR400%. Außerdem sollte die Belichtung so eingestellt werden, dass sie dem gesamten Panoramabild und nicht nur einem kleinen Teil davon entspricht. Die Ränder eines Panoramas sind dafür selten repräsentativ; normalerweise ist es besser,

Abbildung 66: Eine ergiebigere Form von Panoramaaufnahmen ist das manuelle Fotografieren einzelner sich überlappender Bilder, um die dazugehörenden RAW-Dateien mit Adobe Lightroom zu einem **Panorama-DNG** zusammenzufügen. Nicht nur, dass die Auflösung des resultierenden Bildes durch die Verarbeitung einer DNG-Datei wesentlich höher ist, Sie können auch die Vorteile des ISO-losen Sensors und seines vollen Dynamikumfangs nutzen. Das Bild oben zeigt das Panorama-DNG nach der Bearbeitung in Lightroom; das Bild unten zeigt die gleiche Aufnahme, wie sie als unbearbeitetes Schwenkpanorama direkt aus der Kamera aussehen würde.

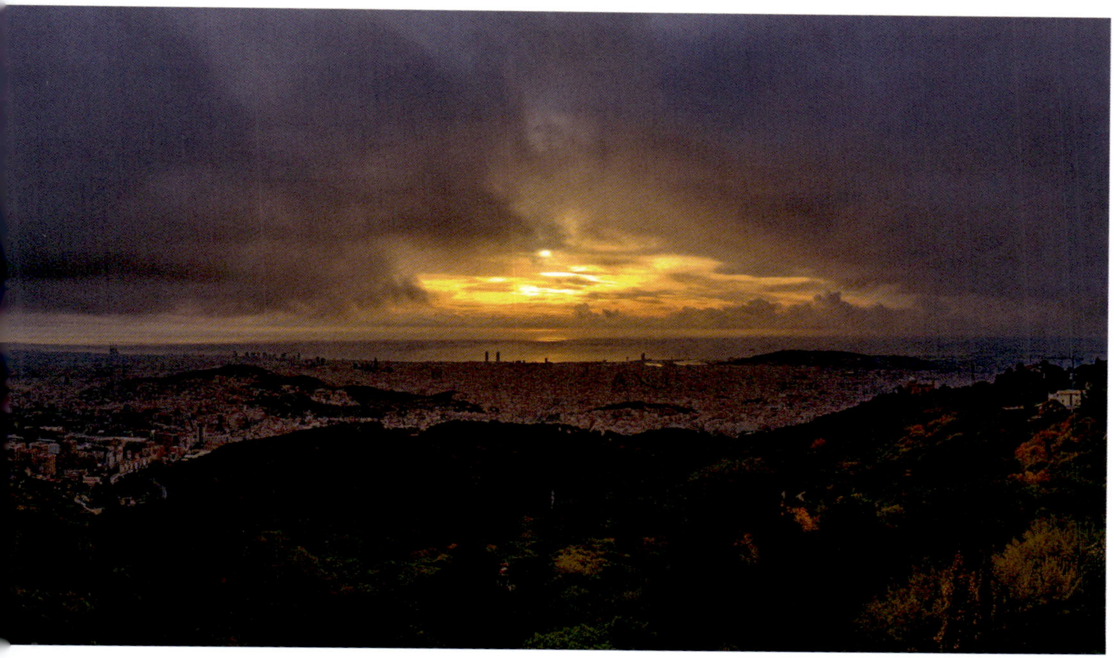

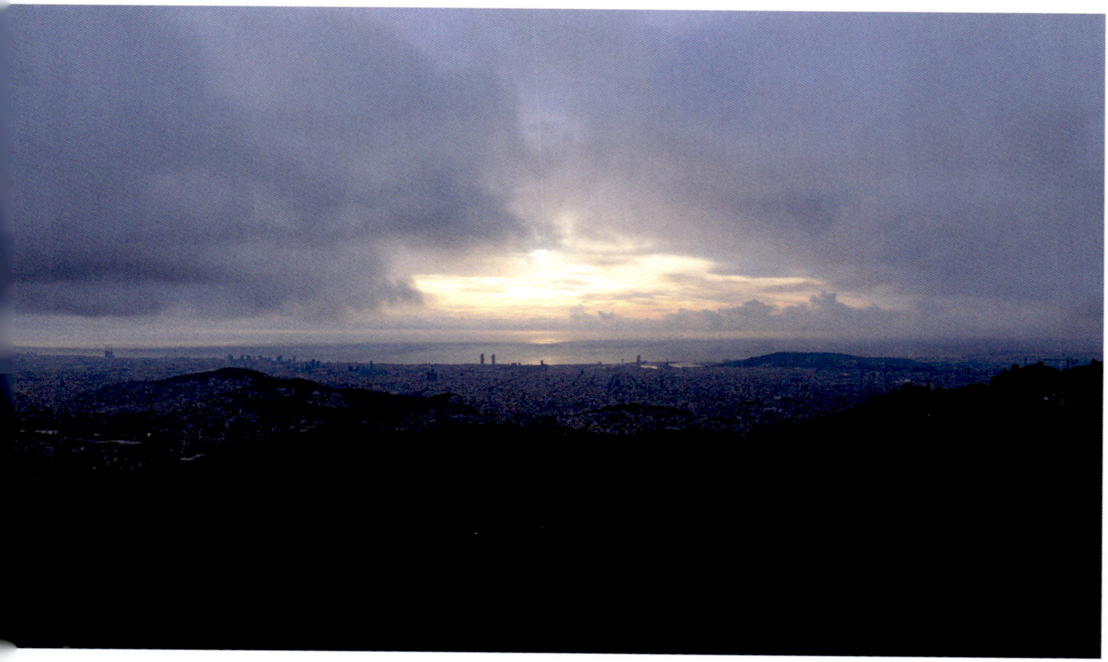

die Belichtung auf den Hauptteil des Motivs in der Mitte zu stützen. Motion Panorama funktioniert mit allen vier Belichtungsmodi, sodass die Aufnahme im manuellen Modus M die intelligenteste Option sein kann. Bitte beachten Sie, dass Motion Panorama nur mit der Mehrfeldmessung arbeitet.

- Wenn Sie Belichtung, Weißabgleich und Schärfe nicht manuell einstellen, richten Sie die Kamera auf einen repräsentativen Teil der Panoramaszene, und fixieren Sie dann Fokus, Belichtung, Weißabgleich und DR durch halbes Durchdrücken des Auslösers. Schwenken Sie dann zu dem Punkt, an dem Sie den Schwenkvorgang starten möchten (während Sie den Auslöser halb gedrückt halten), drücken Sie den Auslöser ganz durch und beginnen Sie mit der Panoramaaufnahme.
- Vermeiden Sie Szenen, die viel Bewegung enthalten. Bewegte Objekte (Personen, Fahrzeuge, etc.) können zu Geisterbildern führen, d. h. bewegte Objekte erscheinen (teilweise) an mehreren Stellen des endgültigen Panoramas.
- Halten Sie einen gesunden Abstand zum Panoramamotiv. Stellen Sie außerdem sicher, dass Sie über eine ausreichende Schärfentiefe verfügen. Weitwinkelobjektive sind für diese Aufgabe besser geeignet als Normal- oder Teleobjektive.
- Schwenken Sie immer mit dem EVF (Kamera am Auge), nicht mit dem LCD-Monitor (Arme vor Ihnen gestreckt).
- Stellen Sie sich beim Schwenken parallel zur Panoramaszene auf und stehen Sie dabei auf ebenem Boden.
- Versuchen Sie, die Zeitverzögerung zu ignorieren, die zwischen dem aktuell aufgenommenen Bild und der Anzeige im EVF auftreten kann. Schwenken Sie die Kamera in einer ruhigen Bewegung, bis die Kamera aufhört, Bilder aufzunehmen.
- Vertikales Banding im endgültigen JPEG kann darauf hinweisen, dass die Verschlusszeit zu kurz war. Versuchen Sie es in diesem Fall erneut mit einer längeren Verschlusszeit.

- Verwenden Sie nach Möglichkeit ein Stativ und stellen Sie sicher, dass die Kamera sauber am Horizont ausgerichtet ist.
- Überprüfen Sie Ihr fertiges Panorama im Sucher der Kamera, nachdem Sie es aufgenommen haben. Achten Sie auf Geisterbilder und Fehler beim Zusammenheften der Einzelbilder. Erledigen Sie das noch vor Ort und nicht erst zu Hause, wenn es zu spät ist, um ein vermurkstes Panorama erneut aufzunehmen.

Filmaufnahmen mit der X100F — TIPP 86

Die X100F zeichnet Videos in HD-Qualität auf. Zur Auswahl stehen Full HD (1920 × 1080 Pixel) und eine abgespeckte Variante mit 1280 × 720 Pixeln. Beide Auflösungen stehen mit verschiedenen Bildwiederholraten zur Verfügung.

- Der Movie-Modus funktioniert mit allen vier **Belichtungsmodi** (P, A, S, M). Sie können also die gewünschte Blende und Belichtungszeit *vor* und *während* der Aufnahme anpassen. Sie können den Belichtungsmodus jedoch nicht mehr während der Aufnahme ändern. Auch eine manuelle ISO-Einstellung ist zwischen ISO 200 und ISO 6400 möglich, jedoch nur *vor* der Aufnahme. Auto-ISO wird ebenfalls unterstützt, in diesem Fall wählt die Kamera automatisch einen ISO-Wert zwischen 200 und 6400 aus. Die für Fotoaufnahmen geltenden Auto-ISO-Einstellungen (ISO-Untergrenze, ISO-Obergrenze und Mindestverschlusszeit) werden im Videomodus ignoriert. Bitte beachten Sie, dass die eingestellte Belichtungszeit im Videomodus nie länger sein kann als die ausgewählte Bildwiederholrate. Bei 59,94 Bildern pro Sekunde kann die Kamera also nur mit 1/60 s oder kürzer aufzeichnen.
- Die **Belichtungsmessung** erfolgt im Videomodus stets mit der Mehrfeldmessung. Die Belichtung wird während der Aufnahme in den Modi P, A und S automatisch gesteuert, kann vor und während der Aufnahme jedoch mit dem Belichtungskorrekturrad um bis zu ±2 EV angepasst werden.

- Zum **Fokussieren** stehen Ihnen alle drei Modi – AF-S, AF-C und MF – zur Verfügung, zwischen denen Sie auch während des Filmens umschalten können. Mit AF-S legen Sie den Fokus vor der Aufnahme fest, die Schärfe wird während der Aufnahme also nicht nachgeführt. AF-C führt die Schärfe andauernd nach, dabei können Sie die Position des Fokusfelds auch während der Aufnahme mit dem Fokus-Stick anpassen (Video-AF-Modus VARIO AF einschalten). Im MF-Modus können Sie den Fokus vor oder während der Aufnahme manuell am Fokusring einstellen, wobei der Instant-AF (also das automatische Fokussieren mit der AE-L/AF-L-Taste) hier nur *vor* der Aufnahme zur Verfügung steht. Focus Peaking steht Ihnen im MF-Modus vor und während der Aufnahme zur Verfügung.

- Die **Gesichtserkennung** steht Ihnen auch im Videomodus zur Verfügung. Sie steuert wie üblich Fokus *und* Belichtung und arbeitet dabei wie der AF-C-Modus, stellt also kontinuierlich entweder auf das aktive Fokusfeld oder auf ein erkanntes Gesicht scharf.

- Die **DR-Funktion** wird im Videomodus unglücklicherweise *nicht* unterstützt. »Zebras« und »Blinkies« kennt die X100F ebenfalls nicht, Sie müssen sich beim Erkennen von überbelichteten Partien also auf den Live-View verlassen (leider steht im Videomodus kein Live-Histogramm zur Verfügung) und die Belichtung ggf. nach oben oder unten ändern.

- Mit dem automatischen **Weißabgleich** (AUTO) passt die Kamera den Weißabgleich auch während der Aufnahme kontinuierlich an wechselnde Lichtverhältnisse an. Wenn Sie das nicht möchten, sollten Sie ein Preset (etwa Glühlampenlicht) oder einen Kelvin-Wert vorgeben. Auch der benutzerdefinierte Weißabgleich steht zur Verfügung.

- Den Look Ihres Videos können Sie mit der Auswahl einer der 15 **Filmsimulationen** beeinflussen. Die Kontrasteinstellungen sowie Einstellungen für Farbsättigung und Schärfe sind ebenfalls verfügbar. Mit den Einstellungen PRO NEG. STD und TON LICHTER –2 sowie SCHATTIER. TON –2 können Sie Videos mit einem besonders flachen Kontrastprofil und maximalem Dynamikumfang aufnehmen, was die Nachbearbeitung sehr erleichtern kann.

- Zum Videobild gehört zumeist auch **Ton**. Hierfür können Sie entweder das eingebaute Stereomikrofon der X100F verwenden oder ein externes Mikrofon anschließen. Das eingebaute Mikrofon liefert naturgemäß keine besonders gute Qualität und nimmt diverse Störgeräusche auf – etwa Blenden- und AF-Geräusche. Neben einem externen Originalmikrofon von Fujifilm können Sie auch Fremdmikrofone anschließen, benötigen für Letztere jedoch einen Klinkensteckeradapter von 3,5 mm auf 2,5 mm. Bei der Verwendung eines externen Mikrofons müssen Sie in jedem Fall die Option FILM-EINSTELLUNG > MIKROFON/FERNAUS. > MIKRO einstellen, damit die Kamera nicht denkt, Sie hätten einen Fernauslöser eingesteckt. Die Empfindlichkeit der Tonaufnahme können Sie mit MIKRO LAUTSTÄRKE regeln.
- Der **optische Sucher** steht für Videoaufnahmen nicht zur Verfügung.

Arbeiten mit dem **Selbstauslöser** TIPP 87

Der eingebaute Selbstauslöser ermöglicht Aufnahmen mit Zeitverzögerung. Die Kamera wartet nach dem Durchdrücken des Auslösers also noch etwas ab und macht die Aufnahme erst einige Sekunden später. Diese Funktion ist nicht über die DRIVE-Taste, sondern über das Menü AUFNAHME-EINSTELLUNG (bzw. Quick-Menü) erreichbar.

- Der Selbstauslöser mit zehn Sekunden Vorlauf ist die klassische Funktion, die es Ihnen ermöglicht, selbst mit auf dem Bild zu sein.
- Der Selbstauslöser mit zwei Sekunden ersetzt einen Fernauslöser, indem die Kamera nach dem Drücken des Auslösers zur Ruhe kommt und das Bild nicht verwackelt. Typischerweise wird diese Option deshalb bei Aufnahmen mit längerer Belichtungszeit von einem Stativ aus eingesetzt.

2.7 FOTOGRAFIEREN MIT BLITZLICHT

Blitzfotografie ist eine Art Doppelbelichtung. Die Aufnahme setzt sich aus zwei Komponenten zusammen, die übereinander belichtet werden: dem Umgebungslicht und dem Blitzlicht.

- Die **Umgebungslichtkomponente** wird wie bei einer »regulären« Aufnahme in der Kamera gemessen. Anhand der Belichtungsmessung wählt die Belichtungsautomatik (P, A oder S) eine passende Belichtung aus, die Sie wie üblich mit dem Belichtungskorrekturrad anpassen können. Dabei helfen Ihnen Live-View und Live-Histogramm. Wahlweise können Sie die Belichtung im Modus M auch manuell einstellen.
- Die **Blitzlichtkomponente** wird mithilfe der eingebauten TTL-Blitzlichtmessung ebenfalls von der Kamera bestimmt. TTL bedeutet »Through The Lens« und weist darauf hin, dass hier (wie bei der Umgebungslichtkomponente) das durch das Objektiv effektiv einfallende Licht gemessen wird. Der intelligente Blitz der X100F ermittelt die passende Blitzlichtmenge automatisch, und zwar mithilfe eines vorangehenden Messblitzes sowie anderer Daten. Auch hier haben Sie wieder die Möglichkeit, die von der Kamera ermittelte Blitzbelichtung nach oben oder unten zu korrigieren, und zwar unabhängig von der Korrektur der Umgebungslichtkomponente. Dies geschieht auf der Menüseite BLITZ-EINSTELLUNG > EINSTELLUNG BLITZFUNKTION oder – sofern verfügbar – direkt an einem externen Fujifilm-TTL-Blitz wie dem EF-X20. Leider können Sie die Helligkeit der Blitzlichtkomponente vor der Aufnahme nicht abschätzen, da Live-View und Live-Histogramm sich ausschließlich auf das Umgebungslicht beziehen.

Neben dem eingebauten Blitz oder externen TTL-Blitzgeräten von Fujifilm bzw. kompatiblen Anbietern können Sie grundsätzlich auch beliebige Blitzgeräte anderer Hersteller verwenden. Nahezu alles, was auf den Blitzschuh der Kamera passt, ist kompatibel. Dabei müssen Sie dann jedoch auf die TTL-Blitzbelichtungsmessung [59] der Kamera verzichten und die abgegebene Blitzlichtmenge manuell am Blitzgerät einstellen. Oder Sie verwenden einen sogenannten Automatikblitz mit einem eigenen Belichtungssensor im Gerät.

Die X100F unterstützt im Rahmen ihrer TTL-Blitzbelichtung verschiedene Blitzmodi, die Sie im Quick-Menü oder über BLITZ-EINSTELLUNG > EINSTELLUNG BLITZFUNKTION festlegen können:

- TTL AUTOBLITZ steht nur im Belichtungsmodus P zur Verfügung und aktiviert einen ausgeklappten und einsatzbereiten TTL-Blitz bei Bedarf selbst. Dieser Modus ist nicht allzu empfehlenswert, da Sie selbst in der Regel besser als die Kamera wissen, wann Sie Blitzlicht brauchen und wann nicht.
- TTL STANDARD (früher auch als ERZW. BLITZ bekannt) löst den Blitz in jedem Fall aus. Dieser Blitzmodus steht in allen vier Belichtungsmodi (P, A, S, M) zur Verfügung.
- TTL LANGSAME SYNC. arbeitet wie der erzwungene Blitz, erlaubt jedoch bei Bedarf längere Belichtungszeiten (bis zu einer Dauer von 1/8 s) für das Umgebungslicht. Auf diese Weise ist es möglich, bei Dunkelheit oder Schummerlicht mehr Umgebungslicht einzufangen. Dieser Blitzmodus steht naturgemäß nur in den Belichtungsmodi P und A zur Verfügung.
- MANUELLER BLITZ funktioniert wie TTL LANGSAME SYNC., Sie geben die Lichtleistung jedoch selber an. Diese Funktion steht in allen vier Belichtungsmodi (P, A, S, M) zur Verfügung.
- COMMANDER ist ein Steuerblitzlicht, mit dessen Hilfe Sie externe Blitzgeräte optisch ohne Kabel auslösen können, sofern diese über einen entsprechenden Sensor verfügen. Neben einigen Geräten von Drittanbietern ist auch der EF-X20 per Commander-Licht drahtlos steuerbar. In diesem Fall müssen Sie die Blitzleistung an Ihrem Blitzgerät jedoch manuell einstellen. Denken Sie außerdem daran, dass auch der Commander-Blitz speziell bei höheren ISO-Werten das Bild beeinflussen kann. Der Commander-Modus ist insofern praktisch, als er ohne einen vorangehenden TTL-Messblitz operiert, also als reinrassiges Steuersignal fungiert. Der Commander-Modus steht in allen vier Belichtungsmodi (P, A, S, M) zur Verfügung.

- OFF deaktiviert die Blitzfunktion. Es wird also auch dann nicht geblitzt, wenn ein Blitzgerät mit der Kamera verbunden und eingeschaltet ist.
- Auf der Menüseite EINSTELLUNG BLITZFUNKTION gibt es als weitere Option die Synchronisation des Blitzlichts auf den zweiten Verschlussvorhang. In diesem Fall löst der Blitz erst zum Ende des Belichtungsvorgangs aus. Dies ist bei längeren Belichtungszeiten relevant, wenn Sie keine statischen, sondern sich bewegende Objekte fotografieren. Erinnern wir uns: Blitzbelichtung ist eine Doppelbelichtung mit Umgebungslicht- und Blitzlichtkomponente. Bei längeren Belichtungszeiten kommt es bei sich bewegenden Objekten zwangsläufig zu Bewegungsunschärfe und Wischeffekten, während die Blitzlichtkomponente das Objekt einfriert. Bei einer Synchronisation auf den ersten Verschlussvorhang wird ein sich bewegendes Objekt am Anfang der Belichtung vom Blitzlicht eingefroren, auf den zweiten Verschlussvorhang erst am Ende.

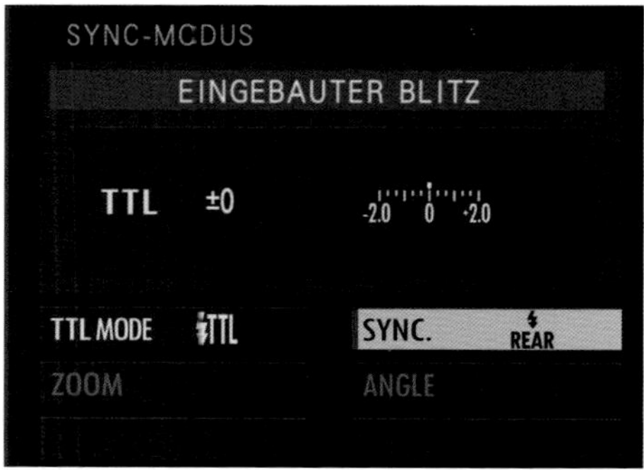

Abbildung 67: Die Menüseite EINSTELLUNG BLITZFUNKTION erlaubt die Steuerung wichtiger Parameter wie Blitzmodus, Blitzsynchronisationsmodus und Blitzbelichtungskorrektur.

Wichtig: *Wenn Sie anstelle des eingebauten Blitzgerätes einen handelsüblichen Fremdherstellerblitz (mit Synchronisation über den Mittelkontakt) an der X100F verwenden möchten, müssen Sie BLITZ-EINSTELLUNG > INTEGRIERTER BLITZ > AUS wählen.*

Blitzen in den Belichtungsmodi P und A: Limits für die längstmögliche Belichtungszeit

TIPP 88

In den Belichtungsmodi P und A wählt die Kamera selbstständig die passende Belichtungszeit für die Umgebungslichtkomponente aus. Dabei gelten die folgenden eingebauten Grenzwerte für die Belichtungszeit:

- In den Blitzmodi TTL AUTOBLITZ, TTL STANDARD und COMMANDER gilt beim Blitzen als längstmögliche Belichtungszeit ungefähr der halbe Kehrwert der verwendeten Brennweite. Beim 23-mm-Objektiv der X100F ist dies 1/34 s. Mit dem Telekonverter TCL-X100 beträgt die Grenze 1/50 s. Dies sind harte Grenzen. Darüber hinaus gilt grundsätzlich ein hartes Limit von 1/30 s, das unabhängig von der eingesetzten Brennweite und den Lichtverhältnissen nicht überschritten wird. Dieses Limit kann abends oder nachts schnell dafür sorgen, dass die Umgebungslichtkomponente unterbelichtet wird. Es gibt zu dieser Regel allerdings eine Ausnahme: Mit aktiviertem Auto-ISO können Sie die beiden harten Limits aushebeln, indem Sie bei Auto-ISO eine längere Mindestverschlusszeit eintragen, beispielsweise 1/15 s, 1/8 s oder 1/4 s. Wenn Sie beim Blitzen *noch* längere Verschlusszeiten benötigen, verwenden Sie bitte den Belichtungsmodus S oder M, ggf. in Verbindung mit den Langzeiteinstellungen T(ime) oder B(ulb).
- Im Blitzmodus TTL LANGSAME SYNC. sowie im MANUELLEN BLITZMODUS erlaubt die Kamera grundsätzlich eine Langzeitsynchronisation mit längeren Belichtungszeiten bis zu höchstens 1/8 s. Es gelten hier keine anderen (etwa von der verwendeten Brennweite abhängigen) Limits. Für noch längere Belichtungszeiten verwenden Sie bitte den Belichtungsmodus S oder M, ggf. mit den Langzeiteinstellungen T(ime) oder B(ulb).

Steuerung des Umgebungslichts bei Blitzaufnahmen

TIPP 89

Wenn Sie mit der X100F eine Szene einmal mit ausgeschaltetem und einmal mit eingeschaltetem Blitz anmessen, werden Sie feststellen, dass sich die Belichtung dabei nicht ändert. Anders gesagt: Mit Blitz belichtet die Kamera die Umgebungslichtkomponente genauso wie ohne Blitz. Die Blitzlichtkomponente kommt einfach hinzu, es wird also nicht automatisch weniger Umgebungslicht eingefangen, um das zusätzliche Blitzlicht auszugleichen.

Diese Erkenntnis ist wichtig. Sie bedeutet, dass Sie sich als Fotograf selbst ein Bild von dem Verhältnis machen müssen, das Umgebungslicht und Blitzlicht zueinander einnehmen sollen. Wenn Sie den Blitz lediglich zum Aufhellen eines zu dunklen Vordergrunds verwenden möchten, müssen Sie vermutlich wenig korrigieren: Die Blitzlichtkomponente wird die zu dunklen Bereiche im Vordergrund der Umgebungslichtkomponente aufhellen. Blitzen Sie hingegen eine auch ohne Blitz bereits »korrekt« belichtete Umgebung an, dürfte das Ergebnis entweder zu hell ausfallen oder die Blitzlichtkomponente im TTL-Betrieb wird kaum oder gar nicht sichtbar sein, weil die Blitzbelichtungssteuerung der Kamera erkennt, dass die Szene bereits ausreichend belichtet ist und kein zusätzliches Blitzlicht benötigt wird. Der Blitz wird dann zwar abgefeuert, jedoch mit so geringer Leistung, dass seine Wirkung im Bild verpufft.

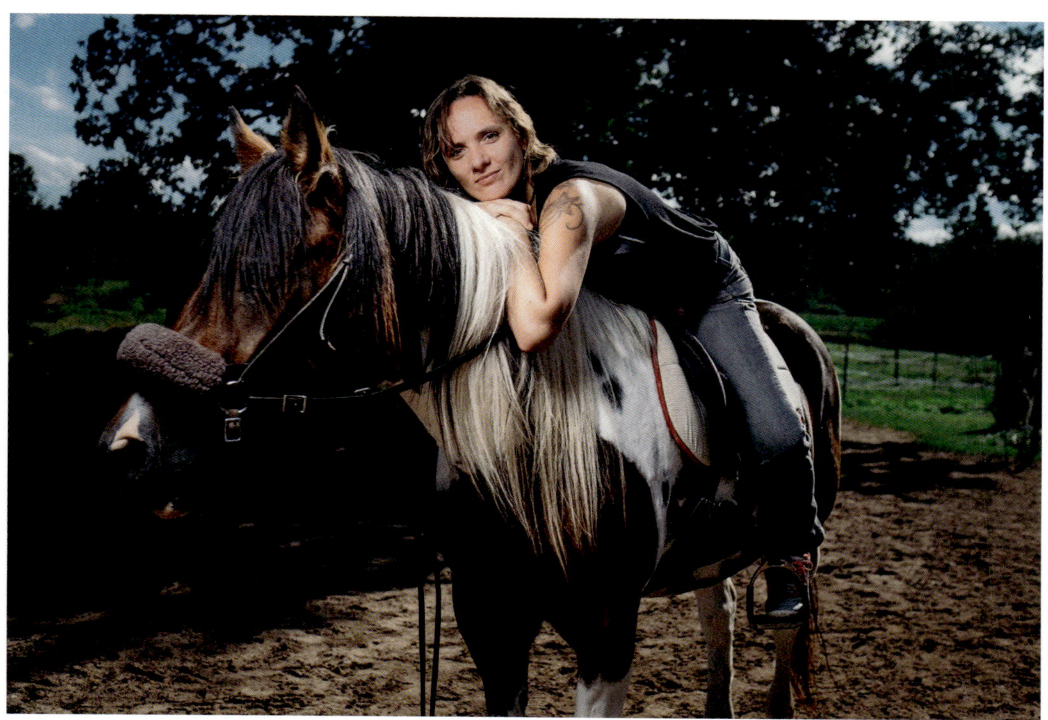

Abbildung 68: Das **Reduzieren der Umgebungslichtkomponente** sorgt für einen dunkleren Hintergrund und lässt der Blitzlichtkomponente so mehr Raum.

Die folgenden Punkte sollten Sie beachten:

- Regulieren Sie die Umgebungslichtkomponente wie gewohnt mit dem Belichtungskorrekturrad Ihrer Kamera oder stellen Sie die Belichtung (ISO, Blende, Belichtungszeit) manuell ein. Je weniger Umgebungslicht Sie zulassen, umso stärker wird die Blitzlichtkomponente ausfallen, da die TTL-Blitzbelichtungsautomatik stets versuchen wird, ein insgesamt korrekt belichtetes Ergebnis abzuliefern.
- Um die Umgebungslichtkomponente im manuellen Modus M als Vorschau korrekt darstellen zu können, muss EINRICHTUNG > DISPLAY-EINSTELLUNG > BEL.-VORSCHAU/WEISSABGLEICH MAN. > VORSCHAU BEL./WA ausgewählt sein. Live-View und Live-Histogramm sind sonst nicht aussagekräftig.

- Im Studio möchte man die Umgebungslichtkomponente häufig minimieren und die Szene vollständig mit Blitzlicht ausleuchten. In solchen Fällen verwendet man eine kleine Blende (große Blendenzahl), Basis-ISO 200 und eine möglichst kurze Belichtungszeit. Die kürzeste Blitzsynchronzeit der X100F beträgt 1/2000 s, doch einige Blitzgeräte werden da nicht mitkommen, besonders wenn sie mit voller Leistung und/oder mit einem drahtlosen Sender abgefeuert werden. Wenn Sie Motive mit reduziertem Umgebungslicht im manuellen Modus M blitzen möchten, sollten Sie EINRICHTUNG > DISPLAY-EINSTELLUNG > BEL.-VORSCHAU/WEISSABGLEICH MAN. > AUS einstellen, um im Sucherbild überhaupt noch etwas außer Dunkelheit erkennen zu können.

- Manchmal reicht die kürzeste Blitzsynchronzeit (1/2000 s) nicht aus, um die Umgebung bei Basis-ISO 200 passend zur gewählten Blende nicht zu hell zu belichten. Natürlich können Sie dann abblenden, gewinnen dabei jedoch zusätzliche Schärfentiefe und weniger Objektfreistellung. Dies ist häufig unerwünscht. In solchen Fällen ist es sinnvoll, den eingebauten ND-Filter zu verwenden, der den Lichteinfall um drei Blendenstufen reduziert.

- Häufig verwendet man Blitzlicht, um große Kontrastunterschiede zwischen einem zu dunklen Vordergrund und einem zu hellen Hintergrund auszugleichen. Sie können den TTL-Blitz (oder auch jeden manuellen Blitz) trotzdem mit der DR-Funktion der Kamera kombinieren. Schließlich kann auch der Hintergrund für sich genommen so kontrastreich sein, dass die DR-Funktion sehr gute Dienste leistet. Denken Sie etwa an einen nächtlichen Hintergrund mit Straßenbeleuchtung, vor dem Sie ein Porträt mit Blitzlicht aufnehmen möchten. Das Blitzlicht gilt dann der Person im Vordergrund, während die DR-Funktion dafür sorgt, dass die Straßenlichter im Hintergrund nicht ausfressen. Die DR-Funktion ist auch sehr praktisch, wenn Sie im Raum gestaffelte Motive anblitzen, wobei die näher zur Kamera befindlichen Motivbereiche gerne überbelichtet werden. DR400% gibt Ihnen hier einen zusätzlichen Überbelichtungsschutz von 2 EV, den Sie etwa beim Entwickeln der Aufnahme mit einem externen RAW-Konverter zur Geltung bringen können.

- Die vorhin besprochenen harten Verschlusszeitenlimits im Blitzbetrieb können in den Belichtungsmodi P und A dazu führen, dass die Umgebungslichtkomponente zu knapp belichtet wird. Diese Limits sind dennoch keine Schikane, sie erfüllen einen Zweck: Sie sollen bei Blitzaufnahmen einen verwackelten/verwischten Hintergrund vermeiden. Wenn Sie allerdings mit einem Stativ arbeiten oder Ihnen ein verwischter Hintergrund nichts ausmacht, sollten Sie die Limits aushebeln, indem Sie im Blitzmodus LZ-SYNCHRO fotografieren oder eine längere Belichtungszeit in den Belichtungsmodi S oder M einstellen.
- Umgebungslicht und Blitzlicht besitzen häufig unterschiedliche Farbtemperaturen, der Weißabgleich steht dann vor einer nahezu unlösbaren Herausforderung. Sie können in solchen Mischlichtsituationen [60] einen benutzerdefinierten Weißabgleich mit eingeschaltetem Blitz durchführen und dabei ein neutralgraues Objekt (weiße Wand, Graukarte) anmessen, das dem gleichen Mischlicht ausgesetzt ist wie Ihr Hauptmotiv. Auf diese Weise rücken Sie zumindest Ihr Hauptmotiv ins rechte Licht. Selbstverständlich können Sie den Weißabgleich im Rahmen der RAW-Entwicklung später jederzeit anpassen. Externe Konverter wie Lightroom ermöglichen dabei dann auch eine selektive Korrektur des Weißabgleichs: Sie können den (meist wärmeren) Hintergrund markieren und mit einer anderen Farbtemperatur entwickeln als den (meist kälteren) vom Blitz beleuchteten Vordergrund.

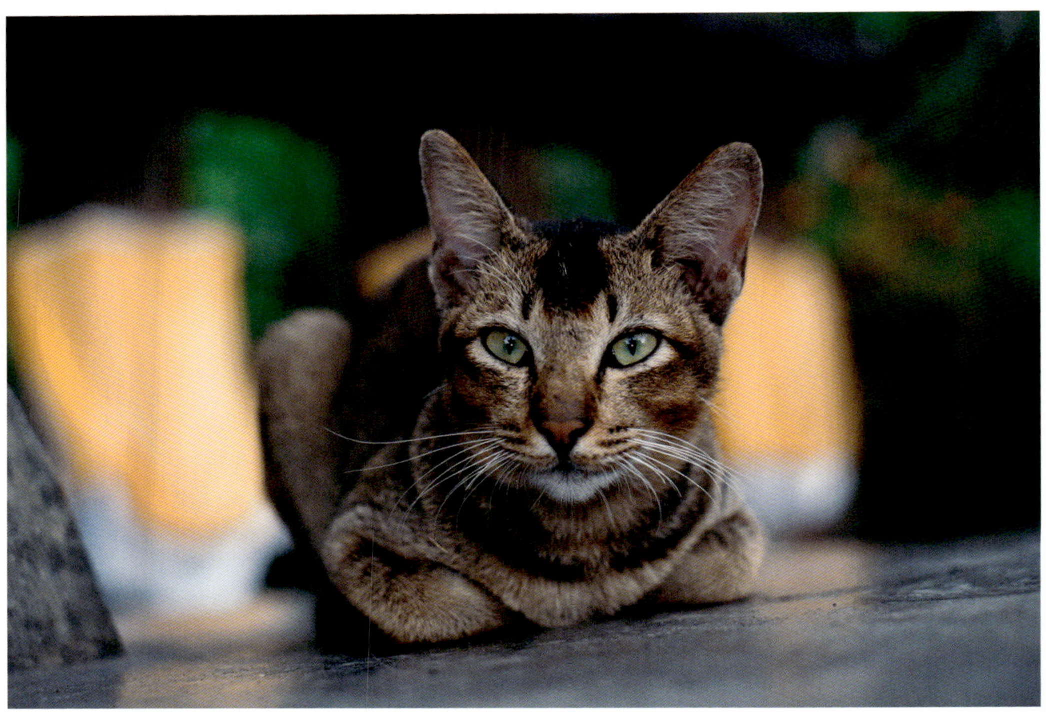

Abbildung 69: Steht das **Umgebungslicht** im Vordergrund, nimmt die Blitzlichtkomponente eine untergeordnete Rolle ein. In diesem Beispiel sorgt sie für Glanz in den Katzenaugen. Die besten Blitzaufnahmen sind oft jene, die man nicht als solche erkennen kann.

TIPP 90 Steuerung der Blitzlichtkomponente

Analog zum Umgebungslicht können Sie auch den Blitzlichtanteil regulieren. Sie müssen nichts der Kameraautomatik überlassen.

- Um den automatischen TTL-Blitz zu steuern, verwenden Sie die Blitzlichtkorrektur. Diese Funktion finden Sie auf der Seite BLITZ-EINSTELLUNG > EINSTELLUNG BLITZFUNKTION oder an vielen externen TTL-Blitzgeräten. Sie funktioniert analog zum Belichtungskorrekturrad, bezieht sich jedoch ausschließlich auf die Blitzlichtkomponente. Wenn Sie die Blitzbelichtungskorrektur in der Kamera *und* am externen Blitzgerät miteinander kombinieren, addieren sich die beiden Korrekturen (der neue EF-X500 ist hier allerdings eine Ausnahme). Das »normale« Belichtungskorrekturrad wiederum beeinflusst ausschließlich die Umgebungslichtkomponente.

- Gute Ergebnisse erzielen Sie häufig dadurch, dass Sie ein Motiv nicht direkt, sondern indirekt [61] anblitzen, etwa indem Sie das Blitzlicht auf die weiße Decke richten und von dort auf die Szene reflektieren. Das Blitzlicht wirkt dann weicher und natürlicher. Viele Blitzgeräte bieten deshalb die Möglichkeit, den Reflektor nach oben zu schwenken. Beachten Sie, dass indirektes Blitzen dem Blitzgerät mehr Leistung abverlangt und die Farbe der das Blitzlicht reflektierenden Fläche das Ergebnis beeinflusst. Blitzen Sie beispielsweise eine rot gestrichene Decke an, dann reflektieren Sie rötliches Licht auf Ihre Szene, die infolgedessen rotstichig erscheinen wird. Dieser Effekt kann freilich auch gewollt sein.

- Sie können die Farbe des Blitzlichts auch dadurch steuern, dass Sie farbige Folien vor den Blitzreflektor kleben. Es gibt neben Effektfolien auch spezielle Farbkonversionsfolien, um die Farbtemperatur des Blitzlichts von Tageslicht auf Glühlampen- oder Leuchtstoffröhrenlicht zu ändern, sodass sich das Blitzlicht bei Aufnahmen von Innenräumen nahtlos in das jeweilige Umgebungslicht einfügt. Das ungefilterte Blitzlicht entspricht üblicherweise der Farbtemperatur des Tageslichts und eignet sich deshalb besonders gut als Aufhellblitz im Freien.

- Die Reichweite des Blitzlichts hängt von der eingestellten Blende ab – die gewählte Belichtungszeit hat darauf keinen Einfluss, da die Abbrenndauer des Blitzes ohnehin kürzer sein sollte als die Verschlusszeit der Kamera. Somit bestimmen drei Faktoren die Reichweite eines Blitzgeräts: die abgegebene Lichtenergie, die Blendeneinstellung und die ISO-Einstellung (Signalverstärkung der Kamera). Sie können das Umgebungslicht mithilfe kürzerer Verschlusszeiten also reduzieren, ohne dass dies einen Einfluss auf die Effektivität und Reichweite der Blitzlichtkomponente hat.

TIPP 91 Der zweite Verschlussvorhang – was steckt dahinter?

Blitzaufnahmen sind eine Doppelbelichtung, bestehend aus Umgebungslicht und Blitzlicht. Bei Aufnahmen mit längeren Verschlusszeiten stellt sich die Frage, wann während dieser längeren Belichtung des Umgebungslichts die sehr viel kürzere Blitzbelichtung erfolgen soll. Normalerweise wird der Blitz immer zu Beginn der Aufnahme ausgelöst, also zusammen mit dem Öffnen des Verschlusses in Ihrer X100F. Wenn Sie allerdings den SYNC-MODUS 2. VORHANG auswählen, erfolgt die Blitzauslösung erst zum Ende der Belichtung unmittelbar vor dem Schließen des Verschlusses.

Naturgemäß hat ein sich bewegendes Objekt am Anfang der Belichtung eine andere Position als am Ende. Mit dem zweiten Verschlussvorhang können Sie sicherstellen, dass der Blitz das Objekt dort einfriert, wo es sich am Ende des Belichtungsvorgangs befindet. Die Bewegungsunschärfe eilt dem vom Blitz eingefrorenen Objekt im fertigen Bild dann nicht voraus, das vom Blitz scharf konturierte Objekt zieht die mit der Umgebungslichtkomponente aufgezeichnete Bewegungsunschärfe vielmehr hinter sich her. Dies wirkt auf den Betrachter wesentlich natürlicher.

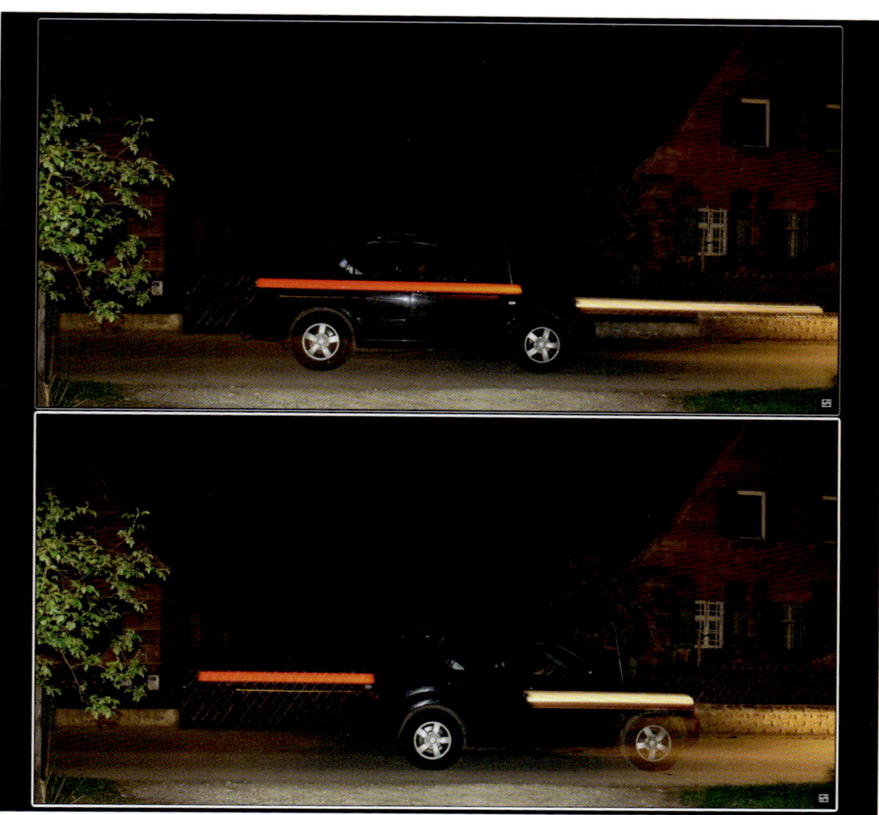

Abbildung 70: **Erster vs. zweiter Verschlussvorhang:** Diese Szene wurde oben auf den ersten, unten auf den zweiten Verschlussvorhang geblitzt. Dementsprechend friert der Blitz das Fahrzeug einmal am Anfang und einmal am Ende der Belichtung ein. Gut zu sehen ist in diesem Beispiel auch die Natur von Blitzaufnahmen als Doppelbelichtungen: Teile des helleren Hintergrunds überlagern in beiden Fällen das angeblitzte schwarze Fahrzeug. Um solche Effekte zu vermeiden oder zu vermindern, reduzieren Sie die Belichtung der Umgebungslichtkomponente und/oder verstärken die Blitzlichtkomponente.

TIPP 92 **Blitzsynchronzeiten** – wo liegt die Grenze?

Die kürzestmögliche Verschlusszeit zur Blitzsynchronisation [62] beträgt bei der X100F offiziell 1/2000 s. Daraus folgt:

- In den Belichtungsmodi **P** und **A** wird die Kamera im Blitzbetrieb niemals eine kürzere Belichtungszeit als 1/2000 s anbieten. Ist diese Zeit für die herrschenden Lichtverhältnisse zu lang, wird die Umgebungslichtkomponente der Szene überbelichtet. Die Verschlusszeit von 1/2000 s wird in diesem Fall als Warnung rot im Sucher angezeigt. Blenden Sie dann entweder weiter ab, reduzieren Sie den ISO-Wert (jedoch nicht unter 200) oder verwenden Sie den im Objektiv eingebauten neutralen Graufilter (ND-Filter) [32].
- In den Belichtungsmodi **S** und **M** können Sie im Blitzbetrieb sogar noch kürzere Belichtungszeiten als 1/2000 s einstellen; bis zu 1/4000 s. Die Kamera wird diese Einstellungen auch honorieren. Allerdings kommt es dabei zunehmend zu Abschattungen im Bild. Dabei spielt die Leistungseinstellung eine Rolle. Bei maximaler Leistung benötigen viele Blitzgeräte zwischen 1/200 s und 1/500 s, um ihre Energie vollständig abzugeben. Das bedeutet, dass bei sehr kurzen Verschlusszeiten ein Teil des Blitzlichts gar nicht aufgezeichnet wird: Der Verschluss ist schon wieder geschlossen, bevor das ganze Blitzlicht abgegeben wurde.

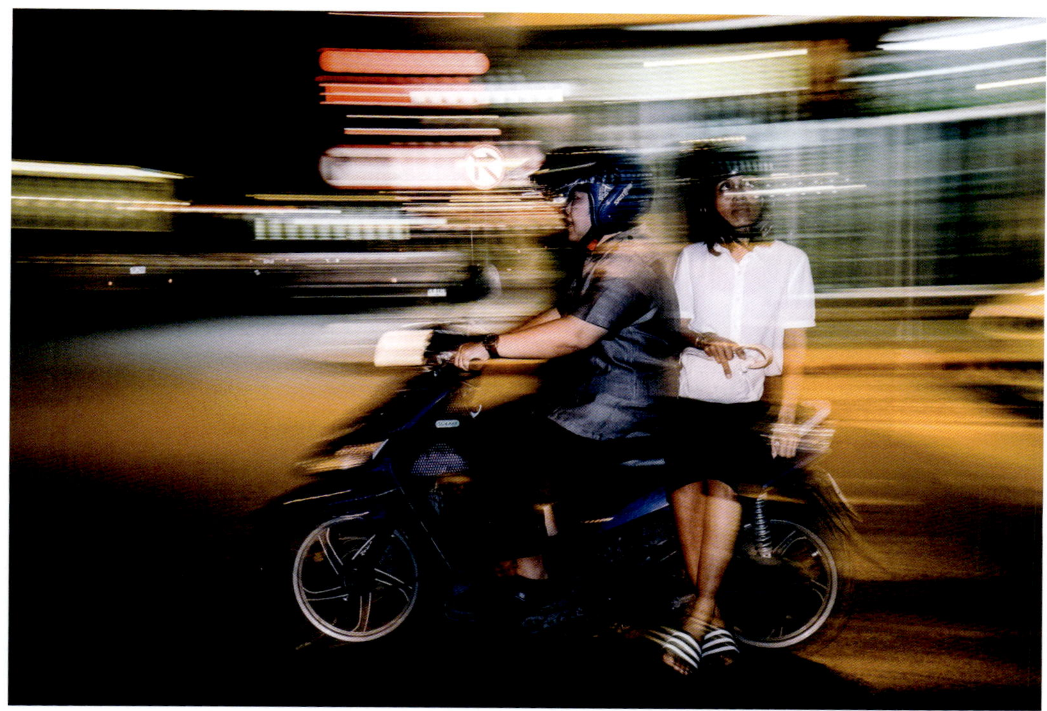

Abbildung 71: Man kann bewusst mit **längeren Belichtungszeiten** arbeiten, um einen verwischten Hintergrund mit einem vom Blitzlicht schärfer konturierten Vordergrund zu kombinieren.

- Die Verwendung von drahtlosen Blitzgeräten (TTL und manuell) kann weitere Synchronisationsgrenzen aufzeigen, da der Sender an der Kamera mit dem entfernten Blitz kommunizieren muss. Die daraus resultierende Latenzzeit kann die kürzeste effektiv verfügbare Sync-Zeit Ihres Blitz-Aufbaus verlängern. Nach meiner Erfahrung führt die lichtbasierte Kommunikation (z. B. Fujifilm EF-X500, Metz M400) zu einer geringeren Latenz als die funkbasierte Kommunikation (z. B. das Godox 2,4-GHz System).
- Derzeit empfehle ich 1/500 s als sichere kürzeste Synchronisationszeit für Funkblitzgeräte, die mit oder nahe an ihrer vollen Leistung arbeiten. Bei reduzierter Ausgangsleistung sind auch kürzere Verschlusszeiten von bis zu 1/1000 s realistisch.

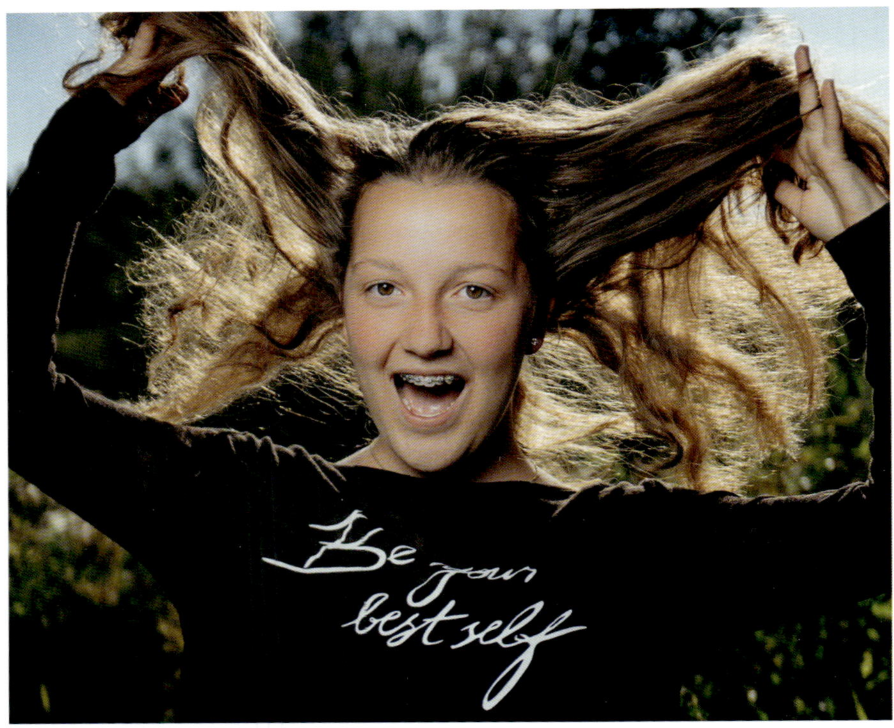

Abbildung 72: Diese **drahtlose Blitzaufnahme** wurde mit einer Verschlusszeit von 1/800 s mit einem Godox X1TF-Funksender und TT600-Blitz aufgenommen.

TIPP 93 **Rote-Augen-Korrektur** – zwei Stufen führen zum Erfolg.

Wenn sich Blitzgerät und Objektiv auf nahezu derselben optischen Achse befinden, kann es beim direkten Anblitzen von Personen (oder auch Tieren) zu unschönen Reflexionen in den Augen kommen: dem Rote-Augen-Effekt [63].

- Wenn Sie BLITZ-EINSTELLUNG > ROTE-AUGEN-KORR. und dann entweder BLITZ oder BLITZ+ENTFERNUNG einstellen, emittiert die Kamera vor jeder Blitzaufnahme einen Vorblitz, der die Pupillen der fotografierten Person verkleinert und den Effekt auf diese Weise reduziert.

- Unabhängig davon kann man mit BLITZ-EINSTELLUNG > ROTE-AUGEN-KORR. und dann entweder ENTFERNUNG oder BLITZ+ENTFERNUNG eine Gesichtserkennung in der JPEG-Datei durchführen und auftretende rote Augen automatisch retuschieren. Diese Funktion steht noch einmal unter WIEDERGABE-MENÜ > ROTE-AUGEN-KORR. zur Verfügung. Wenn Sie neben dem bearbeiteten Bild auch das unretuschierte JPEG behalten möchten, müssen Sie EINRICHTUNG > DATENSPEICH SETUP > ORG.BID SPEICHERN > AN auswählen. Auf die RAW-Datei hat die automatische Retusche keinen Einfluss, sie bleibt davon unberührt.

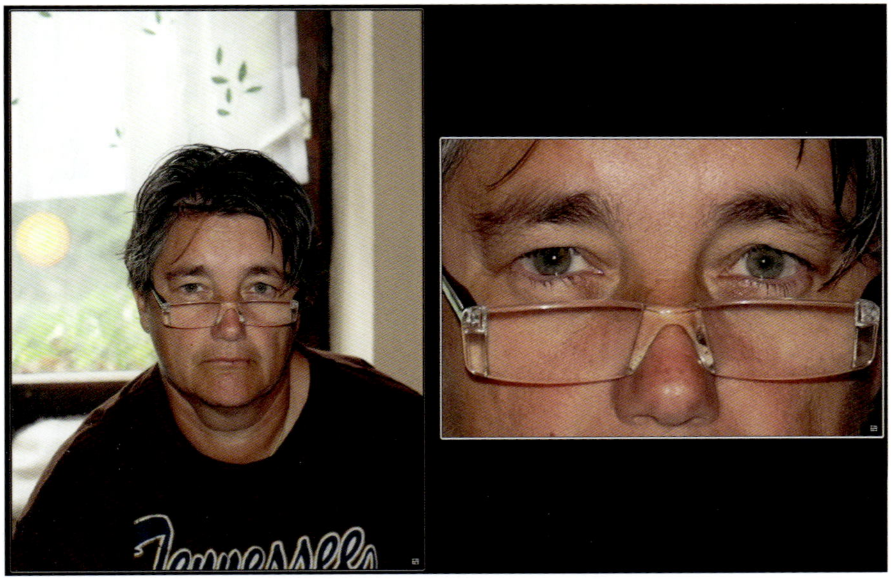

Abbildung 73: Die **Rote-Augen-Korrektur** arbeitet mit einem hellen Vorblitz, sodass sich die Pupillen der angeblitzten Person zusammenziehen. Die Abbildung zeigt einen Bildausschnitt.

Arbeiten mit **TTL-Lock** — TIPP 94

TTL-Lock fixiert die TTL-Blitzbelichtung (analog zum AE-Lock), sodass mehrere hintereinander aufgenommene Blitzaufnahmen unabhängig von Änderungen beim Motiv oder der Bildkomposition stets mit derselben

Blitzlichtmenge ausgeleuchtet werden. Um TTL-Lock nutzen zu können, muss die Funktion TTL-SPERRE einer der Fn-Tasten zugewiesen werden. Im Blitzmenü kann außerdem als Option eingestellt werden, dass TTL-Lock vor dem Speichern der Blitzbelichtung einen neuen Messblitz abfeuert und die Blitzbelichtung auf dessen Basis fixiert (BLITZ-EINSTELLUNG > TTL-LOCK MODUS > MIT MESSBL. SPERREN).

Es ist *nicht* möglich, bei aktivem TTL-Lock die Blitzbelichtungskorrektur *in* der Kamera zu verstellen. Sie können bei gesetztem TTL-Lock jedoch die Blitzbelichtungskorrektur am Blitzgerät selbst (sofern vorhanden) verstellen.

TIPP 95 Kleiner Zwerg: der EF-X20

Der Systemblitz EF-X20 wurde speziell für Retrokameras der X-Serie entworfen und passt deshalb hervorragend zur X100F. Neben dem Einsatz als TTL-Blitz können Sie den EF-X20 auch mit manuellen Einstellungen verwenden und dabei sogar mit einem Steuerungsblitz (Commander) drahtlos und somit entfesselt auslösen:

- Stellen Sie den Blitz an der X100F auf den COMMANDER-Modus ein.
- Stellen Sie den Moduswahlschalter am EF-X20 auf die Position »N«.
- Stellen Sie am EF-X20 die gewünschte Blitzleistung manuell ein. Dafür stehen Ihnen sieben Stufen von 1/1 bis 1/64 zur Verfügung.

Wenn Sie mit der X100F nun eine Aufnahme machen, triggert der Blitz in der Kamera den drahtlos entfesselten EF-X20. Bitte denken Sie daran, dass auch der Commander-Blitz der Kamera abhängig von den Gegebenheiten und der Motiventfernung Licht auf die Szene werfen kann.

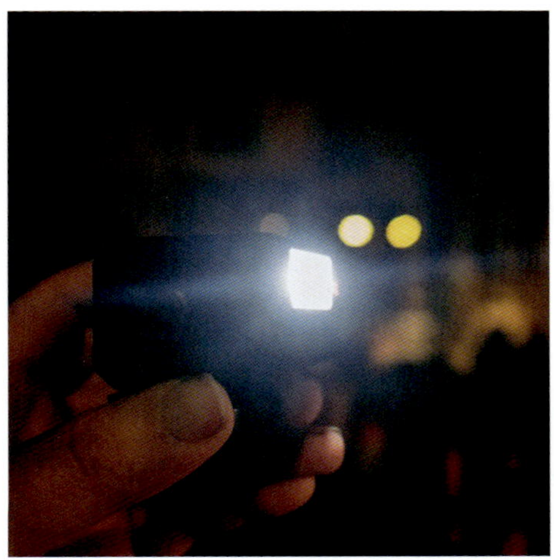

Abbildung 74: Der **EF-X20** als optisch ausgelöster Slave-Blitz

Großer Meister: der EF-X500

TIPP 96

Der EF-X500 ist Fujifilms professioneller Aufsteckblitz. Er bietet eine drahtlose TTL-Steuerung von mehreren Blitzgeräten (organisiert in bis zu drei voneinander unabhängigen Gruppen), Stroboskop-Blitzen sowie einen LED-Zweitreflektor, der als Aufhelllicht, als stärkeres AF-Hilfslicht oder als Videolampe dienen kann. In Verbindung mit Schlitzverschluss-Kameras steht über den FP-Modus eine High-Speed-Synchronisation (HSS) für kurze Verschlusszeiten bis zu 1/8000 s zur Verfügung.

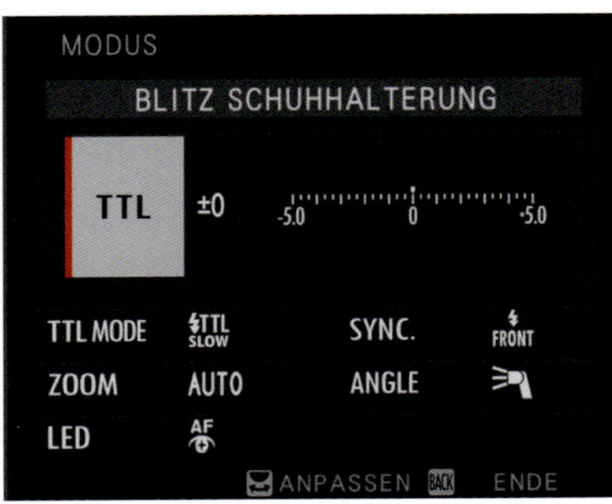

Abbildung 75:
Zusammen mit dem **EF-X500** bietet das Menü EINSTELLUNG BLITZFUNKTION zusätzliche Einstellungsoptionen wie High-Speed-Sync (FP), Zoom-Einstellungen, Steuerung des Reflektor-Ausleuchtwinkels sowie Einstellungen für den LED-Zweitreflektor.

Sie können den EF-X500 als einzelnen Blitz oder in Master-Slave-Setups mit mehreren drahtlos verbundenen Blitzgeräten einsetzen. Die Kommunikation zwischen den Geräten läuft dabei über Lichtsignale.

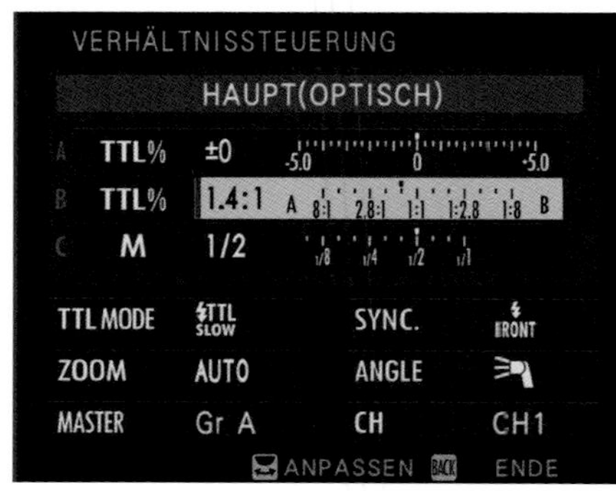

Abbildung 76:
Im **TTL-Master-Modus** kann ein EF-X500 mithilfe von Lichtsignalen mehrere Blitzgeräte steuern, die über bis zu drei voneinander unabhängige Gruppen (A, B, C) verteilt sind. Die Lichtleistung jeder Gruppe kann über TTL, ein TTL-Verhältnis oder manuell gesteuert werden.

Einige Benutzer sind vom EF-X500 aus den folgenden Gründen enttäuscht:

- Der EF-X500 wurde im Januar 2016 angekündigt, jedoch erst im November ausgeliefert.
- Der Blitz ist ziemlich groß, schwer und teuer.
- Die drahtlose TTL-Kommunikation läuft über ein veraltetes Lichtprotokoll anstatt über zeitgemäße Funktechnik.
- Benutzer müssen sich mangels Alternativen einen großen, schweren und teuren EF-X500 als Steuereinheit zulegen.

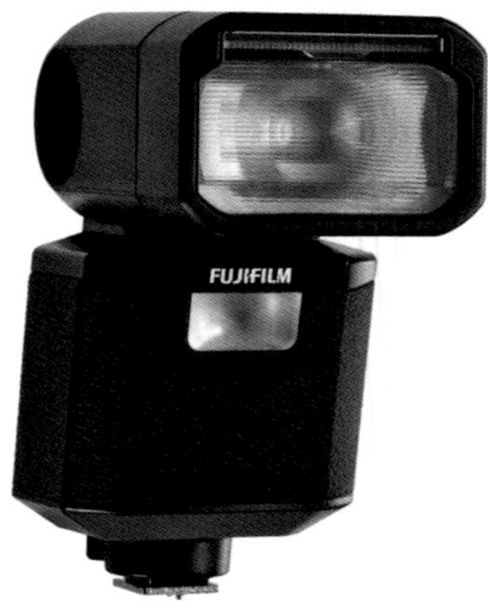

Abbildung 77:
Der **EF-X500** ist Fujifilms Profi-Flash und als solcher ziemlich groß, schwer und kostspielig. In dieser Klasse würde man eine drahtlose TTL-Funkübertragung anstelle veralteter Lichtsignale erwarten.

Glücklicherweise bieten andere Hersteller mittlerweile eigene kompatible Blitzgeräte mit drahtloser TTL-Funksteuerung, Gruppen-Unterstützung und HSS für das Fujifilm-System an.

Interessante Alternative: der Metz M400 — TIPP 97

Metz hat als einer der ersten Blitzhersteller das neue Blitzsystem von Fujifilm unterstützt, inkl. FP High Speed Sync, der AF-Assistenzlampe und einer komfortablen Steuerung über die Blitzkonfigurationsseite der Kamera. Damit ist der Metz M400 [64] eine interessante Alternative zum größeren und teureren Fujfilm EF-X500.

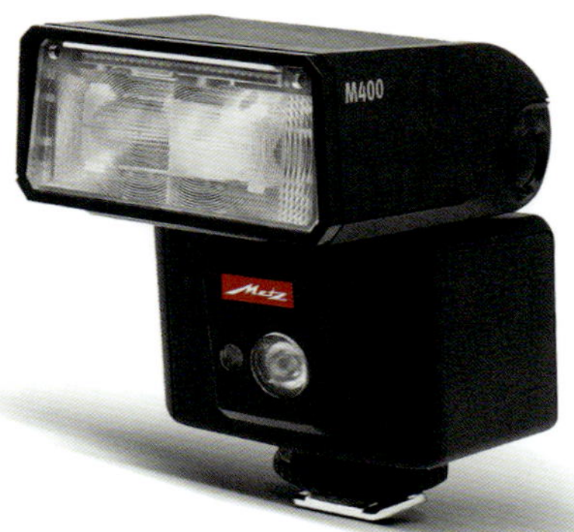

Abbildung 78:
Wenn Sie auf der Suche nach einem hochwertigen Fuji-kompatiblen Aufsteckblitz sind, der günstiger und weniger klobig als der Fujifilm EF-X500 ist, dann ist die Fujifilm-Version des Metz M400 vielleicht das Richtige für Sie.

Der M400 basiert auf einer »Fly-by-Wire«-Benutzeroberfläche, die keine Bedienelemente mit festen Markierungen enthält. Stattdessen gibt es vier unbeschriftete Tasten und ein LCD-Display, das Tag und Nacht abgelesen werden kann. Dank dieser flexiblen Benutzeroberfläche ist der M400 via Firmware mit jeder Kamera kompatibel. Außerdem gibt es keine Diskrepanzen zwischen den Blitzeinstellungen in der Kamera und denen, die direkt am Blitzgerät vorgenommen werden. Alle wichtigen Blitzfunktionen können bequem auf der Blitz-Konfigurationsseite und in den Menüs Ihrer X100F aufgerufen und geändert werden.

Außerdem verbessert Metz bei Bedarf die Blitz-Firmware und stellt kostenlose Updates zur Verfügung, die der Anwender über die eingebaute

USB-Schnittstelle des Blitzgerätes aufspielen kann. Dies gewährleistet die Kompatibilität mit neuen Fujifilm-Kameramodellen und zukünftigen Funktionen.

TIPP 98 Arbeiten mit »fremden« Blitzgeräten

An die X100F können Sie nicht nur Fujifilm-kompatible Systemblitzgeräte, sondern im Prinzip fast jedes Blitzgerät und jede Blitzanlage anschließen – sowohl per Kabel über den Blitzschuh als auch drahtlos mittels Funkauslöser.

Bitte beachten Sie dabei, dass der Betrieb systemfremder Blitzgeräte nur im manuellen Blitzmodus möglich ist. Das heißt, Sie müssen die Leistung der Blitze an den Geräten selbst einstellen – die Kamera misst und steuert nichts, sondern löst die angeschlossenen Blitzgeräte lediglich synchron aus, wobei 1/2000 s wiederum das offizielle Limit für die kürzeste Verschlusszeit ist.

Wenn Sie anstelle des eingebauten Blitzgerätes einen Fremdherstellerblitz (mit Synchronisation über den Mittelkontakt) an der X100F verwenden möchten, müssen Sie BLITZ-EINSTELLUNG > INTEGRIERTER BLITZ > AUS wählen.

2.8 DRAHTLOSE FERNSTEUERUNG

Mit Fujifilms *Camera Remote*-App, die auf iOS und Android-Geräten läuft, kann man die X100F mit einem Live-View-Bild und einer Touchscreen-Schnittstelle fernsteuern und dabei den Fokuspunkt sowie verschiedene Aufnahmeparameter festlegen.

Arbeiten mit der **Camera Remote-App** TIPP 99

Mit Camera Remote für iOS und Android steuern Sie die X100F von einem Smartphone oder Tablet aus. Die drahtlose Verbindung läuft dabei direkt über die Wi-Fi-Funktionen der beteiligten Geräte.

Um Camera Remote zu verwenden, müssen Sie die App zuerst herunterladen und auf Ihrem Smartphone oder Tablet installieren. Sie finden entsprechende Links und weitere Informationen zur Bedienung der App online [10].

Wichtig: *Stellen Sie sicher, dass Sie die* Cam Remote-App *und nicht die ältere (und inkompatible)* Camera-App *verwenden.*

So funktioniert Camera Remote mit meinen iOS-Geräten (und mit Android-Geräten sollte es nicht viel anders sein):

- Wählen Sie AUFNAHME-EINSTELLUNG > DRAHTLOS-KOMM. an Ihrer Kamera. Die Kamera sendet nun ein Wi-Fi-Signal aus, das für Ihr Smartphone oder Tablet sichtbar ist.
- Verbinden Sie das Smartphone oder Tablet mit dem Wi-Fi-Netz der X100F. Jede Kamera hat von Haus aus einen eigenen Netzwerknamen, den Sie jedoch nach Ihren Wünschen anpassen können, indem Sie EINRICHTUNG > VERBINDUNGS-EINSTELLUNG > FUNKEINSTELLUNGEN > ALLG. EINSTELLUNGEN > NAME aufrufen und den Netzwerknamen der Kamera ändern.
- Starten Sie die Cam Remote-App auf Ihrem Mobilgerät und wählen dort die Funktion »Fernbedienung« und anschließend »Verbinden«.

Das Mobilgerät übernimmt nun die Kontrolle über Ihre X100F. Sie sehen dort nun einen Live-View und (je nach Belichtungsmodus) Einstellungen für die Blende, die Belichtungszeit oder die Belichtungskorrektur. Es gibt auch ein kleines Aufnahmemenü, in dem Sie Parameter wie ISO, die Filmsimulation, den Weißabgleich, Makro, den Blitzmodus oder den Selbstauslöser einstellen können.

- Zum Fokussieren tippen Sie einfach zweimal schnell hintereinander auf den Teil des Live-Views, auf den die Kamera scharfstellen soll. Die Fokusbestätigung erfolgt dann wie gewohnt über einen grünen Fokusfeldrahmen im Live-View des Mobilgeräts (sowie einen Piepton an der Kamera). Findet die Kamera keinen Fokus, wird das Fokusrechteck in Rot dargestellt.
- Passen Sie die Belichtung nach Wunsch an. Dabei hilft Ihnen die Helligkeit des Live-Views in der Camera Remote-App. Leider steht kein Live-Histogramm zur Verfügung.

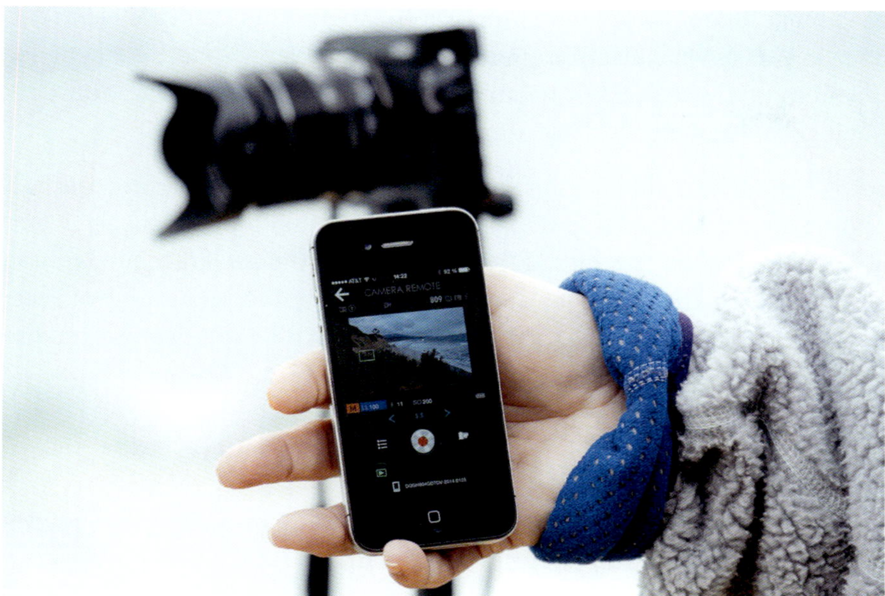

Abbildung 79: **Camera Remote** ist eine einfache Schnittstelle, um die X100F von einem Mobilgerät aus fernzusteuern. Zum Fokussieren tippen Si e mit dem Finger zweimal auf die gewünschte Stelle des WYSIWYG-Live-Views und warten auf den grünen Bestätigungsrahmen. Leider gibt es in Camera Remote kein Live-Histogramm und keine Ausschnittvergrößerung. Es gibt lediglich ein rudimentäres Aufnahmemenü, einen virtuellen Auslöseknopf und eine Wiedergabefunktion, mit der Sie bereits gemachte Aufnahmen anzeigen und auf Ihr Mobilgerät übertragen können.

Folgendes sollten Sie über Camera Remote wissen:

- Mit der Camera Remote-App können Sie zwar Aufnahmeparameter wie Blende, Verschlusszeit, ISO oder Belichtungskorrektur anpassen, nicht jedoch den Belichtungsmodus ändern. Das bedeutet, dass Sie den Belichtungsmodus (P, A, S oder M) selbst an der Kamera vorwählen müssen, *bevor* Sie im Aufnahmemenü DRAHTLOS-KOMM. auswählen. Um den Belichtungsmodus während einer laufenden Remote-Session zu ändern, müssen Sie Camera Remote deshalb erst abbrechen, den Belichtungsmodus in der Kamera umstellen und das Netzwerk der X100F anschließend neu mit dem Mobilgerät und Camera Remote verbinden. Das ist – gelinde gesagt – ausgesprochen umständlich und mühsam.

- Camera Remote stellt weder ein Live-Histogramm noch eine elektronische Wasserwaagen-Anzeige zur Verfügung. Wenn Sie die Kamera auf einem Stativ ausrichten möchten, sollten Sie das also vorher mit dem eingebauten Display tun.
- Sie können nur eine begrenzte Auswahl von Aufnahmeparametern mit der Camera Remote-App steuern (ISO, Filmsimulation, Weißabgleicheinstellung, Makro, Blitzmodus, Selbstauslöser). Andere Einstellungen wie den Dynamikbereich oder die Auto-ISO-Mindestverschlusszeit müssen Sie an der Kamera vornehmen, bevor Sie die X100F mit Camera Remote verbinden.
- Camera Remote besitzt keine Bulb-Funktion für Langzeitbelichtungen. Verwenden Sie in solchen Fällen besser einen regulären Fernauslöser.
- Die X100F kann über Camera Remote auch Videos aufnehmen, jedoch begrenzt auf normales HD (720p) mit 30 fps.

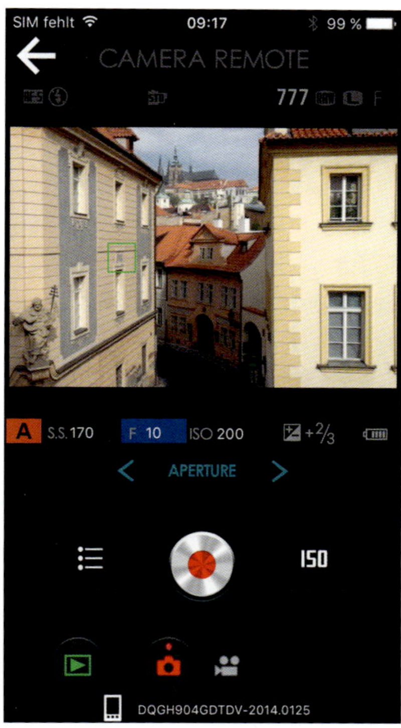

Abbildung 80:
Jede Änderung eines Belichtungsparameters wirkt sich auf die Helligkeit der WYSIWYG-Live-View-Anzeige aus. Der Live-View auf dem Mobilgerät spiegelt stets die aktuelle Filmsimulation und die an der Kamera eingestellten JPEG-Parameter wider. Eine Vorschau manuell vorgenommener DR-Einstellungen (DR200%, DR400%) findet ebenfalls statt.

Hier folgen ein paar Tipps und Tricks für Camera Remote:

- Ich verwende die App überwiegend im manuellen Modus M, den ich für besonders praktisch halte, da sich jede Änderung eines Aufnahmeparameters (Blende, Belichtungszeit, ISO) direkt auf die Anzeige auf dem Mobilgerät auswirkt.
- Wer mit iOS arbeitet, ist schnell von der Notwendigkeit genervt, die Kamera nach jedem Moduswechsel erneut mit dem Mobilgerät verbinden zu müssen. Dies gilt insbesondere für zu Hause durchgeführte Testaufnahmen, wo sich das Mobilgerät nach jeder Verbindungstrennung automatisch wieder ins heimische WLAN einwählt. Im freien Feld passiert das seltener, weil das Netz der Kamera dort oft das einzige dem Mobilgerät bekannte Netzwerk ist.

- Einige Benutzer berichten manchmal von Verbindungsabbrüchen aufgrund von Interferenzen mit anderen Netzen, die auf dem gleichen Wi-Fi-Kanal senden wie die Kamera. Leider kann man den Wi-Fi-Kanal an der Kamera nicht umstellen.
- Um JPEGs von der Kamera mit voller 24-MP-Auflösung auf Ihr Mobilgerät zu übertragen, wählen Sie EINRICHTUNG > VERBINDUNGS-EINSTELLUNG > FUNKEINSTELLUNG > VERKLEINERN > AUS. Ansonsten überträgt die Kamera Ihre Aufnahmen nur mit einer reduzierten Auflösung von 3 Megapixeln. Die Übertragung von RAW-Dateien ist mit Camera Remote grundsätzlich nicht möglich.
- Manuell vorgenommene DR-Erweiterungseinstellungen wie DR200% oder DR400% werden von der X100F im Live-View simuliert. JPEG-Einstellungen wie etwa für den Kontrast (TON LICHTER, SCHATTIER. TON) oder der Weißabgleich werden ebenfalls in Camera Remote dargestellt. Im manuellen Modus M zeigt der Live-View von Camera Remote außerdem auch die Einstellung an, die in EINRICHTUNG > DISPLAY-EINSTELLUNG > BEL.-VORSCHAU/WEISSABGLEICH MAN. ausgewählt wurde.
- Die drahtlose Fernsteuerung verbraucht viel Energie, packen Sie deshalb stets ausreichend Ersatzbatterien ein.

Neben der Fernsteuerung [65] der Kamera bietet Camera Remote auch weitere Funktionen, etwa um Aufnahmen von der Kamera zum Mobilgerät zu übertragen – entweder einzeln [66] oder in Gruppen [67]. Außerdem können Sie GPS-Standortdaten [68] von Ihrem Mobilgerät auf die Kamera übertragen. Bitte klicken Sie für weitere Informationen und bebilderte Anleitungen zu diesen Funktionen auf die jeweiligen Links.

TIPP 100 Live-View-Streaming über HDMI

Die X100F ermöglicht Live-View-Streaming über ihren Micro-HDMI-Ausgang. Das bedeutet, dass Sie den Inhalt des Live-Views (EVF und LCD) über ein passendes HDMI-Kabel auf einem HD-Fernseher, Beamer oder Monitor spiegeln können.

Dabei handelt es sich um ein nützliches Feature für Workshops, Produkt-Demonstrationen oder Produktionen für Kunden, die »live« sehen wollen, was der Fotograf gerade aufnimmt.

Sie können den HDMI-Output der Kamera auch in einen HD-Frame-Grabber einspeisen, den Sie wiederum an Ihren Computer anschließen. Auf diese Weise können Sie den Live-View-Inhalt als Video aufzeichnen oder Screenshots erstellen.

2.9 SONST NOCH WAS?

Dieses Buch hat hoffentlich viele Ihrer Fragen rund um die X100F beantwortet. Das Ende der Fahnenstange ist damit allerdings noch nicht erreicht. Wenn Sie über das Fujifilm X-System auf dem Laufenden bleiben möchten, empfehle ich Ihnen, meine Blogs zu lesen und sich in deutschen und englischsprachigen Foren umzusehen, die sich mit dem X-System beschäftigen.

TIPP 101 **Foren, Blogs und Workshops** – machen Sie mit!

Der doppeldeutige Titel »X-Pert« hat seinen Ursprung in meinem Blog *X-Pert Corner*, in dem ich seit einigen Jahren neue Produkte vorstelle und Servicethemen rund um Fuji X behandle. Das Blog ergänzt auch dieses Buch, etwa indem dort Firmware-Änderungen besprochen werden, die immer wieder neue oder geänderte Kamerafunktionen mit sich bringen.

- Auf Flickr [34] finden Sie ein Album mit hochauflösenden Versionen ausgewählter Abbildungen aus diesem Buch.
- Auf Fuji X Secrets [69] finden Sie Artikel, die dieses Buch aktualisieren, wenn neue Firmware und Funktionen für die X100F erscheinen.
- Sie finden mein englischsprachiges *X-Pert Corner*-Blog auf Fujirumors [70].
- Das derzeit einzige deutschsprachige Forum, das sich auf die X-Serie spezialisiert hat, nennt sich treffenderweise »Fuji X Forum« [71] und bietet umfangreiche Informationen und engagierte Diskussionen rund um die Fujifilm X-Serie. Ich unterhalte dort auch einen eigenen Bereich, wo Sie mir Fragen stellen können.
- Englischsprachige Foren, die Fujifilms X-Serie zum Thema gemacht haben, sind das »originale« Fuji X Forum [72] und das »ultimative« Fuji X Forum [73], das Fuji X Series Camera Forum [74].

- Über Bücher, Blogs und Foren hinaus biete ich unter dem Titelmotto Fuji X Secrets [76] auch Workshops für Benutzer des Fuji X-Systems (und solche, die es werden wollen) an. Diese in Kooperation mit der FUJIFILM-School [77] angebotenen Workshops behandeln die gleichen Themen wie das vorliegende Buch – jedoch mit dem Unterschied, dass wir uns die Tipps und Tricks in kleinen Gruppen von meist vier Teilnehmern interaktiv erarbeiten. Theorie und Praxis kommen hier nahtlos zusammen und natürlich können Sie mich alles fragen, was Sie schon immer über das X-System wissen wollten.

3. WEBSITEN ZUR FUJIFILM X100F

[1] dpunkt.de/x100f/handbuch
[2] dpunkt.de/x100f/firmware
[3] dpunkt.de/x100f/software
[4] dpunkt.de/x100f/faq
[5] dpunkt.de/x100f/anleitung-macos
[6] dpunkt.de/x100f/anleitung-win
[7] dpunkt.de/x100f/vignettierung
[8] dpunkt.de/x100f/verzeichnung
[9] dpunkt.de/x100f/farbquerfehler
[10] dpunkt.de/x100f/remote-app
[11] dpunkt.de/x100f/schwarzbildabzug
[12] dpunkt.de/x100f/rohdatenformat
[13] dpunkt.de/x100f/wysiwyg
[14] dpunkt.de/x100f/live-view
[15] dpunkt.de/x100f/through-the-lens
[16] dpunkt.de/x100f/parallaxe
[17] dpunkt.de/x100f/parallaxenausgleich
[18] dpunkt.de/x100f/zonensystem
[19] dpunkt.de/x100f/schaerfentiefe
[20] dpunkt.de/x100f/bewegungsschaerfe
[21] dpunkt.de/x100f/zeitautomatik
[22] dpunkt.de/x100f/offenblende
[23] dpunkt.de/x100f/beugungsunschaerfe
[24] dpunkt.de/x100f/blendenautomatik
[25] dpunkt.de/x100f/mitziehen
[26] dpunkt.de/x100f/verwackeln
[27] dpunkt.de/x100f/formatfaktor
[28] dpunkt.de/x100f/verschlusszeit
[29] dpunkt.de/x100f/programm-shift
[30] dpunkt.de/x100f/belichtungsreihe
[31] dpunkt.de/x100f/langzeitbelichtung

[32] dpunkt.de/x100f/nd-filter
[33] dpunkt.de/x100f/sos-standard
[34] flickr.com/gp/ricopfirstinger/150rce
[35] dpunkt.de/x100f/high-key-fotografie
[36] dpunkt.de/x100f/hdr
[37] dpunkt.de/x100f/rolling-schutter
[38] dpunkt.de/x100f/hyperfokale-distanz
[39] dpunkt.de/x100f/zerstreuungskreis
[40] dpunkt.de/x100f/video
[41] dpunkt.de/x100f/weissabgleich
[42] dpunkt.de/x100f/exif
[43] dpunkt.de/x100f/graukarte
[44] dpunkt.de/x100f/farbstich
[45] dpunkt.de/x100f/kontrast
[46] dpunkt.de/x100f/farbsaettigung
[47] dpunkt.de/x100f/farbraum
[48] dpunkt.de/x100f/srgb
[49] dpunkt.de/x100f/adobe-rgb-farbraum
[50] dpunkt.de/x100f/gamut
[51] dpunkt.de/x100f/application-software
[52] silkypix.de
[53] dpunkt.de/x100f/rfc
[54] dpunkt.de/x100f/lightroom
[55] dpunkt.de/x100f/capture-one-pro
[56] iridientdigital.com
[57] dpunkt.de/x100f/iridient-x-transformer
[58] picturecode.com
[59] dpunkt.de/x100f/blitzbelichtungsmessung
[60] dpunkt.de/x100f/mischlicht
[61] dpunkt.de/x100f/indirekter-blitz
[62] dpunkt.de/x100f/blitzsynchronisation
[63] dpunkt.de/x100f/rote-augen-effekt
[64] dpunkt.de/x100f/metz-m400
[65] dpunkt.de/x100f/fernsteuerung
[66] dpunkt.de/x100f/einzeln

[67] dpunkt.de/x100f/gruppen
[68] dpunkt.de/x100f/standortdaten
[69] fuji-x-secrets.net/
[70] dpunkt.de/x100f/x-pert
[71] fuji-x-forum.de
[72] fujix-forum.com
[73] fuji-x-forum.com
[74] fujixseries.com
[75] fujixspot.com
[76] fuji-x-secrets.net
[77] dpunkt.de/x100f/fujischool

David duChemin

Die Seele der Kamera

... und die Rolle des Fotografen

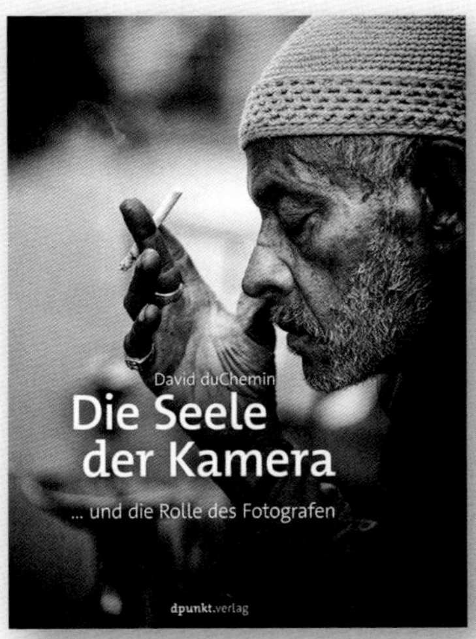

1. Auflage 2017,
288 Seiten, Festeinband
€ 29,90 (D)

ISBN:
Print 978-3-86490-469-1
PDF 978-3-96088-232-9
ePub 978-3-96088-233-6
mobi 978-3-96088-234-3

In der Menge der fotografischen Bilder, die uns Tag für Tag begegnen, sind es nur wenige, die uns wirklich erreichen, die wir nicht nur wahrnehmen, sondern die uns berühren, packen, faszinieren. Technisch gut fotografiert sind sie fast alle – modernes Equipment sorgt für Schärfe und korrekte Belichtung. Was also macht den Unterschied zwischen einer technisch guten Aufnahme und einer, die heraussticht aus der Menge, die wir als besonders gelungene Fotografie erkennen? David duChemin, weltbekannter Fotograf und Autor, hat die Antwort: Es ist die Seele, die Stimmung eines Bildes, die den Betrachter emotional anspricht. Ohne Seele keine Kommunikation!

David duChemin zeigt in seinem Buch und illustriert mit seinen Fotografien, wie solche Fotografien entstehen, und welche Qualitäten der Fotograf für eine gelingende Fotografie entwickeln sollte. Jenseits des Handwerklichen spielen dabei Begriffe wie Konzept, Disziplin, Achtsamkeit, aber auch Empathie und Authentizität die entscheidende Rolle.

Ein Buch für jeden Fotografen, der ausdrucksstarke und authentische Bilder machen möchte und dafür etwas »Coaching« braucht.

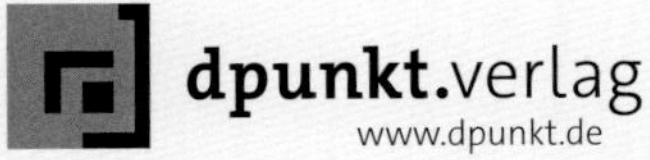

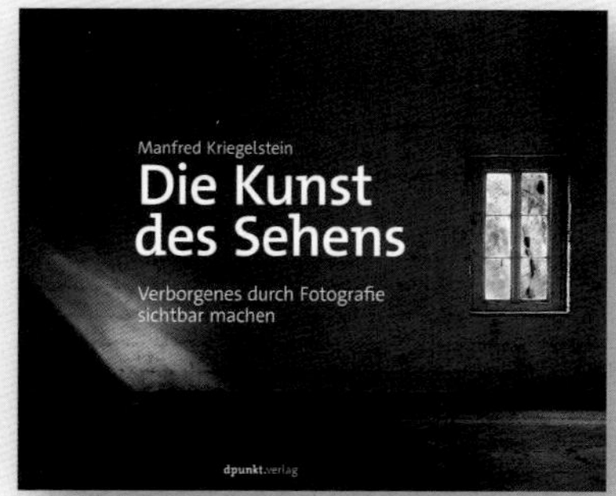

Manfred Kriegelstein

Die Kunst des Sehens

Verborgenes durch Fotografie sichtbar machen

1. Auflage 2017,
208 Seiten,
komplett in Farbe, Festeinband
€ 34,90 (D)

ISBN:
Print 978-3-86490-490-5
PDF 978-3-96088-310-4
ePub 978-3-96088-311-1
mobi 978-3-96088-312-8

Wie können Fotografen sich aus dem digitalen »Autopilotmodus« befreien? Wie können sie die Sinne schärfen für die eigentliche Essenz der Fotografie: das Sehen? Geht dieses doch über das Kognitive hinaus – es erfordert Aufmerksamkeit, Geduld und Konzentration des Fotografen, um die Besonderheiten der Umgebung und die Lichtsituation zu erkennen und daraus eine Idee, ein Bildkonzept zu entwickeln. Dieses Buch illustriert in vier Kapiteln unterschiedliche Wege zum gleichen Ziel: Bessere Fotografie durch aufmerksames Sehen und planvolles Vorgehen.

Fotografie ist:

- Emotion und Achtsamkeit (Flanieren, »Flow«, Ruhe und Meditation)
- Reduktion und Abstraktion (Fokussieren und Abstrahieren, Ästhetik im Alltäglichen und Vergänglichen)
- Zeichnen mit Licht (Licht erkennen und verstehen, Räume und Landschaften wirken lassen)
- auch Regie und Inszenierung

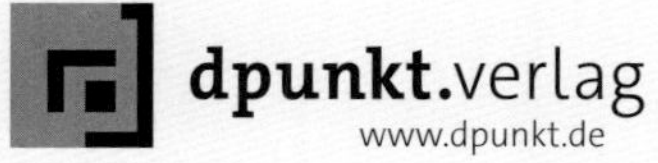

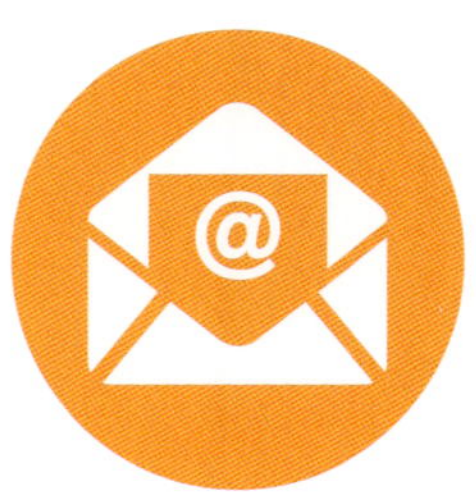